Freyr

Bruder der Freya und Fürst der Wanen
Herr der Fruchtbarkeit und Vater der Könige

Band 15 der Reihe „Die Götter der Germanen"

1

Bücher von Harry Eilenstein:

- Astrologie (496 S.)
- Photo-Astrologie (428 S.)
- Horoskop und Seele (120 S.)
- Tarot (104 S.)
- Handbuch für Zauberlehrlinge (408 S.)
- Physik und Magie (184 S.)
- Der Lebenskraftkörper (230 S.)
- Die Chakren (100 S.)
- Meditation (140 S.)
- Reinkarnation (156 S.)
- Drachenfeuer (124 S.)
- Krafttiere – Tiergöttinnen – Tiertänze (112 S.)
- Schwitzhütten (524 S.)
- Totempfähle (440 S.)
- Muttergöttin und Schamanen (168 S.)
- Göbekli Tepe (472 S.)
- Hathor und Re 1: Götter und Mythen im Alten Ägypten (432 S.)
- Hathor und Re 2: Die altägyptische Religion – Ursprünge, Kult und Magie (396 S.)
- Isis (508 S.)
- Die Entwicklung der indogermanischen Religionen (700 S.)
- Wurzeln und Zweige der indogermanischen Religion (224 S.)
- Der Kessel von Gundestrup (220 S.)
- Der Chiemsee-Kessel (76 S.)
- Cernunnos (690 S.)
- Christus (60 S.)
- Odin (300 S.)
- Die Götter der Germanen (Band 1 – 80)
- Dakini (80 S.)
- Kursus der praktischen Kabbala (150 S.)
- Eltern der Erde (450 S.)
- Blüten des Lebensbaumes 1: Die Struktur des kabbalistischen Lebensbaumes (370 S.)
- Blüten des Lebensbaumes 2: Der kabbalistische Lebensbaum als Forschungshilfsmittel (580 S.)
- Blüten des Lebensbaumes 3: Der kabbalistische Lebensbaum als spirituelle Landkarte (520 S.)
- Über die Freude (100 S.)
- Das Geheimnis des inneren Friedens (252 S.)
- Von innerer Fülle zu äußerem Gedeihen (52 S.)
- Das Beziehungsmandala (52 S.)
- Die Symbolik der Krankheiten (76 S.)

- König Athelstan (104 S.)

Kontakt: www.HarryEilenstein.de / Harry.Eilenstein@web.de

Herstellung und Verlag: BoD - Books on Demand, Norderstedt   **ISBN:** 9783744810319

Die Themen der einzelnen Bände der Reihe „Die Götter der Germanen"

Inhaltsverzeichnis

I Freyr in der germanischen Überlieferung

Freyr war zwischen 500 n.Chr. und 1150 n.Chr. einer der drei wichtigsten Götter der Germanen, wie unter anderem die drei Statuen des Thor, des Odin und des Freyr in dem wichtigsten skandinavischen Tempel, der in Uppsala stand, zeigen.

1. Der Name „Freyr"

1. a) „Freyr" in der altnordischen und in der germanische Sprache

Der Gottesname „Freyr" bedeutete im Altnordischen „Herr" im Sinne von „freier Mann" oder „Fürst". Dieser Name läßt sich bis in das Indogermanische und noch weiter zurückverfolgen.

Die Bedeutung **„Herr"** für „Freyr" findet sich in späterer Zeit nur noch in dem althochdeutschen Wort „fro", das wie das heutige „Herr X" als Anrede benutzt wurde.

Die germanische Wurzel dieses Wortes lautet „frawjaz".

Im Altnordischen sind mit dem Namen „Freyr" mehrere Worte verwandt:

Das wichtigste Wort in dieser Wortfamilie ist das altnordische Verb „frijan", das **„lieben"** bedeutet. Mit ihm ist das altnordische „frijaen" für „lieben, freundlich behandeln, umwerben" eng verwandt.

Dieses Wort findet sich auch im gotischen „frijaen" („lieben, gern tun"), im altenglischen „fraegian" („umarmen") und im altenglischen „friogan" („befreien, lieben, ehren"), im altschwedischen „friohon" („lieben"), im mittelneudeutschen „vrien" („freien, werben") und im dem neuhochdeutschen, aber mittlerweile etwas altmodischen Ausdruck „freien" („um die Hand einer Frau anhalten").

Die germanische Wurzel dieser Worte ist „fri" und bedeutet „lieben".

Ein weiteres zu dem Verb „frijan" („lieben") gehörendes Wort ist das Substantiv „fraeja", das **„Liebe"** bedeutet. Dieses Wort konnte auch als Adjektiv für „lieb, frei, einem selber gehören, einem selber lieb sein" benutzt werden.

Diesem Substantiv entsprechen u.a. gotisch „frijathwa" („Liebe") und altenglisch „fraeja" („Liebe").

Die germanische Wurzel dieser Worte ist „frijathwae" und bedeutet „Liebe".

Zu dem Verb „frijan" („lieben") gehört auch das altnordische Substantiv „fridill", das den **„Geliebten"** oder den **„Gatten"** bezeichnet – im Idealfall waren also auch schon damals beide derselbe Mann …

Dieses Wort findet sich im gotischen „freidjan" („schonen"), in den beiden gleichbedeutenden altfriesischen Worten „friddelf" und „friedel" („Geliebter, Gatte"), im altschwedischen „friuthil" („Geliebter"), im mittelniederländischen „vredel" („Geliebter, Freund, Gemahl"), im angelsächsischen „friuthil" („Geliebter, Gatte") sowie in der deutschen Sprache im althochdeutschen „friudil" („Liebhaber, Geliebter, Freier, Buhle, Freund"), im mittelhochdeutschen „vriedel" („Geliebter, Buhle, Bräutigam, Gatte"), im mittelneudeutschen „vredel" („Geliebter, Freund, Gemahl") und im frühneuhochdeutschen „Friedel" („Buhle, Liebster").

Anhand dieser Bedeutungen ist erkennbar, daß sich die Bedeutung „Geliebter" allmählich auch auf „Freund", also auf den „Geliebten, zu dem keine erotische Verbindung besteht", erweitert hat.

Die germanische Wurzel dieser Worte ist „friudilaz" und bedeutet „Geliebter".

Die zu diesem Wort gehörende weibliche Form lautet „fridila" oder „frilla": die **„Geliebte"**.

Im Gotischen wurde daraus das Wort „frijaendi" für „Freundin". Im altenglischen findet sich dieses Wort als „freo" für „Frau".

Dieses Wort konnte auch die außereheliche Geliebte bezeichnen, was die Bedeutung des Wortes „fridla" nachhaltig geprägt hat: „frillu-borin" – „unehelich geboren", „frillu-lifl" – „Huren-Leben" und „frillu-sonr" – „unehelicher Sohn". Daraus wurde dann die mittelalterliche Bezeichnung einer unverheirateten Frau mit einem Liebhaber als „Frille". Dies mußte nicht unbedingt eine Nebenfrau sein; die Frille und deren Geliebter stammten oft aus der Unterschicht und besaßen nicht die finanziellen Mittel zur Gründung einer Familie. Nachdem die Kirche ihre Ansicht über Lebensführung und Familie durchgesetzt hatte, wurde das Wort „Frille" ab ca. 1350 n.Chr. zur einer Bezeichnung für „Hure". Als Schimpfwort ist es inzwischen weitgehend außer Gebrauch geraten.

Die germanische Wurzel dieser Worte unterschied bereits die „Geliebte" („friudila") von der „Frau, Gattin" („frijae").

Die Ähnlichkeit von „frijae" mit „Freya" ist nicht zu übersehen. Die männliche Form dieses Wortes ist „frijr", d.h. „Freyr". Freyr ist folglich der „Geliebte" oder der „Liebhaber".

Es hat sich schon früh ein von dem „Geliebten" unterscheidbares Wort für **„Freund"** gebildet, das „frijaend" lautete und mit der Zeit über „fraenda" zu „frindi" verkürzt wurde. Solch ein „Freund" ist sehr oft ein Verwandter – man liebte in der Regel seine Verwandte, vertraute ihnen von allen Menschen am meisten und hatte sie daher zum Freund. Das Schließen einer Freundschaft wurde oft durch das Ritual der Blutsbrüderschaft besiegelt, wodurch der Auserwählte zu einem Verwandten wurde, auf den man sich dann verlassen konnte. Die beiden bekanntesten Blutsbrüder aus der germanischen Mythologie sind sicherlich Odin und Loki.

Dieses Wort für „Freund" findet sich im Gotischen als „frijaends" („Freund"), im Altschwedischen als „friond" („Freund, Liebhaber, Verwandter"), im Altfriesischen als „fruend" („Blutsverwandter"), im Altnordfränkischen als „friund" („Freund"), im Altschwedischen als „friund" („Freund"), im Englischen als „friend" („Freund") sowie in der deutschen Sprache im Althochdeutschen als „friunt" („Freund, Nächster, Verwandter, Schützling"), im Mittelhochdeutschen als „vriunt" („Freund, Geliebter, Geliebte"), im Mittelneudeutschen als „vrent" („Freund") und im Neuhochdeutschen als „Freund, Freundin".

Die zusammengesetzten altnordischen Worte, die mit „fraenda" gebildet wurden, zeigen deutlich, was man damals mit einem „fraenda" assoziierte bzw. was man von einem solchen erwartete bzw. nicht erwartete.

Das wichtigste war der Rückhalt in der Familie und in der Sippe, der mit „fraenda-afli" („Verbundenheit mit den Verwandten") und mit „fraenda-styrkr" („in den Verwandten Stärke finden") bezeichnet wurde.

Es war natürlich hilfreich, viele und einflußreiche Verwandte zu haben: „fraenda-balkr" = „Gruppe der Verwandten", „fraenda-gengi" = „Familie, Sippe", „fraenda-lid" = „Familie, Sippe", „fraenda-sveit" = „Familie, Sippe", „fraenda-ikr" = „reich an Verwandten", „fraenda-gofugr" = „angesehene Verwandte haben" und „fraenda-storr" = „große/bekannte Verwandte haben".

Man brauchte natürlich auch Überblick über seine Verwandten: „fraenda-semi" = „die Art der Verwandtschaft; verwandt sein", „fraendsemis-tala" = „Stammbaum; die Familie zurückverfolgen", „fraendsemis-spell" = „Sippenzweig", „fraenda-madr" = „männlicher Verwandter", „fraend-sveinn" = „junger männlicher Verwandter", „fraenda-kona" = „weibliche Verwandte" und „fraenda-maer" = „junge weibliche Verwandte".

Man erhielt einerseits von seinen Verwandten Unterstützung und andererseits unterstützte man auch seine Verwandten, sodaß die gesamte Sippe gut gedieh: „fraenda-hollr" = „seinen Verwandten treu sein", „fraenda-roekin" = „seinen Verwandten zugetan sein", „fraenda-samlinga" = „wie ein Verwandter", „fraenda-hagi" = „Verwandten-Hag" = „Geburtsort", „fridgin" = „Eltern und Kind" oder „Liebespaar", und „fraenda-gipta" = „Familienglück".

Der Tod von Verwandten wird sehr wahrscheinlich auch als persönliche Schwächung und Verkleinerung des eigenen Rückhaltes empfunden worden sein: „fraenda-lat" = „Verlust/Tod von Verwandten", „fraend-skard" = „Verlust eines Verwandten", und „fraenda-leifd" = „Erbschaft von einem Verwandten".

Leider gibt es zwischen Verwandten des öfteren auch Streit: „fraenda-skomm" =

„Unehre für die Familie", „fraenda-rog" = „Streit/Kampf zwischen Verwandten", und „fraenda-vig" = „Töten eines Verwandten; Verwandten-Mord".

Aus diesen zusammengesetzten Substantiven kann man schließen, daß mit dem Gott Freyr auch die Assoziation des Rückhaltes wie von einem mächtigen und wohlwollenden Verwandten verbunden gewesen ist.

Die germanische Wurzel dieser Worte ist dieselbe wie für „Freya/Geliebte" („frijae") und für „Freyr/Geliebter" („frijr").

Die Mitglieder des eigenen Hauses waren eigenständig, d.h. frei – wenn man nicht durch einen Raubzug von anderen Germanen zu einem Leibeigenen geworden war. Daher waren die „Geliebten, Freunde und Verwandten" auch freie Menschen. Das altnordische Wort „friols" für **frei** war daher eng mit dem Wort „frijan" für „lieben" verwandt. Aus dieser Blickwiese einer herrschenden Oberschicht heraus waren die Menschen, die man liebte, auch frei.

Mit diesem Adjektiv war das altnordische Verb „fria" für „befreien" verwandt.

Im Gotischen findet sich dieses Wort als „freis" („frei"), im Altenglischen als „frio" („frei, edel, froh") und als „friolic" („frei, freigeboren, edel, herrlich, vorzüglich"), im Altfriesischen als „fraelik" („frei") und als „fraeaia" („befreien, frei machen, frei sprechen, einlösen"), im Altschwedischen als „fraeleak" („frei, edel, liebreich, frei, unbehindert"), im Mittelniederländischen als „vri" („frei, unabhängig") sowie in der deutschen Sprache im Althochdeutschen als „frae" und als „fraelaeh" („frei, ungebunden"), im Mittelalthochdeutschen als „vrae" („nicht gebunden, nicht gefangen, ledig, frei von etwas"), im Mittelhochdeutschen als „fraelich" („frei, unbehindert"), im Mittelneuhochdeutschen als „vrae" („frei, unabhängig), und im Neuhochdeutschen schließlich als „frei" und als „freilich" („freilich, frei, sicher, sicherlich").

In diesen Bedeutungen zeigt sich deutlich, daß die „Freiheit" das Privileg einer „edlen" Oberschicht gewesen ist. Auch Freyr wird solch ein „edler, freier Mann" gewesen sein.

Im Altnordischen wurden die „frjals", also die Freien" als der Gegenpol zu den unfreien Leibeigenen, den „thralls" angesehen. Diese „Freien" sind „frials-borinn" („freigeboren"), besitzen daher die „frials-leikr" („Freiheit"), können als „frials-ligr" („freie, unabhängige") Männer selbst entscheiden und verhalten sich „frialsmannligr", d.h. so, wie es für freie Männer angemessen ist. Ein solcher freier Mann wurde „frials-lendingr" genannt.

Die germanische Wurzel dieser Worte ist „frijaen" und bedeutet „frei".

Aus dem altnordischen „frouva" für **Frau** wurde über „vrouwe" schließlich unser heutiges deutsches Wort „Frau". Vermutlich ist dieses Wort eine Ableitung von „friols" für „frei" – vielleicht jedoch auch von „frijan" für „lieben".

Die germanische Wurzel dieses Wortes ist „fraewe".

14

Ein weiteres Wort für „Frau, Ehefrau, **Herrin**" ist „fru" gewesen. Mit diesem Wort ist der Göttinnenname „Freya" verwandt. Dieser Name leitet sich recht sicher von „friols" für „frei" ab.

Von dem Adjektiv „friols" für „frei" stammt auch das Substantiv „frelsi" für „**Freiheit**" und für „Befreiung" ab. Die Freiheit ist neben der Ehre und der Verwandtschaft einer der wichtigsten Werte der Germanen gewesen.

Dieses Wort findet sich in den gotischen Worten „frijei" und „freihals" („Freiheit"), in den drei altenglischen Worten „friols" („Freiheit, Vorrecht, Festtag"), „friod" („Friede, Liebe, Freundschaft") und „friodaem" („Freiheit, Befreiung"), dem neuenglischen „freedom" („Freiheit"), in den beiden altfriesischen Substantiven „fraehals" („Freiheit") und „fraedaem" („Freiheit"), dem schwedischen „fraeja" („Freiheit"), den beiden althochdeutschen Worten „fraehals" („Freiheit, Befreiung") und „fraetuom" („Ermessen, freies Ermessen, Freiheit"), dem mittelhochdeutschen „vraetuom" („Freiheit, Privileg") und dem neuhochdeutschen „Freiheit". In diesen Worten zeigt sich schon eine Verschiebung der Bedeutung „Freiheit" hin zu „Herrschaft, Vorrecht", die der Bedeutung „Herr" des Götternamens „Freyr" recht nahe kommt.

In der germanischen Sprache finden sich bereits mehrere Begriffe für „Freiheit", die die Wurzeln der eben aufgezählten Begriffe in den verschiedenen vom Germanischen abstammenden Sprachen sind. Der genaue Unterschied zwischen diesen vier Begriffe für „Freiheit" aus der germanischen Sprache läßt sich nicht mehr sicher feststellen, aber alleine schon ihre Anzahl zeigt die Wichtigkeit der Freiheit. Die folgende Unterscheidung zwischen diesen vier Substantiven ist nicht ganz sicher; lediglich der letzte dieser Begriffe läßt sich deutlich von den anderen drei unterscheiden: „frijae" („Freiheit, Frei-sein"), „fraehals" („der Zustand der Freiheit"), „frijadaemaz" („Errungenschaft der Freiheit") und „frijahaiduz" („Freiheit, Privileg").

Mit den Menschen, die zur eigenen Sippe gehören, die man daher liebt und mit denen man befreundet ist und die wie man selber frei sind, hält man Frieden, da sie den eigenen Rückhalt bilden. Daher leitet sich auch das altnordische Wort „fridar" für „**Frieden**" von dem Verb „frijan" für „lieben" ab.

Dieses Substantiv findet sich u.a. auch im niederländischen „vrede" („Frieden"), im schwedischen „frid" („Frieden"), im altenglischen „frid" („Frieden") sowie im althochdeutschen „fridu" („Frieden"), im mittelhochdeutschen „vrede" („Frieden") und im neuhochdeutschen „Frieden".

Im Vokabular der Wikinger finden sich eine große Zahl von Worten, die mit „Frieden" gebildet worden sind. Trotz ihrer ausgeprägten Neigung zu Raubzügen, Kriegen und Rache haben offenbar auch die Wikinger den Frieden als etwas durchaus Erstrebenswertes angesehen.

Es gibt eine ganze Reihe von Worten, die alle „friedlich, friedfertig" bedeuten:

„frid-liga", „frid-ligr", „frid-gjarn", „frid-drjugr", „frid-samligr" und „frid-samr". Die „Friedfertigkeit" selber hieß „frid-semd" und man hatte durchaus eine Vorstellung von dem „Segen des Friedens", den man „frid-saela" nannte.

Man traf sich mit „friedfertigen Männern", d.h. mit „Freunden" („frid-madr") bei „friedfertigen Treffen" („fridar-fundr", „fridar-stefna") in einem „friedlichen Land" bzw. einem „geschützten Rückzugsort" („frid-land"). Dort sprach man „Worte des Friedens" („frid-mal") miteinander und wenn es einmal schwierig wurde, war zu hoffen, daß jemand als „Friedensstifter" („frid-gjafi"; wörtlich: „Friedens-Geber") die Sache wieder ins Lot brachte, was man damals als „Friedensworte zwischen die Männer tragen" („bera frid-mal milli manna") umschrieb.

In schweren Zeiten sehnte man sich nach der „Aussicht auf Frieden" („frid-van") und wünschte sich, daß sich die Zerstrittenen ein „Friedens-Versprechen" („frid-vaenn") gaben. Dazu sandte man sich gegenseitig „Friedens-Briefe" („frida-bref") zu oder „bat um Frieden" („frid-maelast"). Manchmal konnte man auch nichts anderes mehr tun, als sich den „Frieden zu erkaufen" („frid-kaup"). Dann konnte der „Frieden wiederhergestellt werden" („fridan"). Man tauschte „Friedenszeichen" („fridar-mark") aus oder bat zumindest zunächst einmal mithilfe eines „Waffenstillstands-Schildes" („frid-skjöldr") um Waffenruhe. Als Zeichen dafür, daß man „Frieden schließen" („frid-bot") wollte, schnürte man sein Schwert in der Schwertscheide mit einem „Friedensband" („frid-bond") fest – das nannte man „den Frieden binden" („frid-benda"). Wenn alle der „Verlockung des Friedens" („frid-gaelur") folgten, setzte sich jeder auf einen „Stuhl des Friedens" (frid-stoll"), beschloß einen „Friedensvertrag" („fridar-görd"), der dann mit einem „Friedenskuß" (Fridar-koss") besiegelt wurde.

Wie die Erfahrung zeigt, wurden jedoch viele geschlossene Frieden irgendwann von einem „Friedensbrecher" („frid-spilli", „fridbrots-madr") wieder gebrochen. Einen solchen „Friedensbruch" nannte man „frid-brot". Dann kam es dazu, daß alle wieder „das Friedensband abbanden" („spretta frid-böndum"), mit dem das Schwert während des Friedens in seiner Scheide festgebunden war.

Das Wort „fridr" bedeutete sowohl „allgemeiner Frieden", „Sicherheit der persönlichen Unversehrtheit" als auch Liebe – man sah Frieden offenbar als eine sehr persönliche und nicht als eine politische Angelegenheit an.

Der „Mangel an Frieden" war zugleich eine „persönliche Unsicherheit" („frid-leysi"), die auch als Strafe für Menschen verhängt werden konnte, die der Gemeinschaft großen Schaden zugefügt hatten – sie waren dann „friedlos" („frid-lauss"), d.h. vogelfrei, sodaß sie von jedem, der es wollte, straflos getötet werden konnten.

Manche Dinge wie z.B. die Tempel oder auch der Thing-Platz waren „geschützt" („frid-heilagr"), d.h. an ihnen durfte nicht gekämpft oder Rache genommen werden – wie z.B. an dem Ort, an dem Hödur durch die List des Loki den Baldur tötete. Solche „geschützten Orte", also „Friedensstätten" („frid-stadr") waren vor allen die

Heiligtümer in den Tempeln. Dorthin konnte man bei einer Verfolgung fliehen und um „Asyl" („frid-kastali") bitten. Der „Frieden" war offensichtlich auch eine Angelegenheit, die die Götter betraf.

Auch das deutsche „Friedhof" ist ein solcher ummauerter und geschützter Bereich bei der Kirche.

Eine nicht ganz so Freyr-typische Ableitung von der in diesem Abschnitt betrachteten Wortwurzel ist „frina" für „Kühnheit". Sie ist möglicherweise erst in späterer Zeit entstanden, als man so gut wie alle Götter auch als kriegerische Wesen ansah.

Freyr scheint ein „Friedens-Fürst" gewesen zu sein.

Die germanische Wurzel all dieser „Friedens-Worte" ist „frithu" und bedeutet „Frieden". Es gab nicht nur den Frieden unter den Menschen, auch eine offene Rechnung konnte „Frieden finden" – nämlich indem sie „bezahlt" („frida") wurde: Freyr war auch ein Gott des Wohlstandes …

Um Frieden zu haben, d.h. um sicher zu sein, war es sinnvoll, sein Langhaus durch Mauern zu schützen. Auch in diesem Zusammenhang fand das Wort „Frieden" im Sinne von „**einfrieden**", also „ummauern", im Laufe der Zeit Verwendung: im altnordfränkischen „fraethof" („Vorhof"), im altschwedischen „fraedhof" („Vorhof") und im mittelneudeutschen „vraethof" („umfriedeter Hof").

Denjenigen, mit dem man in Frieden lebte, schonte man. Das althochdeutsche Verb „fraetan" bedeutete „verwöhnen, hegen, **schonen**". Die altnordische Form dieses Verbes ist nicht bekannt, aber es ist anzunehmen, daß es sie gegeben hat.

Die germanische Wurzel dieser Worte ist „fraedjan" und bedeutet „schonen, übriglassen".

Vermutlich hat sich aus der Vorstellung der schützenden eigenen Sippe und der „großen Verwandten" die Bedeutung „**Ruhm**" des Wortes „fraegd" gebildet. Das Adjektiv dazu, also „berühmt, ruhmreich", lautet „fraegr". Wenn eine Person ganz besonders ruhmreich, sozusagen „ruhmvoll" war, nannte man sie „fraegdar-fullr".

Dieser Ruhm war aber nicht nur ein nach außen strahlender Glanz, sondern auch ein innerer Wert, da „fraegi-ligr" „vertrauenswürdig, ehrbar" bedeutete.

Eine Variante des Wortes „fraegd" für „Ruhm" ist „fremd" für „Förderung, Vorteil, Ruhm, Ehre". In diesem Wort schwingen die praktischen Vorteile der Berühmtheit mit.

Eine weitere Variante des Wortes „fraegd" ist „frigd", das „Nachricht, Lob, Ruhm" bedeutet. Das Verb dazu ist „frigja" („loben, preisen") und das entsprechende Adjektiv ist „frigr" („berühmt"). Mit diesem Wort ist offensichtlich der Göttinnenname „Frigg" verwandt.

Eine zweite Variante ist „frygd" für „Freude, Herrlichkeit".

Die germanische Wurzel dieser Worte ist „fregji" und bedeutet „Berühmtheit, Bekanntheit".

Mit dem Wort „fraegd" für „Ruhm" ist sehr eng das Wort „frod" für **Weisheit** verwandt. Man kann also vermuten, daß der „Ruhm" nicht nur mit dem Schwert erworben wurde, sondern auch durch friedliche Verhaltensweisen und kluge Entscheidungen.

Das „Wissen" und die „Information" wurde „frod-leikr" genannt. Wenn man dies Wissen besaß, war man „wissend, gelehrt und gut informiert" („frodr"). Aufgrund dieses Wissens sollte man erwarten können, daß sich der Betreffende „vernünftig" („frod-ligr") verhält. Manche Menschen bleiben jedoch immer „unvernünftig oder sogar närrisch" („eigi frodliga"). Es war jedoch auf jeden Fall vorzuziehen, „weise" („frod-gedjadr") und „von weisem Geist" („frod-hugadr") zu sein.

Man konnte die Weisheit in „lehrreichen Büchern" („frodar boekr") und in „Wissens-Büchern" („froedi-boekr") finden.

Wenn man eine „Liebe zum Wissen und zur Weisheit" („froedi-fysi") besaß und „lernen" („froedi") wollte, dann konnte man in „alten Schriften" („i sumum froedum") lesen oder sich einen „wissenden und weisen Mann, einen Gelehrten oder Historiker" („froedi-madr") suchen, der einem „Weisheit" („frodr") „lehrte" („froeda"). Auf diese Weise konnte man „Wissen ansammeln" („froedi-nam") – und hoffentlich schließlich „weise" („frod-gedjadr") werden.

Wenn man in diesem Bestreben erfolgreich war, dann konnte es sein, daß man vielleicht den Beinamen „frodi" erhielt, d.h. „der Weise".

Die Weisheit hatte jedoch auch einen spirituell-magischen Aspekt, denn „frod-leikr" bezeichnete auch die „Magie" und die „Hexenkunst" und „froedi" war auch die Bezeichnung für „Zaubersprüche". In diesem Sinne war „froedi" identisch mit „galdr", den Zaubergesängen. Ein weiser Mensch war somit meist auch ein Magier bzw. eine Seherin/Zauberin. Dies entspricht ganz der indogermanischen Tradition der „spirituellen Spezialisten" wie der germanischen Goden, der keltischen Druiden, den indischen Brahmanen usw., die sowohl Gelehrte, Historiker und Sänger als auch Magier, Priester und Seher waren.

Die germanische Wurzel dieser Worte ist „fregi" und bedeutet „Wissen".

Es existiert auch ein Wort, das **Spuk, Geist** bedeutete: „freykja". Freyr scheint somit auch ein Gott der Ahnengeister gewesen zu sein.

Bei derartig vielen guten Eigenschaften, die diese Wortfamilie aufweist, konnte es nicht ausbleiben, daß sich aus dieser Wortwurzel auch eine Bezeichnung für **gut** bildete: „fridandi".

Die germanische Wurzel ist hier vermutlich das Adjektiv „fri" für „lieben".

Solche guten, weisen, friedlichen und freundschaftlich gesonnen Menschen konnte man eigentlich nur „**verehren**" („frida").

Dieses Wort ist eine Ableitung von dem Adjektiv „fridandi" für „gut".

Die Dinge und vor allem die Menschen, die gut und weise sind, die man liebt und mit denen man sich verwandt fühlt, stellen den erstrebenswerten Zustand schlechthin dar. Daher lag es nahe, von der Wortwurzel, die alle diese Eigenschaften beschreibt, auch die Bezeichnung für „**Schönheit**" abzuleiten: „frid".

Die Schönheit wird hier anscheinend als das, was gut ist und was man daher liebt, angesehen – eine ausgesprochen individuelle und auf die eigenen Bedürfnisse bezogene Auffassung von Schönheit. Man könnte auch sagen: Schön („fridr") ist, was man haben will.

Die „Tätigkeit des Schmückens", also das „verschönern" wurde als „frae" bezeichnet. Das Ergebnis dieser Tätigkeit, also das „rechte Maß", die „Angemessenheit", die „Zierde" und der „Liebreiz" wurden „fridindi" genannt. Die „Schönheit eines Menschen" nannte man „frid-leikr".

Das Wort „fridr" („schön") hatte auch die Bedeutung „Bezahlung durch Münzen" oder „Bezahlung durch Rinder". Dieser Zusammenhang mit dem Finanzwesen fand sich auch schon bei der Verwendung von „frida" für „bezahlt", d.h. wörtlich „eine Rechnung, die in Frieden ist". Diesen Zusammenhang könnte man ein wenig salopp als „das Geld ist die Schönheit die Händler" zusammenfassen.

Die germanische Wurzel dieser Worte ist das Adjektiv „fraeda" für „schön, hübsch, lieblich, erfreulich, froh sein" sowie das davon abgeleitete Substantiv „fraedaz" für „Schönheit". An dem Bedeutungsspektrum des Adjektivs „fraeda" kann man sehen, daß die Schönheit nicht nur die äußere Harmonie des Aussehens bezeichnete, sondern auch die innere Harmonie des Gemütes, die sich in der Freude zeigte.

Es wäre denkbar, daß man mit Freyr auch diese Harmonie und diese Freude assoziiert hat.

In dieser Wortfamilie gibt es auch eine Gruppe von Worten mit der Bedeutung „**fruchtbar**": „fro-samr". Der Zusammenhang mit der hier betrachteten „Wortfamilie des Freyr" zeigt sich deutlich darin, daß „fro-samr" sowohl „Fruchtbarkeit" als auch „Aufrichtigkeit, Ehrlichkeit" bedeuten kann, da diese zweite Bedeutung eng mit dem Wort „frod" für „Wissen, Weisheit" zusammenhängt.

Das zentrale Wort in dieser Gruppe ist „frae" für „Samen". Dies könnte eine Weiterbildung von „fridill" („Geliebter") sein.

Wenn etwas „Samen" („frae") hat, ist es „fruchtbar" („frjor") und „gibt Früchte" („fraer"). Dadurch entstehen schließlich „Samen" und „Körner" („fri") sowie „Früchte" („fruktr") – es ist dann „voller Früchte" („frjo-ligr"). Der wichtigste Samen war das „Korn des Getreides" („frae-korn").

Wie der Zusammenhang von „fro-samr" („fruchtbar") mit „Geliebter" („fridill") bereits vermuten läßt, findet sich in dieser Wortfamilie auch das Verb für „befruchten", das im Sinne von „fruchtbar machen" auch in der Landwirtschaft verwendet werden kann: „fraeva". Das Wort „frjova" hat zusätzlich zu „befruchten" auch noch die Bedeutungen „fruchtbar sein" und „vermehren".

Mithilfe des Wortes „frae" für „Samen" konnte auch eine Bezeichnung für „Land, Boden, Erde" gebildet werden: „fraen". Dieses Wort bedeutete ursprünglich vermutlich „Saatgrund; Fläche für die Aussaat".

Im Altschwedischen, das vom Altnordischen abstammt, hatte „froda" die Bedeutung „Üppigkeit, Fruchtbarkeit".

Es bestand folglich auch eine Verbindung von Freyr sowohl zu dem Zeugen des Nachwuchses bei Mensch und Tier als auch zu der Fruchtbarkeit in der Landwirtschaft.

Die germanische Wurzel dieser Worte ist wahrscheinlich dieselbe wie die von „lieben": „frijan".

Mit dem Verb „frjova" für „befruchten" ist eng das Substantiv „froeda" für „Schaum, **Sperma**" verwandt.

Die germanische Wurzel dieses Wortes ist „fruthan" für „Schaum, Sperma".

Das freundliche Wesen dieser Wortfamilie führte dazu, daß sich in ihr auch das Wort „fraea" für „**helfen**" bildete. Das Substantiv dazu lautet „frae" („Hilfe, Erleichterung").

1. b) Zusammenfassung: „Freyr" in der altnordischen und in der germanischen Sprache

Wenn man alle Bedeutungen der Wortfamilie, zu der der Name „Freyr" gehört, zusammenfaßt, ergibt sich ein erstes Bild des Gottes Freyr, das nicht auf seinen Mythen, sondern auf den sprachlichen Assoziationen der Germanen zu seinem Namen beruht.

Freyr ist der hilfsbereite Friedens-Fürst und der den Frieden liebende Beschützer der Menschen und ihrer Verwandten, also der Sippe. Er ist der Gott der Fruchtbarkeit, der Zeugungskraft und der Liebe und daher auch der Beschützer der Liebenden. Er ist auch der Gott der Ahnen. Er wird verehrt, weil er die Freiheit von denen erhält, die ihn verehren. Er ist der gute Gott der Weisheit, der Schönheit, der inneren und der äußeren Harmonie sowie des Wohlstandes. Für diese Qualitäten wird er weithin gerühmt.

1. c) „Freyr" in der indogermanischen Sprache

Die Indogermanen haben zwischen 7.000 v.Chr. und 2.800 v.Chr. in der südrussischen Steppe nördlich des Schwarzen Meeres gelebt. Sie haben sich hauptsächlich von der Viehzucht ernährt.

Die indogermanische Wurzel der hier betrachteten Wortfamilie ist das Wort „per" für „Haus". Ein „priheh" war bei den Indogermanen daher jemand, der zu dem eigenen Haus („per"), also zu dem eigenen Haushalt und somit zu der eigenen Sippe gehörte: ein Verwandter.

Diese Wortwurzel findet sich in verschiedenen indogermanischen Sprachen wieder wie z.B. im hethitischen „parna" für „Haus", im gotischen „frijon" („Liebe"), im altkirchenslawischen „prijajo" („beliebt sein"), in den beiden altindischen Worten „prijajate" („befreundet sein") und „priya" („jemandem lieb sein; Ehefrau"), im altpersischen „frya" („jemandem lieb sein") und im altenglischen „frigan" („Liebe, Freund").

Schon bei den Indogermanen hat diese Bezeichnung für die „Verwandten" auch schon die Bedeutung „Geliebter, Ehemann" und „Geliebte, Ehefrau" („priheh") erhalten – diese Liebe zwischen den Menschen bezog sich anfangs offensichtlich vor allem auf den Sippenzusammenhalt.

Bereits bei den Indogermanen hat sich von diesem Wort die Nebenform „parikeh" mit der Bedeutung „Nebenfrau, Hure" gebildet. Davon leiten sich u.a. das mittelirische „airech" („Nebenfrau") und das altpersische „pairika" („verführerische Dämonin") ab.

Es gab bei der Wortfamilie um „priheh" auch eine deutliche Assoziation zum Besitz, denn „prihos" hatte sowohl die Bedeutung „das, was man liebt" als auch „das eigene; das, was einem gehört" – schließlich war das eigene Haus („per") eines der wichtigsten Dinge, die man besitzen konnte.

Möglicherweise gab es bei dieser Wortfamilie auch schon eine Assoziation zu der Zeugung und der Fruchtbarkeit, da es auch das Wort „prehktos" gegeben hat, daß „Anus, Genitalien" bedeutet hat und sich im Altgriechischen als „proktos" und im Armenischen als „erastank" erhalten hat.

Es ist denkbar, daß es bei den Indogermanen auch schon erste Ansätze dazu gegeben hat, aus „priheh" den Beinamen eines Gottes oder Ahnen bzw. einer Göttin zu machen. Das mythologische Motiv, mit dies im Zusammenhang gestanden haben wird, ist die Wiederzeugung, die der Wiedergeburt der Toten durch die Muttergöttin im Jenseits vorausging. Bei dieser Wiederzeugung war die Muttergöttin die Geliebte des Toten im Jenseits und er ihr Geliebter.

Dies könnte die Wurzel der beiden germanischen Götternamen „Freyr" und „Freya" sein. Mit Freyr ist u.a. Priapos, der griechische Gott der Zeugungskraft, der mit einem riesigen Penis dargestellt wird, verwandt.

Bei dem indogermanischen „priheh" finden sich somit schon mehrere der Eigenschaften des germanischen Freyr: die enge Verwandtschafts-Bindung, die Liebe, der Geliebte, die Geliebte, die Zeugungskraft, die Fruchtbarkeit und der Besitz.

Die Assoziationen „Herr, Weisheit, Frieden, Freiheit und Ruhm" scheinen somit Eigenschaften zu sein, die sich erst später im Charakter des „priheh-Freyr" herausgebildet haben. Sie werden allerdings auch schon bei den frühen Indogermanen wichtige Qualitäten gewesen sein.

Vermutlich werden diese Eigenschaften umso mehr mit „priheh" verbunden worden sein, umso mehr sich die Bedeutung des „priheh" von „Geliebter" und „Geliebter der Jenseitsgöttin" hin zu „der von der Jenseitsgöttin geliebte Fürst" verschoben hat – dabei wird der Fürst sowohl bei seiner Krönung (die im Wesentlichen eine Jenseitsreise gewesen ist) als auch während seiner Herrschaftszeit und natürlich auch bei seiner Bestattung der „Geliebte der Muttergöttin im Jenseits" gewesen.

Sehr wahrscheinlich ist das indogermanische Substantiv „per" für „Haus" mit dem Substantiv „perg" für „Balken" verwandt. Dieses Wort findet sich im slawischen „porg" für „Schwelle, Diele, Bank" wieder und ebenso im baltischen „perga" für „Aushöhlung", im lithauischen „perga" für „Einbaum" und im lateinischen „pergula" für „Vorbau, Hütte".

1. d) Zusammenfassung: indogermanische Sprache

> Die indogermanische Wurzel des Götternamens „Freyr" ist das Substantiv „per" für „Haus", von dem sich die Worte für „Verwandter", „Freund", „Liebe", „Genitalien", „Zeugungskraft" und „Hure" ableiten.
> Da sich der Gott Freyr bei den Griechen als „Priapos" wiederfindet, ist anzunehmen, daß es schon bei den Indogermanen selber Ansätze zu der Entstehung eines „Gottes mit großem Penis" gegeben hat, der die Fruchtbarkeit und evtl. auch die Wiederzeugung im Jenseits, die der Wiedergeburt vorausgeht, verkörpert hat.

1. e) „Freyr" in der nostratischen Sprache

Die indogermanische Wurzel der Wortfamilie, zu der der Gottesname „Freyr" gehört, ist das Wort „per" für „Haus". Dieses Wort ist möglicherweise schon sehr alt und könnte noch von den frühen nacheiszeitlichen Siedlern in Mesopotamien um ca.

10.000 v.Chr. stammen. Die Sprache dieser damaligen Menschen wird heute „Nostratisch" genannt.

Zu den Nachkommen dieser frühen Siedler gehören u.a. die Indogermanen, die Ägypter, die Sumerer, die Elamiter in Südost-Mesopotamien, die Drawiden in Indien und die Semiten.

Das indogermansiche Wort „per" findet sich mit derselben Bedeutung auch im Altägyptischen. „Per" bedeutet „Haus". Der Titel „Pharao" lautet im Ägyptischen „per-aa" und hat wörtlich übersetzt die Bedeutung „Großes Haus" im Sinne von „Regierungssitz" – in derselben Weise wie man auch heute vom „Kreml" oder vom „Weißen Haus" spricht.

Im Sumerischen finden sich die Worte „pu" für „Teil eines Gebäudes", „papah" für „Raum, Tempelraum", „piriggunu" für „Stein", „puhrum" für „Versammlung" und „par, parshita" für „Kanal". Vermutlich sind auch sie mit dem ägyptisch-indogermanischen „per" verwandt.

Auch in der drawidischen Sprache in Indien findet sich dieses Wort: „por" für „Haus, Dach", „paz" für „Tempel, heiliger Bezirk", „par" für „Spaten" und „porne" für „Gefäß, Kiste". Damit ist auch das tamilische (indische) „pazi" für „Tempel, Stadt" verwandt.

Im Nostratischen hieß das Wort für „Haus" wahrscheinlich „puru".

1. f) Zusammenfassung: nostratische Sprache

> Das indogermanische „per" für „Haus" stammt von dem nostratischen „puru" für „Haus" ab, das sich auch im Ägyptischen und im Drawidischen sowie mit der Bedeutung „Raum, Tempel, Teil eines Gebäudes" auch im Sumerischen findet.

1. g) „Freyr" in der borealischen Sprache

Die borealische Sprache wurde in der späten Altsteinzeit von dem vor 50.000 Jahren von Afrika aus in Eurasien eingewanderten Homo sapiens gesprochen. Das Borealische ist auch Wurzel des Nostratischen (Mesopotamien), von dem das Indogermanische der nördliche Zweig ist. Die vielen Sprachen, die in Europa, Asien, Amerika und Australien gesprochen werden, stammen alle von diesem Borealischen ab.

Die borealische Wurzel des nostratischen „per" für „Haus" ist das Substantiv „paru" für „Balken". Davon leiten sich das finnische „purnu" für „Kiste", das finnische

„pört" für „Stube, Wohnhaus", das saamische (lappländische) „puor'na" für „Steinkiste, Häuschen", das votyakische (westrussische) „berno" für „Holzgefäß", das altaische (sibirische) „paran" für „Platz für die Hütte", das zyrische (westsibirische) „burna" für „Holzgefäß", das mongolische „haranga" für „Balkon, Veranda, Plattform, Hütte" und das japanische „Pari" für „Querbalken" ab.

Die borealische Wurzel des Substantivs „per" kann nicht „Haus" sein, da es erst seit der Jungsteinzeit Häuser gibt. Stattdessen findet sich die Bedeutung „Querbalken", da man für den Hausbau als wesentliches Element die Querbalken für das Dach benötigt. Ursprünglich könnte das borealische „paru" daher in etwa „Stamm, Ast, behauener Stamm" (den man für den Bau der Hütten aus Ästen und Fellen benutzt hat) bedeutet haben.

Evtl. wurden auch die Totempfähle mit diesem Wort bezeichnet.

1. h) Zusammenfassung: borealische Sprache

Der altnordische Göttername „Freyr" geht über das indogermanische „per" für „Haus" und weiter über das nostratische „puru" für „Haus" auf das borealische „paru" für „Querbalken" zurück.

2. mit „Freyr" gebildete Personennamen

Die Personennamen, die mit dem Gottesnamen „Freyr" gebildet wurden, haben vor allem kultische Bedeutungen und entsprechen von ihrem Charakter her der Wortfamilie um „Freyr".

mit „Freyr" gebildete Personennamen		
Männernamen	*Frauennamen*	*Bedeutung*
Frey, Frö, Fröy, Freyr		Freyr
Fröyrikr, Fröricus		Freyr-König
Friobaudis		Freyr-König
Freygardur	Freyygerdr, Frigerid, Frigired, Freigerdur	Tempel des Freyr; geschützter Bereich des Freyr
Freysteinn, Freistin, Frösteinn, Frösten, Freisteinn		(Opfer-, Kult-)Stein des Freyr
Freivid, Freividr, Freividur, Frejvid, Vefreyd		Freyr-Priester
Freysgyd		ursprünglich: „Freysgod(e)"; Freyr-Priester
Frövidh, Freyvid, Frejvid		Baum des Freyr = Mann des Freyr
	Freydis, Freidis, Frejdis	Göttin des Freyr = Frau des Freya
	Freylaug, Fröylaug	Eid des Freyr =?= Freyr-Priesterin
Freymar		Ruhm des Freyr, berühmter Freyr
Freymundur		Hand des Freyr
Freymodur (Freimut)		Mut des Freyr
	Freyleif	Tochter des Freyr
Fröygäirr, Fröger		Freyr-Speer

Freybjörn, Freibjorn, Fröbiorn, Fröyborn		Bär des Freyr = Krieger
Geoffrey, Jofreidr, Jofreyr, Jofredur		Pferd des Freyr
	Freidunn	Woge des Freyr
Eyfreyd		„Freyr von der Insel"; „Insel des Freyr"
Friagabi		Gabe des Freyr
Freythor		Freyr-Thor

Der „Bär des Freyr" könnte die Stärke des Freyr ausdrücken. Das „Pferd des Freyr" könnte das Pferd als ein dem Eber entsprechendes Heiliges Tier des Freyr sein. Von den Balten, also den indogermanischen Nachbarn der Germanen im Südosten, ist bekannt, daß sie in ihrem Haupttempel auf Rügen einen ihrem Göttervater Svantevit geweihten Schimmel hielten, dessen Bewegungen als Grundlage für Orakel genommen wurde. Dieses Pferde-Orakel auf Rügen war in Nordeuropa fast genauso berühmt wie das Orakel von Delphi in Südeuropa. Möglicherweise lag auch dem „Pferd des Freyr" ein solches Orakel zugrunde – aber das ist nur eine Hypothese.

Der Insel-Freyr könnte Freyr auf der Jenseits-Insel gewesen sein. Vor allem die Insel Hlesey hatte in den Sagen der Germanen diese Jenseits-Symbolik.

2. a) Zusammenfassung

Freyr wurde auch als König angesehen (Fröytikr, Friobaudis). Es hat Tempel des Freyr (Freygardur), Priester des Freyr (Freivid, Freygyd) und Opfersteine des Freyr (Freysteinn) gegeben.

Manche Jungen und Mädchen waren durch ihre Namensgebung dem Freyr geweiht, seinem Schutz unterstellt oder ihm als Priester bzw. Priesterinnen versprochen (Männer: Freyr, Freyvid; Frauen: Freydis, Freylaug, Freyleif, Friagabi).

Die vielen aus dem Kult stammenden Personennamen des Freyr zeigen, daß er vor allem ein Kult-Gott gewesen ist, d.h. daß man ihn um die vielen guten Dinge gebeten hat, die er repräsentiert hat: Liebe, Fruchtbarkeit, Frieden, Freiheit, Weisheit …

Es gab auch einige mit „Freyr" gebildete Kriegernamen (Freymundur, Freybjörn, Fröger, Freythor, Freymar, Freymodur), die möglicherweise aus jüngerer Zeit stammen, da sie nicht zu dem übrigen Charakter des Freyr passen.

3. Freyr in Asgard

Freyr ist in der germanischen Überlieferung einer der wichtigsten Götter, so daß über ihn relativ viel bekannt ist.

3. a) Skaldskaparmal

Freyr ist einer der zwölf Asen:

Da kamen die Asen zu ihrem Gelage und zwölf der Asen, die da zu Richtern bestellt waren, setzten sich auf ihre Hochsitze. Dies sind ihre Namen: Thor, Niörd, Freyr, Tyr, Heimdall, Bragi, Widar, Wali, Ullr, Hönir, Forseti, Loki.

3. b) Asen-Heitis

In einer Strophe von einem unbekannten Skalden werden die Namen der zwölf Asen plus Loki, den Verursacher des Chaos, aufgezählt:

Ich werde euch
die Asen-Heitis sagen:
Dies sind Yggr und Thor
und Yngvi-Freyr,
Vidar und Baldur,
Vali und Heimdall,
das sind Tyr und Njörd,
weiterhin Bragi,
Hödur, Forseti,
und schließlich ist da noch Loki.

3. c) Grimnir-Lied

Wie fast alle Götter und Göttinnen besitzt auch Freyr eine Halle, d.h. ein Langhaus in Asgard:

Alfheim gaben dem Freyr die Götter im Anfang
Der Zeiten als Zahngeschenk.

Der Name „Alfenheim" des Wohnhauses des Freyr zeigt, daß Freyr eng mit den Alfen verbunden gewesen ist.

Diese Alfen waren die Toten im Jenseits. Ihr Namen bedeutet „die Weißen" bzw. „die Leuchtenden". Dieses Wort ist u.a. mit lateinisch „alba" für „weiß" verwandt. Mit diesen „weißen Geistern" sind vermutlich die milchigweiß leuchtenden Schemen der Totengeister gemeint. Diese Art der hellsichtigen Wahrnehmung der Toten („Gespenster") ist weltweit ausgesprochen einheitlich.

Zu diesem Wesenszug des Freyr paßt es, daß von seinem Namen das Wort „freykja" für „Spuk, Geist" abgeleitet worden ist. Diese „frekja" werden mit den „Alfen" identisch sein, nach denen die Halle des Freyr benannt worden ist.

„Alfen" scheint ein älteres Ahnen-Konzept als „Zwerge" („dwergaz" = „Totengeist") gewesen zu sein, das mit dem Jenseits-Himmel im Süden in Muspelheim verbunden gewesen ist, dessen Herr der frühere Göttervater Tyr war. Die mit dem neuen Göttervater Odin verbundene Jenseitsvorstellung war der Saal „Walhalla" in Asgard.

Daraus ergibt sich, daß Freyr möglicherweise einmal eine noch wichtigere Rolle gespielt hat, einen Bezug zu den Toten („Alfen") im Jenseits hatte und eine Verbindung zwischen ihm und dem ehemaligen Göttervater Tyr bestanden hat.

Ein „Zahngeschenk" ist ein Geschenk, da man einem Kind gab, wenn sein erster Zahn zu sehen war. Ein solcher Saal wäre ein sehr nobles Zahngeschenk.

3. d) Lokasenna

Der ehemalige Göttervater Tyr singt in der Lokasenna ein Loblied auf Freyr, in dem er ihn als den Besten der Götter, als einen Beschützer der Frauen und als einen Helfer in der Not beschreibt. Dies paßt gut zu den sprachlichen Assoziationen der Germanen zu dem Namen „Freyr", die diesen Gott als einen Spender der Liebe, des Friedens und der Fruchtbarkeit erscheinen lassen.

Tyr:
„Freyr ist der beste von allen, die Bifröst
Trägt zu der hohen Halle:
Keine Maid betrübt er, keines Mannes Weib,
Einen jeden nimmt er aus Nöten."

3. e)   Merseburger Zaubersprüche

In dem zweiten Merseburger Zauberspruch erscheint ein Gott, der den Namen „Phôl" trägt. Es wäre denkbar, daß es sich dabei um Freyr handelt. Es wird allerdings nichts weiteres über ihn gesagt, als daß er zusammen mit Odin und Baldur in den Wald ritt und daß er die Göttinnen Sinthgunt (eine Kriegsgöttin), Sunna („Sonne"), Freya und Volla (Friggs Dienerin Fulla) kennt.

Solche Götterdreiheiten wie hier Odin, Baldur und Phol/Freyr waren bei den Germanen sehr beliebt. Sie stellten die drei Stände dar. Da Odin der Krieger/Fürst ist und Freyr der Bauer/Handwerker, bliebe für Baldur der Priester/Heiler übrig, was durchaus zu seinen Mythen paßt, die von der Jenseitsreise geprägt sind.

Die Gleichsetzung von Phol mit Freyr ist jedoch unsicher.

Phol und Wodan begaben sich in den Wald;
Da wurde der Fuß des Fohlens des Balder verrenkt.
Da besprach ihn Sinthgunt, die Schwester der Sunna,
Da besprach ihn Frija, die Schwester der Volla,
Da besprach ihn Wodan, wie er es wohl konnte:
So Beinrenkung, so Blutrenkung,
so Gliedrenkung –
Bein zu Bein, Blut zu Blut,
Glied zu Glied, als wenn sie geleimt wären.

3. f)   Das dritte Lied über Sigurd Fafnir-Töter

In den Liedern und Sagas der Germanen wird der Name „Freyr" einige Male in Kenningarn verwendet, ohne daß ein engerer Zusammenhang mit dem Gott erkennbar ist. So wird z.B. Sigurd/Siegfried wird bei seiner Ermordung in seinem Bett neben seiner Frau Gudrun „Freyrs Freund" genannt – vermutlich lediglich wegen dem Stabreim in dieser Kenning, der dem Dichter an dieser Stelle gut in den Vers paßte …

„Freund des Freyr" bedeutet hier sehr unspezifisch „Mann, Krieger".

Gudrun, die Gute, lag schlafend
An Sigurds Seite sorgenlos.
Ihr Erwachen war ohne Wonne:
Sie floß in dem Blut des Freyr-Freundes.

3. g)   Nafna-Thulur

In den Namenslisten am Ende der Skaldskaparmal werden siebzehn Söhne des Odin aufgezählt. Diese Liste beginnt damit, daß Buri als Vater des Odin genannt wird.

Odins Söhne

Burir erzeugte Odin;
Baldur und Meili,
Widar und Nepr,
Vali, Ali,
Thor und Hildolfr
Hermodr, Sigi,
Skjöldr, Yngvi-Freyr
und Itreksjod,
Heimdall, Saemingr,
Hödr und Bragi.

3. h)   Zusammenfassung

Freyr ist einer der zwölf Asen in Asgard. Seine Halle, die er möglicherweise um 500 n.Chr von Tyr übernommen hat, heißt „Alfheim". Freyr ist der beste und der friedlichste der Asen, der keine Frau betrübt und allen Menschen aus der Not hilft.

Freyr wurde auch als Sohn des Odin angesehen, was jedoch eine relativ späte Systematisierung der Götter in einer Sippe mit Odin als Oberhaupt sein wird – auf jeden Fall nach 500 n.Chr., da Odin bei den Nordgermanen zuvor nicht bekannt gewesen ist.

Freyr ist möglicherweise mit Phol identisch.

4.   Freyr der Wanen-Gott

Bei den germanischen Göttern wurden die Asen und die Wanen unterschieden. Zu den Wanen zählen Niörd und seine Schwester, deren Kinder Freyr und Freya sind. Wahrscheinlich ist auch Kwasir, der aus dem Met, den die Asen und Wanen bei ihrem Friedensschluß mithilfe ihres Speichels gebraut haben, ein Wane.

Das Wort „Vanir" bedeutet „Glänzende" und ist daher dem Wort „Alfen" („Weiße, Leuchtende") ausgesprochen ähnlich. Da Freyr in der Halle „Alfenheim" wohnt, kann man davon ausgehen, daß die Wanen und die Alben und wohl auch die „freykja" („Spuk, Geister") ursprünglich einmal dieselbe Gruppe von Wesen sein werden – die leuchtenden Totengeister in dem Muspelheim-Jenseits des Göttervaters Tyr im südlichen Himmel.

Aus dem Göttervater und Schwertgott Tyr in dem heißen südlichen Himmel wurde schließlich der Feuerriese Surtur, während aus den strahlenden Totengeister die Alfen und die Wanen wurden.

4. a)   Skaldskaparmal

Wie soll man Freyr umschreiben? So: indem man ihn Sohn des Niörd nennt, Bruder der Freya, Wanen-Gott, Verwandter der Wanen und Wane ...

4. b)   Gylfis Vision

Niörd in Noatun zeugte seitdem zwei Kinder. Der Sohn hieß Freyr und die Tochter Freyja. Sie waren schön von Antlitz und mächtig. Freyr ist der trefflichste unter den Asen. Er herrscht über Regen und Sonnenschein und das Wachstum der Erde und ihn soll man anrufen um Fruchtbarkeit und Frieden.

4. c)   Skaldskaparmal

„Wie soll man Niörd umschreiben?"
„Indem man ihn Gott der Wanen, ... Vater des Freyr und der Freya, ... nennt."

4. d)   Skaldskaparmal

„Wie soll man Freya umschreiben?"
„So: Indem man sie Tochter des Niörd, Schwester des Freyr, ... nennt."

4. e)   Strophe des Skalden Einarr

Den Edelstein, Freyrs Nichte,
trägt sie auf dem Tränen-Schneesturm
der Stirne ihrer Mutter.

Freyrs Nichte = Freyas Tochter Hnoss („Edelstein")
Freyas Tränen = Gold

4. f)   Heimskringla

In dieser mythologisch-historischen Weltgeschichte des Snorri Sturluson wird am ausführlichsten über die Wanen berichtet. In ihr sind fast alle mythologischen Motive in historische Begebenheiten umgedeutet worden.

Das Land östlich des Tanakvisl in Asien wurden Asenland oder Asenheim genannt und die Hauptstadt dieses Landes wurde Asgard genannt.

„Tanakvisl" ist der Fluß Don, der in das Schwarze Meer mündet. Die Asen wurden damals als „Asiaten"gedeutet und auf Troja in der West-Türkei zurückgeführt.

In dieser Stadt lebte ein Fürst, der Odin genannt wurde, und in ihr wurden viele Opfer dargebracht.

Odin wird hier als König von Troja aufgefaßt.
Offenbar bildete das Opfern einen wesentlichen Bestandteil des Kultes der Germanen.

Es war dort Brauch, daß zwölf Tempelpriester sowohl die Opferungen durchführten als auch die Streitigkeiten des Volkes richteten. Diese wurden Diar oder Drotner genannt und alle Menschen dienten und gehorchten ihnen.

Ein „Diar" war ein Priester des ehemaligen Sonnengott-Göttervaters Tyr. Der Name „Diar" ist eng verwandt mit „Tyr" und bedeutet wie „Tyr" in etwa „der Scheinende". Dieser Priestertitel stammt offenbar noch aus der Zeit, in der Odin Tyr noch nicht als obersten Gott der Nordgermanen abgelöst hatte.

Der Titel „drotner", „drottnar" oder „drottin," bedeutete „Herr" oder „Herrscher". Diese Bezeichnung leitet sich von dem Wort „Drott" für „Volk, Haushalt, Leibwache" ab.

Die hier beschriebene Stellung der Priester entspricht der Stellung der Priester bei den anderen indogermanischen Völkern – sie waren zugleich Priester, Richter, Heiler, Sänger, Historiker, Gelehrte und noch einiges mehr.

Odin war ein großer und sehr weit gereister Krieger, der viele Königreiche erobert hatte und so erfolgreich war, daß er in jeder Schlacht den Sieg auf seiner Seite hatte. Sein Volk glaubte, daß er in jeder Schlacht den Sieg erringen werde.

... ...

Odin war der Sohn des Bor Buri-Sohn, der der Häuptling der Türken war. Er zog mit den Diar aus Asgard aus und gelangte nach Odinsey auf Führen.

„Asgard" wird hier als „Asiaten-Stadt", d.h. als Troja aufgefaßt. Die „Türken" sind die Bewohner von Troja.

Von dort aus schickte er die Gefjun nach Schweden, welche von König Gylfi für Odin Seeland erhielt.

Da Odin hörte, daß hier die kürzlich verstorbene Jörd verehrt wurde, gab er sie für seine erste Frau und den Thor für ihrer beider Sohn aus und sicherte sich dadurch größeres Ansehen.

Dies ist wieder eine historische Umdeutung der Mythe, in der Odin zusammen mit der Riesin Jörd den Thor zeugt.

Die Gefjun gab er seinem Sohn Skjoldr zur Frau und überließ ihnen Seeland. Er selbst aber ging zu Gylfi hinüber und erbaute sich dort das alte Sigtunir, während Njörd, der Sohn des Türkenhäuptlings Ingi, sich Noatun und dessen Sohn Freyr sich Uppsalir baute.

Mit „hinüber" ist Dänemark gemeint. Normalerweise ist „Ingi" („Yngvi") ein Beiname des Freyr und nicht der Vater des Niörd.

Freyr wurde in Uppsala in Schweden verehrt.

Njördr hatte die Skadi zur Frau, eine Tochter des Riesen Thjassi (=Tyr), die sich aber aus Liebe zu den Bergen von ihm trennte. Sie heiratete Odin, mit dem sie viele Söhne gewann, deren ältester Sämingr war.

Diesen wies Odin, weil er vermöge seiner Weissagungsgabe voraussah, daß er sich nach seinem Tode in Schweden nicht gegen Njördr und Freyr würde halten können, nach Norwegen hinüber, wo er sich in Drontheim niederließ.

... ...

Odin zog mit einem großen Heer zu den Leuten aus dem Wanen-Land, aber sie waren gut vorbereitet und verteidigten ihr Land; daher war der Sieg wechselhaft und sie verwüsteten gegenseitig ihre Länder und verursachten große Schäden.

Schließlich waren beide dieses Kampfes müde und beide Seiten trafen sich, um einen Frieden auszuhandeln, einen Waffenstillstand zu vereinbaren und Geiseln auszutauschen. Das Wanenland sandte seinen besten Mann: Njörd den Reichen und seinen Sohn Freyr.

Die Leute des Asenlandes sandten einen Mann, der Hone genannt wurde und den sie für einen sehr fähigen Häuptling hielten, da er ein sehr kräftiger und stattlicher Mann war, und mit ihm sandten sie einen Mann von großer Weisheit, den sie Mime nannten. Auf der anderen Seite sandten die Wanenland-Leute den weisesten Mann aus ihrer Gemeinschaft, der Kvase genannt wurde.

„*Hone*" ist der Ase Hönir, der die Verkörperung der Priester ist und auch selber rituelle Handlungen ausführt.

„*Mime*" ist der Tyr-Riese Mimir, also Tyr in der Unterwelt.

„*Kvase*" ist Kwasir, der personifizierte Göttermet.

Nun, als Hone nach Wanenheim kam, wurde er sofort zu einem Häuptling ernannt, und Mime kam jederzeit mit gutem Rat zu ihm. Wenn Hone jedoch in den Thing-Treffen oder in anderen Versammlungen stand und Mime nicht in seiner Nähe war und ihm irgendeine schwierige Angelegenheit vorgelegt wurde, antwortete er immer auf dieselbe Weise: „Laßt nun andere ihren Rat geben."

Daher bekamen die Wanenland-Leute den Verdacht, daß sie bei dem Austausch von Männern betrogen worden seien. Deshalb ergriffen sie Mine, enthaupteten ihn und sandten seinen Kopf zu den Asenland-Leuten.

Odin nahm den Kopf, rieb ihn mit Kräuter ein, damit er nicht verweste und sang Zauberlieder über ihn. Dadurch gab Odin Mimes Haupt die Macht, daß er zu ihm sprach und ihm viele Geheimnisse erzählte.

Das Einbalsamieren des Kopfes des Mimir durch Odin, damit dieser über den Kopf des Mimir dann weiterhin Kontakt zu dem Tyr-Riesen haben konnte, geht auf eine Tradition zurück, die bis in den Ahnenkult der frühen Jungsteinzeit zurückreicht und auch bei den Indogermanen eine reiche Tradition hat.

Odins Verhalten wird den Germanen daher nicht allzu seltsam vorgekommen sein und sie werden möglicherweise diesen alten Bestattungsbrauch, bei dem man das Haupt des Toten vom Rumpf trennte und aufbewahrte, evtl. noch aus Erzählungen gekannt haben. Diese Totenköpfe der eigenen Eltern frug man dann in Krisenzeiten um Rat und lauschte innerlich auf die Antwort.

Tyr-Mimir ist als ehemaliger Sonnengott-Göttervater der Vorgänger des Odin, der Tyr-Mimir wie einen Vater bei Schwierigkeiten um Rat frug.

Der Name „Mimir" könnte sich aus der im Ynglingatal beschriebenen Szene erklären: Wenn Tyr-Mimir ein „sprechender Toter" ist, kennt er auch die Vergangenheit, d.h. Mimir ist das, was sein Name bezeichnet: die Erinnerung.

Die zwischen den Asen und den Wanen ausgetauschten Personen sind von ihrer Stellung her sehr interessant, da sie jeweils einen Priester-Zauberer sowie eine weise Person, die mit dem Göttermet assoziiert wurde, austauschten:

der Geiseltausch zwischen Asen und Wanen		
Geiseltausch	*Priester*	*Symbol der Weisheit und des Göttermets*
Asen bei den Wanen	Hönir	Mimir
Wanen bei den Asen	Njörd und seine Kinder Freyr, Freya	Kvasir

Diese Gleichheit der zwischen den Asen und den Wanen ausgetauschten Geiseln zeigt noch einmal, daß Mimir aus einem rituell-priesterlichen Zusammenhang stammt und daß seine Verbindung mit dem Göttermet eine seiner zentralen Eigenschaften ist.

Mimir wird als Hönirs Berater geschildert. Da Hönir das Urbild der Priester ist, wird er ursprünglich ein Priester des Tyr gewesen sein. Diese Funktion hat er auch in der Mythe des Raubes der Idun inne. Am Anfang dieser Erzählung opfert Hönir zusammen mit Odin und Loki dem Adler-Seelenvogel des Tyr-Thiazi einen Stier.

Odin ernannte Njörd und Freyr zu Opferpriestern und sie wurden die Diar der Asenland-Leute. Njörds Tochter Freya wurde die Opferpriesterin und lehrte als erste den Asenland-Leuten die magischen Künste wie sie bei den Wanenland-Leuten üblich und weit verbreitet waren.

Die Kenntnis von Zaubersprüchen u.ä. hat sich bereits bei der Betrachtung der Wortfamilie gezeigt, zu der „Freyr" gehört.

Hier wird Freyr zu einem „Diar" (Tyr-Priester) ernannt. Die vielen Bezüge zu Tyr lassen vermuten, daß dieser Götterkampf entweder noch aus den alten, Tyr-zentrierten Mythen stammt oder aus der Phase der Absetzung des Tyr durch Thor und Odin.

Während Njörd noch bei den Wanenland-Leuten gewesen war, nahm er seine eigene Schwester zur Frau, denn das war von ihrem Gesetz erlaubt; und ihre Kinder waren Freyr und Freya. Aber unter den Asenland-Leuten war es verboten, unter so nahen Verwandten zu heiraten.

... ...

Den Tempelpriestern gab er (Odin) ebenfalls Ländereien. Niörd wohnte in Noatun, Freyr in Uppsala, Thor in Thrudvang, Balder in Breidablick; ihnen allen gab Odin gute Ländereien.

... ...

Freyr folgte auf Niörd in dessen Königreich und wurde von allen Schweden Drott genannt und alle zahlten ihm Abgaben.

Freyr ist somit zugleich der Herrscher („drott") als auch der Opferpriester („drottnar) seines Volkes. Das erklärt auch, wieso sich so auffällig viele mit „Freyr" gebildete Personennenamen auf den Kult beziehen.

Er hatte wie sein Vater viel Glück mit Freunden und mit guten Ernten. Freyr erbaute einen großen Tempel in Uppsala und machte die Stadt zu seinem Hauptsitz und gab dem Tempel alle seine Abgaben, sein Land und seine Güter.

Freyr wurde zusammen mit Odin und Thor in Uppsala in dem Haupttempel von Skandinavien verehrt.

Dieser Bericht klingt so, als ob der Kult des Freyr der Ursprung und der Kern des Tempels von Uppsala gewesen wäre.

Damals wurde die Ländereien des Uppsala-Tempels begründet, die seither immer Bestand hatten. Damals begann in seinen Tagen auch der Frodi-Frieden. Und damals gab es in allen Ländern gute Ernten, die die Schweden dem Freyr zuschrieben, sodaß sie ihn mehr als alle anderen Götter verehrten, weil die Menschen in seinen Tagen wegen des Friedens und der guten Ernten sehr viel reicher wurden.

„Frodi-Frieden" könnte eine feststehende Redewendung für „gute Zeiten" gewesen sein oder auch ein Begriff für einen allgemeinen Frieden sein, der während der Feste des Freyr herrschte – so wie der von Tacitus berichtete Frieden während der Prozession der Nerthus.

Freyr wird hier sehr deutlich als ein Gott des Friedens und der guten Ernten beschrieben. Diese Qualitäten stehen in deutlichem Gegensatz zu den kriegerischen Asen, deren Charakter sehr der Lebensweise der Wikinger ähnelt. Die Wanen sind offenbar eher „Bauern-Götter" gewesen.

Aus diesem friedlichen Bauern-Charakter des Freyr zusammen mit der Verbindung des Freyr zu den Wanen und den Alfen, die wiederum über das Muspelheim-Jenseits mit dem ehemaligen Göttervater Tyr verknüpft sind, ergibt sich die Vermutung, daß Freyr und sein Charakter noch aus der Zeit stammen, bevor Odin auch zum Göttervater der Nordgermanen wurde.

Der Übergang von Tyr zu Odin fand während der unruhigen und kriegerischen Völkerwanderungszeit (375-568 n.Chr.) statt. Es wäre daher gut denkbar, daß Uppsala vor der Völkerwanderungszeit der Kultort des Freyr gewesen ist und Thor und Odin dann während dieser durch viele Kämpfe geprägten Periode hinzukamen.

Vielleicht ist der Krieg zwischen den Asen und den Wanen u.a. auch eine Erinnerung an die Aufnahme der Asen Odin und Thor in den Kult des Freyr. Dies wäre zumindestens eine plausible Erklärung dafür, warum die Asen in diesem Kampf am Ende nicht die Sieger gewesen sind sondern einen Waffenstillstand geschlossen haben – obwohl man aufgrund des sonstigen Charakters zumindestens des Odin und des Thor eigentlich erwarten sollte, daß diese beiden Götter aus jedem Kampf als Sieger hervorgehen.

Seine (Freyrs) *Frau war Gerdr, die Tochter des Gymir, und ihr Sohn wurde Fjolne genannt.*

Freyrs Sippe läßt sich nun etwas vollständiger darstellen:

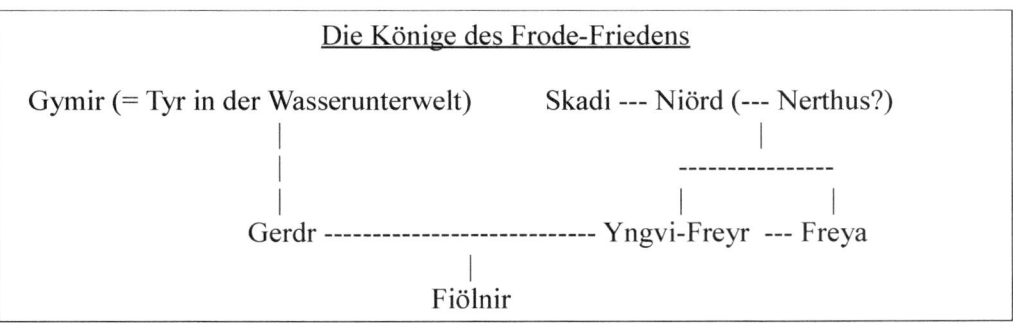

Fiölnir ist somit sowohl der Enkel des ehemaligen Sonnengott-Göttervaters Tyr als der Riese Gymir (Hler, Ägir) in der Wasserunterwelt als auch der Enkel des Njörd sowie der Sohn des Gottes Freyr und der Göttin Gerdr und außerdem noch der Neffe der Göttin Freya.

In der Sippe der Wanen hat man die Ablösung des alten Göttervaters Tyr auf die friedliche Wanen-Art geregelt: durch die Heirat zwischen Freyr und Gerdr Gymir-Tochter …

Interessanterweise stirbt Fiölnir, indem er in einem Bottich mit Met ertrinkt, was daran erinnert, daß die Asen und Wanen Geiseln ausgetauscht haben, unter denen jeweils ein Priester und ein „Met-Gott" (Mimir, Kvasir) waren. Fiölnir wird auch „veraldur" genannt, was „Welt" bedeutet. Freyr wird hingegen als „veraldur god", d.h. als „Gott der Welt" bezeichnet. Fiölnir scheint somit der wiedergeborene Freyr zu sein.

Da diese Wiedergeburts-Symbolik eigentlich für den ehemaligen Sonnengott-Göttervater Tyr typisch ist, findet sich hier eine weitere Verbindung zwischen Freyr und Tyr.

Freyr wurde auch mit noch einem anderen Namen gerufen: Yngvi. Und dieser Name Yngvi wurde noch lange Zeit danach in seiner Sippe als ein Ehren-Name betrachtet, sodaß sich seine Nachkommen als Ynglinge bezeichnet haben.

Der Sippen-Name „Ynglinge" zeigt, daß Freyr auch als ein Urahn angesehen worden ist. Da die Alfen und die Wanen Totengeister gewesen sind, könnte Freyr wie einst Tyr der Urahn eben dieser Totengeister und der Könige im Diesseits gewesen sein.

Freyr wäre somit vermutlich ein „Alfenkönig" – so wie der Schmied Wieland, der Tyr in der Unterwelt ist und im Wieland-Lied auch diesen Titel („Alberich") trägt.

Freyr wurde von einer Krankheit befallen und als die Krankheit die Oberhand gewann, faßten seine Männer den Plan, nur wenige zu ihm zu lassen.

In der Zwischenzeit errichteten sie ein großes Hügelgrab, in das sie eine Tür einfügten, die drei Löcher hatte. Als Freyr gestorben war, brachten sie ihn heimlich in dieses Hügelgrab, aber erzählten den Schweden, daß er noch lebe, und hielten drei Jahre lang Wache über ihm.

Sie brachten alle Abgaben zu ihm und warfen durch das eine Loch das Gold, durch das andere das Silber und durch das dritte die Kupfermünzen, die entrichtet wurden. So dauerten der Frieden und die guten Ernten fort.

zwei „Türflügel" (großes Gold-horn von Gallehus, 400 n.Chr.)

Die drei Löcher erinnern an die drei Nornen und an die Assoziation der „3" mit dem Sonnenzyklus und daher auch mit Tyr.

Auf dem Goldhorn von Gallehus gibt es die Darstellung einer Tür mit drei Punkten, die vermutlich das Tor zur Unterwelt darstellt und wohl mit diesem Tor zu dem Hügelgrab des Freyr identisch ist.

... ...

Als die Schweden erfuhren, daß Freyr tot war und trotzdem der Frieden erhalten blieb und es weiterhin gute Ernten gab, glaubten sie, daß dies solange so bleiben würde, wie *Freyr* in Schweden blieb. *Daher verbrannten sie seine Überreste nicht, sondern nannten ihn den Gott dieser Welt und brachten ihm ab da blutige Opfer dar – vor allem für Frieden und gute Ernten.*

Der Titel „Gott dieser Welt" zeigt deutlich, daß er *Freyr* einst eine sehr angesehene Stellung gehabt haben muß – was gut zu einem Urahn und einem „König der Alfen" paßt.

4. g) Huldarsaga

Im 4.Kapitel dieser Saga wird berichtet, daß *Freyr* der Sohn des *Niörd* war und in *Uppsala* gelebt hat:

Während Godhjalti Drontheim beherrschte, regierte Freyr als Nachfolger seines Vaters Njördr in Schweden.
... ...
Nun starben Freyr sowohl als Godhjalti. Dem ersteren folgte sein Sohn Fjölnir in der Herrschaft, dem letzteren aber sein Sohn Sverdhjalti.
... ...
Svipnir, ein Sohn des Raugnir zu Hringatunir, heiratete die Hela, eine Tochter des Finnenhäuptlings Frosti und Schwester des Logi und Snaers des Alten, welcher damals die Herrschaft über die Finnen übernommen hatte. Ihr Sohn war Hrodi, welcher bei Freyr in Upsalir erzogen und im Asenglauben unterrichtet worden war.

4. h) Nerthus

Möglicherweise ist *Nerthus* die Schwester des *Niörd*, die in der germanischen Überlieferung leider nicht mit ihrem Namen erwähnt wird. Der Name „Niörd" könnte die männliche Variante des Namens „Nerthus" sein – zumal beide eng mit dem Wasser verbunden sind. *Freyr* und *Freya* wären dann sozusagen die Wiederholung von *Niörd* und *Nerthus* in der Folgegeneration. Diese Konstellation ist typisch für die Vorstellungen über die Wiedergeburt (siehe „Wiederzeugung" in Band 51).
Die einzige Quelle über *Nerthus* ist der römische Schriftsteller Tacitus, der um 100 n.Chr. über eine Nerthus-Prozession berichtet hat (siehe „Nerthus" in Band 28).

4. i) Zusammenfassung

Der Name des Göttergeschlechtes der Wanen bedeutet „Glänzende". Vermutlich werden die Wanen daher mit den Alfen identisch sein, deren Name „Weiße, Leuchtende" bedeutet. Diese Vermutung wird dadurch bestätigt, daß Freyrs Halle „Alfenheim" heißt.

Die drei bekannten Wanen sind Freyr und seine Schwester-Frau Freya sowie deren Vater Niörd, dessen Frau vermutlich Nerthus ist, die dann auch eine Wanin sein sollte. Anscheinend ist auch Kvasir, der personifizierte Göttermet, ein Wane gewesen. Fiölnir, der Sohn des Freyr und der Gerdr, sollte auch ein Wane sein.

Fiölnir („Veraldur") ist der wiedergeborene Freyr („Veraldur God").

Freyr wird als schön und mächtig, als König („Drott"), sowie als Geber von Freunden, guten Ernten, Sonnenschein, Regen und Wohlstand angesehen. Er wurde „Gott der Welt" genannt und von den Schweden einst mehr als anderen Götter verehrt. Der von ihm erschaffene „Frodi-Frieden" war geradezu sprichwörtlich.

Freyrs Haupttempel ist einst Uppsala gewesen. Nach der Absetzung des Tyr durch Thor und Odin um 500 n.Chr. stand jedoch die Statue des Thor in der Mitte des Statuenraumes dieses Tempels – er war demnach der Hauptgott. Rechts neben Thor stand Odin und links neben ihm Freyr.

Es ist interessant, daß Njörd und Freyr als „Diar" bezeichnet werden, da ein Diar ein Priester des Tyr ist – das Wort „Diar" ist nur eine andere Schreibweise des Namens „Tyr". Auch Freyrs Schwester Freya wurde als Opferpriesterin und auch als Zauberin angesehen. Freya wird in anderen Texten auch als „Dise" bezeichnet – dieses Wort ist die Femininform von „Diar".

Die drei Wanen Njörd, Freyr und Freya sind somit nicht nur eng mit den Alfen verbunden, die die Totengeister im Himmels-Jenseits des ehemaligen Sonnengott-Göttervaters Tyr gewesen sind, sondern auch mit dem Amt des „Diar" genannten Tyr-Priesters bzw. mit dem Amt der „Dise" genannten Tyr-Priesterin. Die Wanen/Alfen sind offenbar sehr eng mit dem ehemaligen Sonnengott-Göttervater Tyr verknüpft.

Einst haben die Asen und die Wanen einen Krieg gegeneinander geführt, die mit einem Waffenstillstand statt mit einem Sieg geendet ist – was generell in den Mythen aller Völker ein sehr ungewöhnliches Ereignis ist. Zur Absicherung des Friedens wurden jeweils ein Priester und ein Met-Gott ausgetauscht: der Priester-Ase Hönir und der Met-Riese Mimir (Tyr) gegen den Priester-Wanen Njörd (und Freyr) und den Met-Gott Kvasir.

Als die Wanen den Hönir für unfähig hielten, haben sie den Mimir enthauptet, woraufhin Odin den Kopf des Mimir einbalsamiert hat, um mit ihm sprechen zu können und auf diese Weise dessen Weisheit zu erlangen. Diese Szenerie ist unlogisch, da die Wanen eher den „dummen" Hönir hätten köpfen müssen und nicht den weisen Mimir. Da Mimir der ehemalige nordgermanische Göttervater Tyr in der Unterwelt ist, übernimmt Odin in dieser Szene die Weisheit des Tyr-Mimir, die er braucht, um der Göttervater der Nordgermanen werden zu können.

Der Krieg zwischen den Asen und den Wanen ist eine um 500 n.Chr. neuerschaffene Mythe, die die Integration der nordgermanischen Wanen/Alfen und der südgermanischen Asen zeigt – wobei hier der Mord an Tyr-Mimir den Wanen in die Schuhe geschoben wird, statt wie sonst üblich dem Thor, der die Tyr-Riesen erschlägt. „Der Sieger schreibt die Geschichte." wie man so sagt …

Freyr wurde in einem Hügelgrab bestattet, dessen Tür drei Löcher hatte, durch die dem Freyr Münzen geopfert worden sind. Solche drei Löcher gab es auch bei den drei Felsen, auf die Loki in der Hel gefesselt worden ist. Dieselben drei Lochsteine wird es auch in dem Hügelgrab des Tyr gegeben haben, da die Mythen des Sommergottes Tyr und die des Wintergottes Loki parallel aufgebaut sind, da deren endloser, zyklischer Kampf die Jahreszeiten hervorruft. Diese „Tür mit drei Löchern" ist auch auf dem Großen Goldhorn von Gallehus dargestellt worden, das noch aus dem Kult des Tyr stammt.

Auch hier ist Freyr wieder eng mit dem ehemaligen Sonnengott-Göttervater Tyr verbunden.

Yngvi-Freyr wurde auch als Königsgott angesehen, wie das Geschlecht der Ynglinger-Könige zeigt.

Dieser enge Zusammenhang zwischen Freyr und Tyr könnte z.T. durch die Übernahme von einzelnen mythologischen Motiven aus den Tyr-Mythen entstanden sein – nach der Absetzung des Tyr fielen seine Mythen als „Beute" an Thor, Odin und Freyr, die sie unter sich aufteilten.

Manche Zusammenhänge wie z.B. die Bezeichnung des Njörd, des Freyr und der Freya als „Diar" bzw. „Dise" lassen sich jedoch nicht durch die Übernahme von Tyr-Motiven erklären, sondern müssen aus der alten nordgermanischen Religion vor 500 n.Chr. stammen.

5.   Freyr der Fruchtbarkeitsgott

Aus der Wortfamilie, zu der der Gottesname „Freyr" gehört, sowie aus der Beschreibung dieses Wanen-Gottes in der Heimskringla ergibt sich, daß er vor allem ein Gott des Friedens, der guten Ernten und des Wohlstandes gewesen ist.
Diese Eigenschaften werden auch noch an einigen weiteren Stellen angeführt.

5. a)   Skaldskaparmal

Die guten Ernten und der Wohlstand waren so charakteristisch für den Gott Freyr, daß man diese Eigenschaften sogar in den Kenningar, die man für seinen Namen benutzte, verwenden konnte:

„Wie soll man Freyr umschreiben?"
„So: Indem man ihn Sohn des Niörd nennt, ... und Gott der fruchtbaren Jahreszeit und Gott der Wohlstands-Geschenke."

5. b)   Gylfis Vision

Freyr ist der trefflichste unter den Asen. Er herrscht über Regen und Sonnenschein und somit auch über das, was auf der Erde wächst und es ist gut, ihn für Fruchtbarkeit und Frieden anzurufen. Er herrscht zudem über den Reichtum der Menschen.

5. c)   Die Kirchengeschichte des Adam von Bremen

Die ausführlichste Darstellung des Kultes des Freyr findet sich in der u „Gesta Hammanburgensis ecclesiae pontificum", also der „hamburgischen Kirchengeschichte", die der Bischof Adam von Bremen um ca. 1085 n.Chr. verfaßt hat.

Jetzt wollen wir von dem Aberglauben der Schweden einiges sagen. Dieses Volk hat einen sehr berühmten Tempel, der Ubsola heißt und nicht weit von der Stadt Sictona liegt.

Dies ist der Tempel von Uppsala in der Nähe von Sigtuna.

In diesem Tempel, der ganz mit Gold geschmückt ist, betet das Volk die Bildsäulen dreier Götter an, und zwar so, daß der mächtigste von ihnen, Thor, mitten im Gemache seinen Thron hat; rechts und links sitzen Wodan und Fricco.

„Fricco" ist Freyr. Er war vermutlich einst der Hauptgott oder sogar der einzige Gott, der in Uppsala verehrt worden ist. Spätestens zur Zeit der Besiedlung Islands ab 900 n.Chr., wahrscheinlich jedoch schon 200-400 Jahre früher, ist Thor der wichtigste Gott der Nord-Germanen gewesen.

Die Deutungen derselben sind folgende: „Thor, sagen sie, hat den Vorsitz in der Luft, er lenkt Donner und Blitz, gibt Winde und Regen, heiteres Wetter und Fruchtbarkeit. Der andere, Wodan, d. h. die Wut, führt Kriege, und gewährt dem Menschen Tapferkeit gegen seine Feinde. Der dritte ist Fricco; er spendet den Sterblichen Frieden und Lust."

Die Aussage, daß Freyr den Menschen neben dem Frieden auch die Lust spendet, läßt sich am ehesten durch den erigierten Penis der Freyr-Statuetten, die für einen damaligen Christen wohl nur als „Lust-Spender" erklärbar waren, da es im Christentum das Motiv der Wiederzeugung nicht gibt, da es auch die Wiedergeburt selber nicht gibt.

Sein Bild stellen sie auch mit einem ungeheuren männlichen Gliede versehen dar.

Der erigierte Penis ist offensichtlich ein wesentliches Symbol der Qualitäten des Freyr gewesen – er stellt die Wiederzeugung dar und wahrscheinlich auch die Zeugung der Pflanzen und des Getreides.

5. d) Arinbjarnar-Kvida

Um ca. 950 n.Chr. hat der Skalde Egil Skallagrimsson ein Lied verfaßt, in dem er sagt, daß sein Freund Arinbjörn („Felsen-Bär") von Freyr und dessen Vater Niörd gesegnet ist.

Denn diesen Arinbjörn
haben Freyr und Niördr
an Gut und Gaben
reich gesegnet.

Die beiden Götter Freyr und Niörd wurden offenbar als Spender der Fülle und des Wohlstandes angesehen.

5. e)   Die Saga über Egil Skallagrimsson

Egil Skallagrimsson hat um ca. 950 n.Chr. ein Fluchgedicht verfaßt, mit dem er König Erik Blutaxt vertreiben wollte. In diesen Versen ruft er Odin, Freyr, Niörd, alle Götter und die Landhüter-Geister („pukis") und bittet sie, den Eindringling zu vertreiben.

Möglicherweise bestand ein Zusammenhang zwischen den Wanen, d.h. insbesondere dem Gott Freyr und den Landwächtern, denn beide waren eng mit der Erde verbunden. Als Ernte-Gott könnte Freyr auch der oberste der Pukis gewesen sein – aber dies wird nirgendwo in dieser Weise gesagt.

Vergeltet ihm, ihr gerechten Götter,
den Raub meines Wohlstandes!
Jagt ihn fort, trefft ihn mit eurem Zorn,
hoher Odin, himmlische Mächte!
Feind seines Volkes, gemeiner König,
mögen Dich Freyr und Niörd vertreiben!
Haßt ihn, Landwächter, haßt den,
der heilige Erde verachtet hat!

5. f)   altenglisches Runengedicht

In diesem um ca. 950 n.Chr. verfaßten Runen-Lied gibt es eine Strophe über die Rune „Ger", die sich auf gute Ernten und daher wohl auch auf den Gott Freyr bezieht, der hier „der heilige König des Himmels" genannt wird. Evtl. ist mit diesem Gott jedoch auch der christliche Gott Vater gemeint – der teilweise die Eigenschaften und Aufgaben des Freyr übernommen hat.

Für einen Fruchtbarkeitsgott ist eine Verbindung zum Himmel, der den Regen bringt, nicht ungewöhnlich. Auch die Vermutung, daß Freyr als „König der Alfen" der Urahn in dem südlichen Jenseits-Himmel von Muspelheim ist, paßt gut zu dem Titel „Heiliger König des Himmels", da diese Umschreibung eine leicht christlich eingefärbte Variante des „Königs der Alfen" sein könnte.

Die Rune Ger:
Das gute Jahr ist eine Freude für die Menschen,
denn Gott, der heilige König des Himmels,
läßt die Erde strahlende Früchte tragen
sowohl für die Reichen als auch für die Armen.

„Gutes Jahr" ist eine Umschreibung für „(gute) Ernte".

5. g)   Hakonar-Kvida

Der Fruchtbarkeits-Segen des Freyr übertrug sich auch auf die Schweden-Könige, die als Freyrs Nachkommen angesehen wurden:

Die Obstbäume blühten
wahrhaftig zweimal in einem Sommer
und die wilden Vögel legten
zweimal zu Beginn des Jahres Eier,
als der Ruhm-anstrebende, mächtiger Herrscher
den Königstitel erlangt hatte
und sein vorzügliches, gutes Geschick
sich in der passendsten Zeit entfalten konnte.

Das „zweimal blühen" und das „zweimal Eier legen" ist eine Umschreibung für die große Fülle.

5. h)   Statuetten des Freyr

Es sind einige Statuetten erhalten geblieben, die vermutlich den Gott Freyr darstellen. Sie betonen vor allem seinen Penis, der das Symbol für die Zeugungskraft und somit auch für die reiche Ernte auf den Feldern sein wird.

Statuetten des Freyr

Freyr-Statuette

*nackter Freyr mit Spitzhut
und erigiertem Penis*

dieselbe Statuette wie links

*Freyr-Statuette
Schweden, ca. 1050 n.Chr.*

*Freyr-Statuette
von Rällinge*

Freyr-Statuette

Alle diese Freyr-Figuren haben dieselben Merkmale:

- Freyr sitzt im halben Lotussitz,
- er hat einen leicht zur Seite hin aufgeschwungenen üppigen Schnauzbart,
- er hat einen langen, vollen, spitz zulaufenden Vollbart,
- er streicht mit der rechten Hand über seinen Bart,
- er trägt einen Armreif an seinem rechten Handgelenk,
- er legt seine linke Hand auf sein linkes Knie,
- er hat einen erigierten Penis,
- er trägt eine spitze Mütze mit „Mittelstreifen" und mit „Bommel", und
- er hat ein kleines, angedeutetes Lächeln.

Die Geste der linken Hand des Freyr stellt wohl ruhige Gelassenheit dar, während das Streichen des Bartes mit der rechten Hand Zufriedenheit symbolisieren könnte. Es ist beachtenswert, daß sich der Daumen stets unter dem Bart befindet – Freyr streicht also nicht über den Bart, sondern er macht eine „melkende" Bewegung. In der Kombination mit seinem erigierten Penis ist es zumindestens nicht auszuschließen, daß dies eine Geste ist, die auf eine sexuelle Vereinigung hinweist.

Alle diese Figuren strahlen eine ruhige, satte Zufriedenheit aus. Sie stellen offensichtlich Zeugungskraft, Wohlstand und Zufriedenheit dar – den „Freyr-Zustand".

 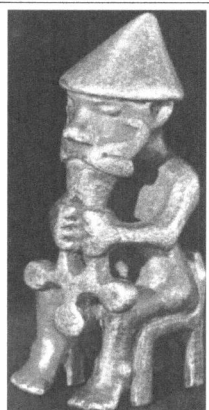  

Bruchstück eines männlichen Torsos (Freyr?) aus Zschernitz (Sachsen-Anhalt)

nackter Thor (?) mit Spitzhut und Hammer (?)

Gott oder Priester (?) mit Spitzhut und Hose

Gott oder Priester (?) mit Spitzhut und Kittel

Die Statuetten des Thor und des Freyr tragen Spitzhüte, obwohl sie ansonsten nackt sind. Das bedeutet, daß diese Hüte keine normale Kleidung sein können, sondern ein

Ausdruck des Wesens des Gottes sein müssen.

Insbesondere der sehr hohe Hut des vermuteten „Gottes mit Hose" entspricht von seinen Proportionen her ziemlich genau den hohen Goldhüten, die um ca. 1000 v.Chr. in Mitteleuropa sehr wahrscheinlich von den Sonnenpriestern und evtl. auch von den Diar des Tyr getragen worden sind.

Man kann also keineswegs ausschließen, daß die Tradition der hohen Spitzhüte der Priester um 1000 v.Chr. in veränderter Form weitergeführt worden ist. Um 1000 n.Chr. waren es zwar der Gott Freyr und in einem Fall der Gott Thor, die solche Hüte trugen, aber Priester und Götter haben des öfteren einmal ähnliche Kleidung, da die Priester u.a. die „Diener" der Götter sind.

Von den Kriegern der Germanen sind solche hohen Hüte unbekannt. Sie wären auch sehr unpraktisch im Kampf, da sie leicht vom Kopf zu schlagen wären und daher keinen Schnutz boten. Es könnte sich daher um Filzhüte handeln – auch die Goldhüte sind sehr wahrscheinlich auf Filzhüte aufgesetzt worden.

Berliner Goldhut, 1000 v.Chr.

Goldhut von Schifferstadt, 1400 v.Chr.

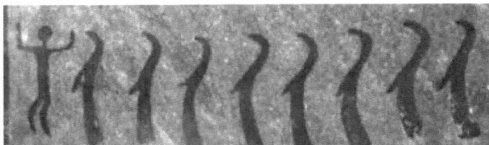

nordgermanische Priester mit spitzen Zipfelmützen
Kivik, Schweden, 1000 v.Chr.

nordgermanische Priester mit spitzen Zipfelmützen
Kivik, Schweden, 1000 v.Chr.

Die Goldhüte finden sich auf den Darstellungen in dem Hügelgrab von Kivik als spitze Kapuzen der Priester wieder. Ihre Achtzahl macht es sehr wahrscheinlich, daß es sich bei ihnen um Priester des Sonnengott-Göttervaters Tyr handelt, da die „8" die Zahl der Vollkommenheit und der Sonne gewesen ist.

Dieser Hut der Tyr-Priester scheint in der Zeit zwischen 1000 v.Chr. und 500 n.Chr. auf Freyr und auch auf Thor und evtl. auf einen weiteren, unbekannten Gott oder Priester übergegangen zu sein.

Es fällt auf, daß nur die Hüte des Freyr eine vordere Naht und einen Bommel an der Spitze haben.

Vermutlich hat sich diese Tradition im Untergrund noch deutlich länger halten können, da noch in den heutigen Vorstellungen die Zauberer Spitzhüte tragen. Im Mittelalter trugen die Frauen teilweise Spitzhüte, die „Hennin" genannt wurden.

Auch der Hut des Freyr verbindet ihn mit Tyr, da diese Hüte ursprünglich zu den Sonnen-Priestern gehört haben.

5. i) Die Goldhörner von Gundestrup

Die Goldhörner von Gallehus sind um 400 n.Chr. in Dänemark hergestellt worden, also zu der Zeit, als Tyr noch der nordgermanische Göttervater gewesen ist. Auf diesen Goldhörnern findet sich zwar keine Gestalt, die eindeutig den Gott Freyr darstellt, aber es wurde die Symbolik der Wiederzeugung abgebildet, die möglicherweise mit den eben dargestellten Statuetten und mit dem Gott Freyr in Zusammenhang stand.

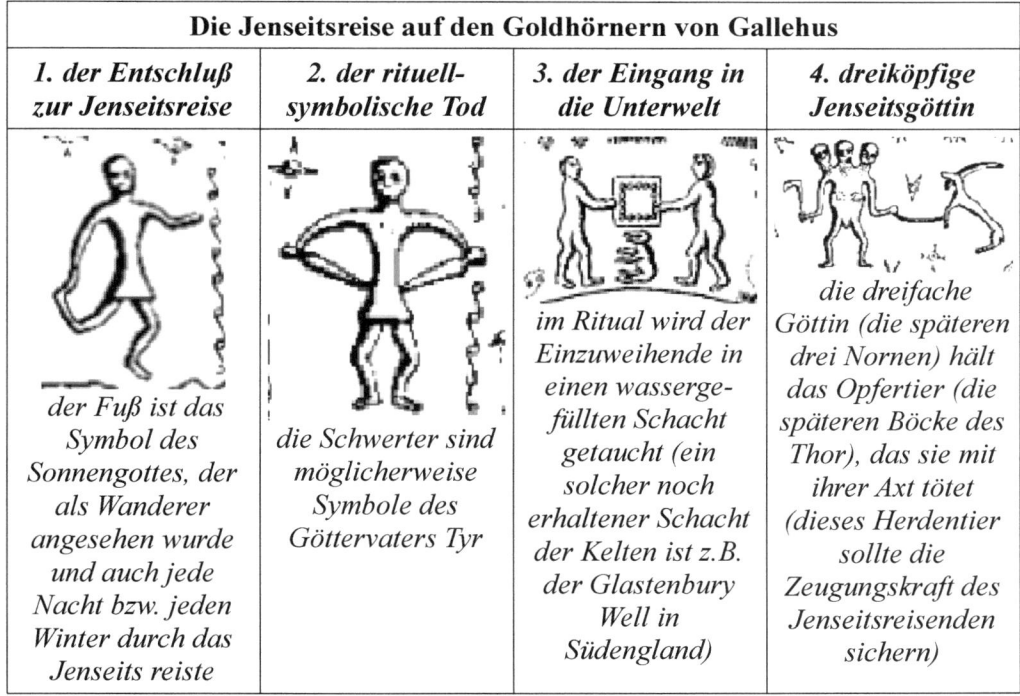

Die Jenseitsreise auf den Goldhörnern von Gallehus			
1. der Entschluß zur Jenseitsreise	*2. der rituell-symbolische Tod*	*3. der Eingang in die Unterwelt*	*4. dreiköpfige Jenseitsgöttin*
der Fuß ist das Symbol des Sonnengottes, der als Wanderer angesehen wurde und auch jede Nacht bzw. jeden Winter durch das Jenseits reiste	*die Schwerter sind möglicherweise Symbole des Göttervaters Tyr*	*im Ritual wird der Einzuweihende in einen wassergefüllten Schacht getaucht (ein solcher noch erhaltener Schacht der Kelten ist z.B. der Glastenbury Well in Südengland)*	*die dreifache Göttin (die späteren drei Nornen) hält das Opfertier (die späteren Böcke des Thor), das sie mit ihrer Axt tötet (dieses Herdentier sollte die Zeugungskraft des Jenseitsreisenden sichern)*

5. Identifizierung mit dem Opfertier	6. der Tier-Mensch	7. Jenseitsreisender als Schlange	8. Wiederzeugung als Mensch
der in das Fell des Opfertieres eingehüllte Jenseitsreisende	der mit dem für ihn geopferten Pferd identifizierte Jenseitsreisende	in den Mythen nach 500 n.Chr. ist dies Odin auf dem Weg in das Hügelgrab zu Gunnlöd	aufrecht: König bzw. der Schwertgott Tyr als das Vorbild des Königs; waagerecht: die Göttin im Jenseits
9. Erwecken der Kundalini	10. Erwecken der Kundalini	11. Wiedergeburt als Seelenvogel	12. Erreichen des Göttervaters
die Kundalini-Feuerschlange berührt (und erweckt) mit ihrer Zunge das Wurzelchakra	das Verlassen des Körpers bei der Jenseitsreise (Nahtod-Erlebnis; „Astralreise") und das Innere Feuer (Kundalini) treten meist gemeinsam auf	gehörnter Vogelkopf-Mensch: der Jenseitsreisende als Seelenvogel mit den Hörnern des Herdentieres	der Sonnengott-Göttervater Tyr mit Schwert und Sonnenschild, zu dem die Jenseitsreise führt

13. der erfolgreiche Jenseitsreisende	14. Wiederstillen als Opfertier	15. Wiederstillen als Schlange	16. Wiederstillen im Ritual
der nach seiner Identifikation mit dem Opfer-Ziegenbock gehörnte Tote mit Speer (Odin), Stab (Weltenbaum) und Ring (Draupnir = Symbol der erfolgreichen Jenseitsreise); dieses Motiv wurde später zum Teufel	Hindin und Kitz: Wiederstillen	Schlange „säugt" zwei Junge: dies kann nur ein symbolisches Wiederstillen des Jenseitsreisenden in Schlangengestalt sein, da Schlangen keine Säugetiere sind	der Priester bringt dem Jenseitsreisenden das Horn mit Met

Die Vorstellung, daß der Wiedergeburt der Seele der Toten im Jenseits durch die Muttergöttin eine Wiederzeugung vorausgeht, ist sehr weit verbreitet. Es ist durchaus denkbar, daß sich die kleinen Freyr-Figuren auf diese Wiederzeugung beziehen und daß man sie deshalb vermutlich den Toten mitgegeben hat.

Diese Wiederzeugung wurde auch im Bestattungsritual inszeniert, wie von dem arabischen Forschungsreisenden Ibn Fadlan um 922 n.Chr. berichtet worden ist: Einige der Freunde des verstorbenen Fürsten vereinten sich mit der Frau, die anschließend getötet und zusammen mit dem Fürsten verbrannt worden ist (siehe „Wiederzeugung" in Band 51).

Der Gott Freyr könnte u.a. das Urbild für die erfolgreiche Wiederzeugung gewesen sein, was auch gut dazu passen würde, daß er ein Wane und der „König der Alben" ist und in „Alfenheim" wohnt.

Der erigierte Penis des Freyr hätte dann eine zweifache Bedeutung: die erfolgreiche Wiederzeugung der Totengeister im Jenseits sowie das Zeugen des Viehs, des Getreides, des Gemüses und des Obstes im Diesseits.

5. j)   Das Opfermoor von Niederdorla

Dieser See bei Oberdorla in Thüringen, der im Laufe der Zeit zum Moor geworden ist, ist von 600 v.Chr. bis 1100 n.Chr. ein Kultzentrum der Germanen gewesen, in dem sich zeitweise auch keltische und römische Einflüsse nachweisen lassen.

Für die Betrachtung des Gottes Freyr sind vor allem die einfachen Götterbilder interessant, die im Wesentlichen aus einem großen Pfahl bestanden, an dem ein hervorragender Ast den erigierten Penis der Figur darstellte. Manchmal wurde durch einfache Schnitzereien ein Kopf angedeutet. Diese Figur könnte Freyr darstellen, da die Zeugungskraft eng mit der Fruchtbarkeit, die der Gott Freyr fördert, in Zusammenhang steht.

Die Lage des Kultplatzes an einem See, der sehr wahrscheinlich wie der Brunnen der Nornen unter dem Weltenbaum als Eingang in die Unterwelt angesehen wurde, würde zu der Lage der Halle von Freyrs Vater Niörd am Meer und dem Wohnort von Freyrs vermuteter Mutter Nerthus auf einer Insel im Meer passen.

Die Rituale an diesem Kultort fanden zu einem großen Teil im Frühjahr statt wie die verkohlten Knospen an dem Brennholz zeigen, das an dem Kultplatz gefunden wurde.

Einer der Holzpfahl-Götterbilder trug einen verzierten Halsreif, der wohl mit dem Draupnir-Ring des Odin identisch sein wird, der vermutlich auch schon damals ein Symbol für die Jenseitsreise gewesen sein wird.

Neben den Altären fanden sich auch Stäbe, die mit den Stäben der späteren Seherinnen der Germanen identisch sein könnten. Diese Stäbe symbolisierten den Weltenbaum und waren daher ein Hinweis auf die Verbindung der Seherinnen zu den Göttern, mit deren Hilfe sie die Zukunft erkennen konnten. Diese Symbolik findet sich weltweit bei allen Zauberstäben und Szeptern.

Neben den männlichen „Penis-Pfählen" gab es auch weibliche „Astgabel-Pfähle", an denen die Schamhaare durch einfache Ritzungen angedeutet waren. Falls Die Pfähle den Gott Freyr dargestellt haben sollten, werden die Astgabeln wohl Bilder für seine Schwester Freya gewesen sein.

Schließlich fanden sich neben dem Moor bzw. See auch einige Schiffsheiligtümer, die man wohl als „Jenseitsreiseschiffe" ansehen kann – so wie Baldurs Schiff „Hringhorni", auf dem er nach seiner Ermordung durch Loki bestattet worden ist, und wie das Schiff „Skidbladnir", das mal dem Odin und mal dem Freyr gehört.

 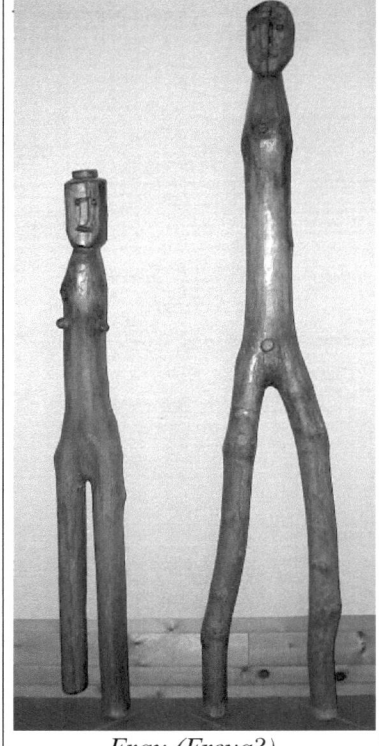

Mann (Freyr?) *Frau (Freya?)*

5. k) Die skandinavischen Steinritzungen

In den skandinavischen Steinritzungen, die von den Germanen zwischen 1400 v.Chr. und 500 v.Chr. angefertigt worden sind, gibt es viele Darstellungen von Männern mit erigiertem Penis. Da nicht alle Männer mit Penis dargestellt wurden, könnte der Penis zumindestens in einigen Fällen eine eigenständige Bedeutung haben.

In den Darstellungen, in denen die Figur z.B. durch ihre Waffen bereits als Mann definiert ist, könnte der Penis jedoch trotzdem einfach nur ein „Männer-Merkmal" sein, das man der Vollständigkeit halber in den Felsen ritzte.

Die Szenen, in denen der Penis eine besondere Bedeutung zu haben scheint, sind im Folgenden aufgeführt.

„Penis-Szenen" in den skandinavischen Felsritzungen

Mann mit Speer, Schwert
und Schild
(der Penis dient wohl nur
zur Kennzeichnung der
Gestalt als Mann)

einfacher Mann mit Penis,
der hier wohl keine tiefere
Bedeutung hat

Mann mit Schwert und
Schild ohne Penis

Vereinigung eines Mannes
mit einer Stute oder eine
Hindin; dies wird eine
Wiederzeugungs-Szene
sein; die Hindin/Stute ist
die Muttergöttin

männlicher Zentaur mit
Schild: der mit einem
Hengst identifizierte
Jenseitsreisende

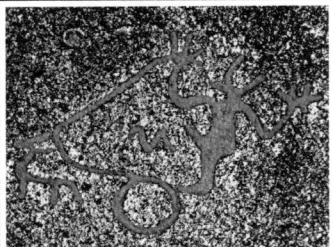

gehörnter Mann mit
erigiertem Penis in einem
Streitwagen: evtl. der mit
dem für ihn geopferten
Herdentier identifizierte
Mann auf seiner Fahrt ins
Jenseits (oder Tyr?)

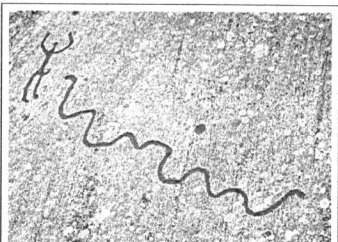

Mann mit Penis vor einer Schlange, die evtl. den Jenseitsweg darstellt

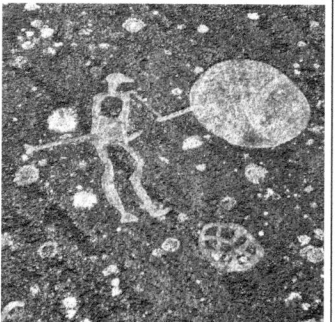

Sonnengott mit erigiertem Penis und Sonne auf der Brust (wie der Sonnengott auf den Goldhörnern); auch der Sonnengott zeugte sich des nachts mit der Jenseitsgöttin neu

großer Mann mit erhobenen Armen (wie auf dem Bild von Kivik vor den 8 Priestern) mit erigiertem Penis (Freyr?); daneben kleine Männer

Mann mit Schild und „Krücke" und Penis (Tyr?); davor ein Mann mit Hammer und „Krücke" und ohne Penis (Thor?); hier könnte der Penis des hinteren Mannes eine Bedeutung haben

Mann mit Schild und „Krücke" und Penis (Tyr?); links ein stürzender Mann (ein Toter?); rechts ein gehörnter Mann, vermutlich der Jenseitsreisende

ein großer gehörnter Mann ohne Penis und ein kleiner Mann mit Speer, Schwert und Penis (?); hier ist es unklar, ob der Penis eine Bedeutung hat

Sonnengott mit Sonne auf der Brust; Gundestrup

Sonnengott mit Sonne auf der Brust; skandinavische Steinritzung

Die große Ähnlichkeit zwischen den beiden Bildern auf der linken Seite, deren Anfertigung mehr als 1000 Jahre auseinanderliegt, zeigt die Beständigkeit der religiösen Symbolik zu dieser Zeit.

Beide haben einen „Vogelschnabel-Kopf" (Seelenvogel), tragen eine Sonne auf der Brust (links auch auf den Genitalien), stehen mit angewinkelten Knien und halten ein Schwert.

Vermutlich ist beides der ehemalige Sonnengott-Göttervater Tyr.

5. l)   Das erste Lied über Helgi Hunding-Töter

Freyr, der in den Sagas auch „Frodi" genannt wird, war nicht nur der Gott der Fruchtbarkeit, sondern auch der Gott des Friedens:

Zur Schlachtstätte stapften die Fürsten,
Die sie gelegt gen Logafiöll.
Frodis Frieden zerbrach zwischen Feinden:
Granis Grauhunde fuhren gierig durchs Land.

5. m)   Die Saga über Bosi und Herraud

Die folgenden drei erotischen Episoden aus der Borsa-Saga erwähnen nicht den Gott Freyr. Da dieser Gott jedoch stets mit erigiertem Penis dargestellt worden ist, würde ein Germane diese Szenen vermutlich auch mit dem Gott Freyr assoziiert haben.

In diesen drei Szenen zeigt sich die große Freude der Skalden an Gleichnissen, die sich auch in ihrer ausgiebigen Verwendung von Kenningarn (Umschreibungen) zeigt.

1. Szene

Dann wurde Wasser zum Händewaschen gebracht, ein Tisch wurde aufgestellt und sie erhielten gutes Bier zu trinken, das die Tochter des Bauern einschenkte. Bosi blickte oft fröhlich zu ihr und setzte seinen Fuß neckisch auf ihren und sie tat dasselbe mit ihm.

Am Abend wurden sie zum Schlafen zu einem guten Bett geleitet. Der Bauer lag in einem Wandbett und seine Tochter in der Mitte des Raumes und die beiden Ziehbrüder lagen in einem Giebelbett bei der Tür.

Als alle schliefen, stand Bosi auf und ging zu dem Bett der jungen Frau und hob die Bettdecken von ihr hoch. Bosi sprach zu ihr.

„Warum bist Du hierher gekommen?" sprach sie.

„Weil es dort, so wie es war, nicht gemütlich war," und er frug, ob er zu ihr unter ihre Bettdecken kommen könne.

„Was willst Du dort tun?" sprach sie.

„Ich will meinen Landherrn mit Dir zusammen hart machen," sprach Bosi.

„Was ist das für ein Landherr?" sprach sie.

„Er ist jung und seine Stärke ist noch nie hervorgekommen, aber ein Landherr sollte gehärtet werden, wenn er noch jung ist." Er gab ihr einen goldenen Ring und kroch neben sie in ihr Bett.

Da frug sie, wo der Landherr war.

Er bat sie, zwischen seine Beine zu tasten, aber sie zog ihre Hände zurück und sagte ihm, daß er seinen Landherrn bei sich behalten solle und warum er solch ein Ungeheuer, das so hart wie ein Baum sei, bei sich trug.

Er sagte, daß er in einer weichen Höhle weicher werden würde.

Sie sagte ihm, daß er tun solle, was er wollte.

Da brachte er den Landherrn zwischen ihre Beine. Der Pfad war nicht besonders breit, aber ihm gelang die Reise.

So lagen sie eine Weile, wie es ihnen gefiel, bis die junge Frau frug, woher der Landherr die Härte bekommen hatte.

Da frug er sie, ob sie ihn noch einmal härten wolle und sie sagte, daß sie das sehr gerne haben würde, wenn es ihm nötig erschiene.

Es wird nicht berichtet, wie oft sie dies im Laufe der Nacht spielten.

2. Szene

Sie wurden gut empfangen und ein Tisch wurde herbeigebracht und ihnen wurde Bier gegeben. Der Landmann war zurückhaltend und stellte keine Fragen. Seine Tochter war sehr freundlich und bediente die Gäste. Bosi war guter Laune und schäkerte ein bißchen mit ihr, was sie erwiderte.

Zur Abendzeit wurden ihnen ihre Betten gezeigt und als die Lichter verlöscht worden waren, ging Bosi dorthin, wo das Land-Mädchen lag und zog die Bettdecken von ihr fort.

Sie frug, wer dort sei und Baga-Bosi sagte es ihr.

„Was willst Du?" sagte sie.

„Ich möchte mein Fohlen an Deiner Wein-Quelle tränken," sagte er.

„Glaubst Du, daß das möglich sein wird, mein Mann?" sprach sie, „Es wird nicht an die Art von Quellen-Haus gewöhnt sein, das ich habe."

„Ich werde es dort hin führen," sagte er, „und es tief hineinstoßen, wenn auf andere Weise nicht trinken will."

„Wo ist Dein Fohlen, mein Schatz?" sprach sie.

„Zwischen meinen Beinen, meine Liebe," antwortete er, „und Du kannst es anfassen, aber vorsichtig, es ist sehr scheu."

Sie ergriff seinen Stab und streichelte ihn und sagte: „Es ist ein lebhaftes Fohlen, auch wenn es recht gerade am Nacken ist."

„Sein Kopf sitzt nicht an einer guten Stelle," sagte er, „aber sein Nacken biegt sich besser, wenn es etwas zu trinken hat."

„Dann sorge jetzt dafür," sagte sie.

„Liege, wie Du magst," sagte er, „und sei still."

Da tränkte er das Fohlen sehr ausgiebig, so daß es ganz hineintauchte.

Das Land-Mädchen war darüber so überrascht, daß sie kaum sprechen konnte. „Wirst Du Dein Fohlen nicht ertränken?" frug sie.

„Es soll soviel trinken, wie es kann," sprach er, „denn es ist oft störrisch, wenn es nicht trinken kann, wenn es gerne möchte."

Er führte dies solange fort, wie er wollte und ruhte sich dann aus.

Das Land-Mädchen wunderte sich, woher die Feuchtigkeit gekommen war, die sie in ihrer Spalte hatte, denn das ganze Bett unter ihr war voller Schaum. Sie sprach: „Könnte es sein, daß Dein Fohlen mehr getrunken hat, als ihm gut tut, und daß es es mehr wieder ausgespuckt hat, als es vorher getrunken hat?"

„Irgendetwas stimmt nicht mit ihm," sprach er, „denn es ist weich wie eine Lunge."

„Es muß Bier-krank sein," sprach sie, „so wie andere Trinker."

„Das wird so sein," sprach er.

Sie genossen einander so wie sie es wollten und das Land-Mädchen war manchmal auf ihm und manchmal unter ihm und sie sagte, daß sie noch nie auf einem so zahmen Fohlen geritten sei wie auf diesem.

Nach einer langen Zeit voller angenehmster Spiele frug sie, wer er sei. Er antwortete wahrheitsgemäß und frug seinerseits, was es Neues in diesem Land gäbe.

3. Szene

Sie gingen zu dem Bauernhaus, in dem der alte Mann und die alte Frau wohnten. Sie hatten eine hübsche Tochter. Ihnen wurde ein gutes Willkommen bereitet und am Abend wurde ihnen guter Wein gegeben. Baga-Bosi lächelte der Bauerntochter freundlich zu, aber sie war ihm gegenüber sehr zurückhaltend. Eine kleine Weile später gingen alle schlafen.

Bosi ging zu dem Bett der Bauerstochter.

Sie frug, was er wolle.

Er bat sie, einen Ring auf seinen Baumstumpf zu ziehen.

Sie frug, welch eine Art von Ring das sein könnte.

Er frug, ob sie denn keinen hätte.

Sie sagte, sie hätte keinen, der ihm gut passen würde.

„Ich kann ihn weiten, wenn er zu eng ist,“ sprach er.

„Wo ist Dein Baumstumpf?“ sprach sie, „Ich weiß, was ich von meiner Ring-Höhle erwarten kann.“

Er bat sie, zwischen seine Beine zu tasten.

Sie zog ihre Hand wieder zurück und sagte, daß sein Baumstumpf nicht willkommen sei.

„Was findest Du, wie er ist?“ sprach er.

„Wie die eiserne Deichsel meines Vaters – aber der Ring ist abgebrochen.“

„Du findet immer Fehler,“ sprach Baga-Bosi und nahm einen goldenen Ring von seinem Finger und gab ihn ihr.

Sie frug, was er als Gegengabe haben wolle.

„Ich will Deine Höhle pflügen,“ sprach er.

„Ich weiß nicht, was Du meinst,“ sprach sie.

„Lege Dich so weitgespreizt wie Du kannst,“ sagte er.

Sie tat, wie er gebeten hatte.

Er legte sich zwischen ihre Beine und ging in ihren Bauch, sodaß alles bis zu ihren Rippen hoch gelangte.

Sie war überrascht und sprach: „Du treibst den Stöpsel ja bis hinauf zu meinen Augen, Mann!“

„Ich nehme ihn nachher wieder heraus,“ sprach er, „aber wie gefällt es Dir denn?“

„Gerade wie ein Trunk frischen Mets,“ sagte sie, „halte den Lappen im Eimer in Bewegung!“

Er sparte an nichts, bis sie warm wurde und ihr übel war und ihn bat aufzuhören.

Da ruhten sich beide aus und sie frug ihn, wer er sei.

5. n) Zusammenfassung

Freyr ist der Gott der Zeugungskraft, der Lust, der Fruchtbarkeit, des Regens, des Sonnenscheins, der Früchte, des Wohlstands, der Güter und der Gaben, des Reichtums und des „Frodi-Friedens" („Freyr-Frieden").

Freyr wird nackt im halben Lotussitz mit einem sehr großen, erigierten Penis dargestellt. Seine linke Hand liegt auf der Wade seines rechten Beines. Mit seiner rechten Hand „melkt" er seinen langen Spitzbart, was möglicherweise eine erotische Symbolik hat.

Er trägt einen Spitzhut mit einer Vordernaht und einer Bommel an der Spitze. Diese Art Hut, jedoch ohne Naht und Bommel, ist auch von einer Thor und von zwei Männern, die Götter oder Priester sein könnten, bekannt. Der Spitzhut eines dieser beiden Männer ist sehr hoch und entspricht daher den um 1000 v.Chr. in Mitteleuropa üblichen hohen Goldhüten der Sonnen-Priester. Diese Hüte wurden zu dieser Zeit in dem Hügelgrab von Kivik in Schweden zweimal als die hohen, spitzen Kapuzen der acht Priester des Tyr dargestellt. Diese Hüte haben sich bis heute als „Zaubererhüte" erhalten können. Freyr und Thor haben diese Symbolik offenbar von Tyr übernommen.

An seinem rechten Handgelenk tragen alle Freyr-Statuetten einen Armreif, der vermutlich wie der Sonnen-Ring Draupnir ein Symbol für die Wiedergeburt ist, die sich an die Wiederzeugung (Freyrs Penis; sein „Melken" seines Bartes) anschließt.

Der Schnauzbart des Freyr ist an den beiden Enden nach oben geschwungen. Der Gott scheint zu lächeln.

Freyr ist auf den frühen Bildern nicht als Gott zu erkennen, aber die Symbolik der Wiederzeugung und der Wiedergeburt findet sich auch auf den südskandinavischen Steinritzungen (Vereinigung mit Stute/Hindin, Zentaur u.a.), bei den archaischen Männer- und Frauen-Statuetten (Freyr und Freya?) aus dem thüringischen Opfermoor von Oberdorla, und auf den Bildern auf den Goldhörnern von Gallehus (siehe dazu auch Band 51).

6. Freyr und Freya

Bereits in der Heimskringla wurde berichtet, daß Freyr und Freya Geschwister sind – die Kinder des Niörd.

Nach ihren Namen zu urteilen, sind die beide vermutlich als sehr ähnlich angesehen worden – sozusagen als die männliche und die weibliche Seite desselben Wesens.

6. a) Lokasenna

Freyr und Freya treten in der germanischen Überlieferung so gut wie nie gemeinsam handelnd auf. Abgesehen davon, daß in der Heimskringla berichtet wird, daß Freyr ein „Diar" (Priester des Göttervaters) und Freya eine „Dise" (Priesterin, Seherinnen und Zauberin) ist, findet sich nur noch in „Lokis Zankreden" eine Szene, in der die beiden Geschwister gemeinsam handelnd auftreten:

Loki:
„Und willst Du, Frigg, daß ich ferner gedenke
Meiner Untaten,
So bin ich schuld, daß Du nicht mehr schauen wirst
Baldur reiten zum Rat der Götter."

Freyja:
„Irr bist Du, Loki, daß Du selber anführst
Die schnöden Schandtaten.
Wohl weiß Frigg alles was sich begibt,
Auch wenn sie es nicht sagt."

Loki:
„Schweig Du, Freyja, Dich vollends kenn ich;
Keines Makels mangelst Du;
Der Asen und Alfen, die hier inne sind,
Bist Du jedes Buhlerin."

Dieser Vorwurf ist eine Umdeutung der Vorstellung, daß sich die (männlichen) Toten vor ihrer Wiedergeburt im Jenseits erst einmal mit der Jenseitsgöttin vereinen müssen. Diese Jenseitsgöttin ist Freya.

Freyja:
„Deine Zunge frevelt; doch fürcht ich, daß sie Dir
Wenig Gutes gellt.
Abhold sind Dir die Asen und die Asinnen,
Unfröhlich fährst Du nach Haus."

Loki:
„Schweig Du, Freyja, Gift führst Du mit Dir,
Bist alles Unheils voll.
Vor den Göttern umarmtest Du den eigenen Bruder:
So böser Wind entfuhr Dir, Freyja!"

Dieser Vorwurf zeigt, daß Freyr wohl der Urahn der Menschen und somit auch das Urbild für eine erfolgreiche Wiederzeugung im Jenseits zusammen mit der Jenseitgöttin Freya gewesen ist.

Diese Zeugung zusammen mit der Schwester findet sich auch schon bei den Eltern von Freyr und Freya: Niörd und seiner Schwester (vermutlich Nerthus).

Solche „Geschwisterehen" mit mythologisch-rituellem Hintergrund finden sich auch bei anderen Völkern – am bekanntesten sind sicherlich die ägyptischen Pharaonen, die oft ihre Schwestern oder nahe Verwandte heirateten. Der Hintergrund dieses Motivs ist vermutlich, daß die Schwester des Königs im Ritual die Jenseitsgöttin verkörpert hat.

Mythologisch bedeutsame Kinder von Geschwistern finden sich auch in den Sagas. Das wichtigste von ihnen ist sicherlich Sinfiötli aus der Völsungen-Saga, der der Sohn von dem Vater und der Tante des Sigurd (Siegfried) gewesen ist und ausschließlich gezeugt wurde, um Rache für den Mord an seinen Eltern zu nehmen.

Die Umdeutung des wiedergeborenen Toten zu einem Sohn, der für einen Mord Rache nimmt, findet sich mehrfach in den Mythen und den Sagas. Der bekannteste von ihnen wird Vali, der Sohn des Odin und der Riesin Rindr, sein, der im Alter von einem Tag den Tod des Baldur rächte. Das Alter von „einer Nacht" zeigt deutlich die Sonnensymbolik, die mit der Wiederzeugung und der Wiedergeburt verbunden gewesen ist, denn die Sonne stirbt am Abend, zeugt sich selber mit der Jenseitsgöttin in der Nacht und wird am Morgen wiedergeboren. Diese archaische Sonnensymbolik findet sich bei fast allen Völkern.

Es wäre also nicht verwunderlich, auch bei Freyr zumindestens Reste dieses Gleichnisses zwischen dem Sonnenlauf und dem Schicksal der Toten im Jenseits zu finden.

6. b)   Skaldskaparmal

König Frodi sandte Boten nach Swithiod zu dem König, der Fiölnir hieß, und ließ da zwei Mägde kaufen, die Fenja und Menja hießen und sehr groß und stark waren.

König Frodi = Saga-Variante des Gottes Freyr
Swithiod = Schweden
Fiölnir = Sohn des Odin, Urahn der schedischen Könige
Fenja = Frigg (ihr Saal hieß <u>Fens</u>alir)
Menja = Freya (sie wurde auch <u>Meng</u>löd genannt)

In dieser Zeit gab es in Dänemark zwei so große Mühlsteine, daß niemand stark genug war, sie umzudrehen. Diese Mühlsteine hatten die Eigenschaft, daß sie mahlten, was der Müller wollte.

Mühlsteine = Zaubermühle = Fruchtbarkeit (entspricht der finnischen Sampo-Mühle)

Die Mühle hieß Grotti, der Mann aber, der dem König Frodi die Mühle gab, wurde Hengikiöpt genannt.

Grotti = „Mahlende, Mühle" (englisch: „to grind" = mahlen; Sanskrit: „grish" = mahlen)
Hengiköpt = „Hänge-Kinn" = Tyr als Jenseits-Riese (Hier übernimmt Freyr einen Teil des Besitzes des Tyr nach dessen Absetzung um 500 n.Chr.)

König Frodi ließ die Mägde in die Mühle führen und gebot ihnen, ihm Gold, Frieden und Frodis Glück zu mahlen. Er gestattete ihnen nicht länger Ruhe, als der Kuckuck schwieg oder ein Lied gesungen werden mochte.

Die Mühle mahlt Freyrs Gaben: Gold (Wohlstand, gute Ernten), Frieden und Glück.

Da sollen sie das Lied gesungen haben, das Grottenlied heißt, und bevor sie ihren Gesang endeten, mahlten sie dem König ein Heer, so daß in der Nacht ein Seekönig kam, Mysing genannt, welcher den Frodi tötete und große Beute machte. Damit war Frodis Friede zu Ende.

Mysing = „Mäuslein" (?) (Dies könnte eine Analogie zu dem endlosen, zyklischen Kampf zwischen dem Sommergott Tyr und dem Wintergott Loki sein.)

63

Mysing nahm die Mühle mit sich und so auch Fenja und Menja, und befahl ihnen, Salz zu mahlen. Und um Mitternacht fragen sie Mysing, ob er Salz genug habe, und er gebot ihnen fortzumahlen. Sie mahlten noch eine kurze Frist, da sank das Schiff unter.

Im Meer aber entstand nun ein Schlund, da wo die See durch das Mühlsteinloch fällt. Auch ist seitdem die See gesalzen.

6. c) Capitular Karls des Großen

In diesem um 802 n.Chr. erlassenen Gesetzbuch wird u.a. die Strafe auf Unzucht festgelegt, wobei sich dort der Kommentar *„wie sie Fricco als erster ausübte"* findet. Fricco ist Freyr, der sich u.a. mit seiner Schwester Freya vereint hat.

Dieses Motiv ist dadurch entstanden, daß die Germanen die Wiedergeburt des Tyr und des Freyr auch auf die jeweilige Jenseitsgöttin ausgedehnt haben, wodurch die Göttin sich selber und den Gott wiedergeboren hat, sodaß sie zu Geschwistern wurden – und sich natürlich im nächsten Winter in der Unterwelt trotzdem wiedergezeugt haben, nun eben als Geschwister (siehe „Inzest" in Band 51).

6. d) Zusammenfassung

Freyr vereint sich mit Freya. Diese beiden Gottheiten sind das germanische Urbild für den Inzest – d.h. für die Wiederzeugung.
Freya-Menja und Frigg-Fenja sind auch die Mühlen-Mägde des Freyr.

7.   Freyr und Gerda

Über Freyrs Brautwerbung gibt es ein detailreiches Lied, eine längere Erzählung und eine ganze Reihe von Anspielungen in verschiedenen Liedern und Sagas. Offenbar ist dies ein wichtiges Thema für die Germanen gewesen.

7. a)   Skirnir-Lied

Freyr, der Sohn Niörds, hatte sich einst auf Hlidskialf gesetzt und überschaute die Welten alle.

Der Hochsitz („Thron") des Odin ist ein Seherstuhl wie ihn die Seherinnen und die Nornen haben. Es ist ungewöhnlich, daß sich jemand anderes auf Odins Hochsitz niederlassen darf. Entweder wird Freyr selber die Sehergabe besessen haben oder diese Szene soll lediglich erklären, warum Freyr bis in das Jenseits blicken konnte. Die Formulierung „alle Welten" ist so gut wie immer eine rationalisierende Umdeutung von „Jenseits".

„Hlidskialf" bedeutet „Tor-Insel". Damit wird die Jenseitstor-Insel gemeint sein, die auch „Walaskialf", d.h. „Toteninsel" genannt wurde. Der ehemalige Sonnengott-Göttervater Tyr gelangte jeden Abend im Westen auf diese Insel und ging dort durch dieses Tor in das Jenseits ein, aus dem er dann am Morgen im Osten durch das zweite Horizont-Tor in das Diesseits zurückkehrte.

Da sah er nach Jötunheim und sah eine schöne Jungfrau aus ihres Vaters Haus in ihre Frauenkammer gehen. Daraus erwuchs ihm große Gemütskrankheit.

Die Riesinnen sind bei den Germanen so gut wie immer die Jenseitsgöttin – entweder die wunderschöne Göttin der Wiederzeugung (und der Wiedergeburt) oder die schreckliche, häßliche und gefürchtete Todesbringerin Hel.

Skirnir hieß Freyrs Diener.

Skirnir wird hier als „Diener" bezeichnet. Da Priester fast überall als „Diener" eines Gottes bezeichnet werden, wird Skirnir das Urbild des Freyr-Priesters sein (siehe auch den Band 37 über die Priester in den Mythen).

Der Name „Skirnir" bedeutet „der Helle" und entspricht somit den „Alfen" („Weiße, Strahlende") und den „Wanen" („Glänzende"). Es liegt daher nahe, Skirnir entweder als einen der Alfen aufzufassen oder ihn zumindest als eng mit ihnen

65

verbunden anzusehen.

Auch Thialfi, der Diener des Thor, wird als „Alf" bezeichnet, sodaß die Verbindung zwischen dem „Diener der Götter" und den Alfen wohl kein Zufall ist.

Niordr bat ihn (Skirnir)*, Freyr zum Reden zu bringen.*

Niörd ist Freyrs Vater, der sich offenbar Sorgen um seinen Sohn wegen dessen Depression macht. Auch Skadi, Niörds Frau, sorgt sich in der folgenden Strophe um Freyr – sie wird hier als seine Mutter dargestellt.

Beide beauftragen Skirnir, mit Freyr zu reden. Skirnir scheint wohl auch so etwas wie ein Vertrauter des Freyr gewesen zu sein, da Niörd ihm mehr als sich selber zutraut, Freyr zum Reden zu bewegen.

Dies würde gut zu der Deutung des Skirnir als ehemaligem Priester des Freyr passen – und außerdem ein gewisses Selbstbewußtsein der Freyr-Priester verraten, was ihren Zugang zu ihrem Gott betrifft.

Da sprach Skadi:
„Erhebe Dich, Skirnir, und schau, ob Du unsern Sohn
zum Reden bewegen kannst
Um zu erkunden, wem der Kluge wohl
So bitterböse sein mag."

Skirnir (zu Skadi):
„Eine üble Antwort werde ich von eurem Sohn erhalten,
Wenn ich ihn anspreche
Um zu erfahren, wem der Kluge wohl
So bitterböse ist."

Skirnir (zu Freyr):
„Sage mir, Freyr, volkwaltender Gott,
Was ich zu wissen wünsche:
Warum weilst Du allein im weiten Saal,
Herr, den ganzen Tag?"

Freyr:
„Wie soll ich sagen Dir jungem Gesellen
Der Seele großen Gram?
Die Alfenbestrahlerin leuchtet alle Tage,
Doch nicht zu meiner Liebeslust."

Die „Alfenbestrahlerin" ist die Sonne. Da Freyrs Halle den Namen „Alfheim" trägt, ist die Wahl der Kenning „Alfenbestrahlerin" an dieser Stelle vielleicht nicht nur eine passende Kenning, sondern Absicht gewesen. Das Muspelheim-Jenseits im südlichen Himmel ist zudem mit dem Sonnengott-Schwertgott-Göttervater Tyr verbunden, der zur Zeit der Edda bereits zu Surtur, dem Riesenkönig mit dem flammenden Sonnenschwert geworden ist – auch auf diese Weise sind die Alfen mit der Sonne assoziiert. Auch die häufige Assoziation des Göttervaters in den Liedern mit dem „Süden" läßt eine enge Verbindung zwischen der Sonne und Muspelheim sowie den dort wohnenden Alfen vermuten.

Diese Verbindungen lassen zusammengenommen vermuten, daß sich auch Freyr in dem südlichen Muspelheim-Himmelsjenseits des ehemaligen Göttervaters Tyr befindet.

Die vielen Bezüge zu den Alfen sind sehr auffällig: Freyrs Halle Alfheim, Skirnir (ein Alf?), Skirnirs Priester-Kollege Thialfi („Alfen-Diener"), die Alfenbestrahlerin, das Erblicken der Gerdr im Jenseits (das das Alfenreich ist) ...

Skirnir (zu Freyr):
„Dein Gram kann so groß nicht sein,
Daß Du ihn mir nicht erzählen könntest.
Teilten wir doch die Tage der Jugend:
So mögen wir zwei uns Vertrauen schenken."

Freyr:
„In Gymirs Gärten sah ich gehen
Die mir liebe Maid.
Ihre Arme leuchteten und Luft und Meer
Schimmerten von dem Scheine.

Mehr lieb ich die Maid als ein Jüngling mag
Im Lenz seines Lebens.
Von Asen und Alfen will es nicht einer,
Daß wir beisammen seien."

Der Tyr-Riese Gymir ist der Vater der Riesin Gerdr. „Gymirs Gärten" sind, da sie in Utgard liegen, auch eine Umschreibung für das Jenseits, für die „Gärten der Hel".

Das Leuchten ihrer Arme und das dadurch bedingte Scheinen von Luft und Meer ist eine nur geringfügige Umdeutung des Öffnens des Himmelstores beim Sonnenaufgang. Gerdr wird daher einst die Wiederzeugungs-Geliebte und die Wiedergeburts-Mutter der Sonne gewesen sein.

Freyrs Verlangen nach Gerda Gymir-Tochter ist hier religionspolitisch bedingt:

Offenbar nimmt Freyr hier die Göttin Gerdr dem ehemaligen Sonnengott-Göttervater Tyr (Gymir) fort, der bis 500 n.Chr. jeden Morgen von Gerdr wiedergeboren worden ist.

Skirnir (zu Freyr):
„Gib mir Dein rasches Roß, das mich sicher
Durch die flackernde Flamme führt;
Gib mir das Schwert, das sich von selber schwingt
Gegen der Reifriesen Brut. "

Die „flackernde Flamme" ist die Waberlohe, die die Grenze zwischen Diesseits und Jenseits markiert. Dieses Motiv ist durch den Brauch der Brandbestattung entstanden, bei der die Flammen das Tor zwischen Diesseits und dem Jenseits sind.

Das Schwert des Freyr ist offenbar ein magisches Schwert, da es von selber kämpfen kann. Eigentlich sollte man solch ein Schwert bei dem Schwertgott Tyr vermuten und nicht bei dem friedfertigen Freyr, der anschließend an diese Szene auch schwertlos ist.

Im Zusammenhang mit Tyr gab es das Motiv des abendlichen Zerbrechens des Schwertes bzw. des Versinkens des Schwertes in den tiefen Wassern des Jenseits. In der Nacht wurde dann das Schwert neugeschmiedet bzw. aus den tiefen Wassern zurückgeholt, sodaß der Sonnengott-Göttervater am Morgen im Sonnenaufgang mit seinem Schwert wieder in das Diesseits zurückkehren konnte.

Es hat den Anschein, als ob diese Symbolik, in der der das Schwert des Göttervaters dessen Schicksal teilt (Zerbrechen des Schwertes = Tod des Tyr), auf Freyr übertragen worden sei. Dies läßt vermuten, daß es einst einen engeren Zusammenhang zwischen Tyr und Freyr gegeben hat. Dieser Zusammenhang wird auch dadurch nahegelegt, daß Freyrs Halle Alfheim vermutlich in dem Alfenhimmel in Muspelheim steht, dessen Herr Tyr/Surtur ist.

Zu dieser Deutung paßt auch gut, daß Freyr sein Schwert verliert, als die von ihm geliebte Frau (Riesin) im Jenseits erlangen will, denn in der ehemaligen Tyr-Mythe folgt auf den Verlust des Schwertes (Tod des Tyr) die Vereinigung mit der Jenseitsgöttin.

Freyr hat von Tyr nicht nur dessen Geliebte/Mutter übernommen, sondern auch dessen Schwert. Da der friedliche Freyr jedoch wenig Verwendung für solch ein Schwert hat, gibt er es dem Freyr-Priester Skirnir weiter. Diese Freyr-Priester haben letztlich zusammen mit den Priestern des Thor und des Odin dafür gesorgt, daß Tyr als nordgermanischer Göttervater abgesetzt wird. Die Freyr-Priester sorgen in diesem Lied dafür, daß auch sie selber einen Teil der Beute erhalten, die sie dem Tyr bei dessen Absetzung abgenommen haben …

Freyr:

„Nimm denn mein rasches Roß, das Dich sicher
Durch das Dunkel und die flackernde Flamme führt;
Nimm mein Schwert, das von selber
In der Hand des Mutigen schwingt. "

Das Roß des Freyr trägt in einer Pferdenamen-Liste (siehe „Pferde" in Band 42) den sehr kriegerischen Namen „Bluthuf", was vermuten läßt, daß auch dieses Roß von Tyr stammt – und daß Freyr auch für ein solches Streitroß wenig Verwendung hat und es daher gut dem Skirnir geben kann.

Das Roß des Tyr kennt zudem den Jenseitsweg sehr gut, da es diesen Weg jeden Morgen und jeden Abend läuft.

Skirnir (zu Freyrs Roß):

„Dunkel ist's draußen: wohl dünkt es mich Zeit
Über feuchte Berge zu fahren.
Wir beide vollführen's, fängt uns nicht beide
Jener kraftreiche Riese."

Die „feuchten Berge" sind vermutlich ein weiteres Motiv für die Jenseitsgrenze. Der „kraftreiche Riese" wird Tyr-Gymir, der Vater der Gerdr sein.

Skirnir fuhr gen Jötunheim zu Gymirs Wohnung. Da waren wütige Hunde an die Türe des hölzernen Zaunes gebunden, der Gerds Saal umschloß.
Er ritt dahin, wo der Viehhirte am Hügel saß und sprach zu ihm:

„Sag mir, Hirte, der am Hügel sitzt
Und die Wege bewacht,
Wie kann ich schauen die schöne Maid
Die von Gymirs Grauhunden bewacht wird?"

Der Hirte scheint hier die Funktion des Schamanen/Jenseitsfährmannes zu haben, der den Jenseitsreisenden über die Grenze zwischen Diesseits und Jenseits geleitet und sich mit den Gegebenheiten an diesem speziellen Ort auskennt. Im Fiölswin-Lied, in dem Swipdag (Tyr) in die Halle der Menglöd (Freya) will, hat Odin (Fiölswin) diese Schamanen/Wächter-Rolle inne.

Hirte:
„Bist Du dem Tode nah oder bereits tot,
Mann auf dem Rücken der Mähre?
Mit Gymirs göttlicher Tochter zu sprechen
bleibt Dir immerdar unvergönnt. "

Die Anspielung auf den Tod bestätigt, daß es sich bei Skirnirs Fahrt um eine Reise in das Jenseits handelt – was gut zu der Deutung des Skirnir als dem Schamanen-Priester des Freyr paßt.

Die Umschreibung „göttliche Tochter" könnte einfach eine Hervorhebung ihres hohen Standes und ihrer Unerreichbarkeit sein – vielleicht ist diese Benennung aber auch eine Erinnerung daran, daß diese Riesin ursprünglich einmal die Jenseitsgöttin gewesen ist. Die Übersetzung „göttliche Tochter" ist allerdings nicht ganz sicher, da die Worte in dem Lied auch „gute Tochter" bedeuten könnten.

Skirnir (zu dem Hirten):
„Kühnheit steht dem besser als Klagen,
Der zur Fahrt bereit ist.
Bis auf den Tag genau ist mein Alter bestimmt
Und meines Lebens Länge. "

Die beiden letzten Verse beziehen sich darauf, daß die Nornen bei der Geburt den Todestag eines Menschen festlegen, den er nicht ändern kann.

Gerda (zu ihrer Magd):
„Welch ein Getöse hör ich ertönen
Hier in unsern Hallen?
Die Erde bebt davon und alle Wohnungen
In Gymirsgard erzittern. "

Gymirsgard bedeutet „befestigte Wohnstatt des Tyr-Gymir" und ist eine Bezeichnung für das Jenseits.

Magd (zu Gerda):
„Ein Mann ist hier außen von der Mähre gestiegen
Und läßt sie im Grase grasen. "

Gerda (zur Magd):
„Bitte ihn einzutreten in unsern Saal
Und den milden Met zu trinken,
Obwohl mir ahnt, daß hier außen sei
Meines Bruders Mörder."

Die Mythe, auf die Gerdr hier anspielt, wird in dem Kapitel „Gerdr" in Band 28 betrachtet.

Gerda (zu Skirnir):
„Wer bist Du von den Alfen oder Asensöhnen
Oder weisen Wanen?
Warum fuhrst Du alleine durch flackernde Flamme
Um unsere Säle zu schauen?"

Skirnir:
„Ich bin keiner der Alfen noch der Asensöhne,
Noch der weisen Wanen.
Doch fuhr ich alleine durch die flackernde Flamme,
Um eure Säle zu sehen.

Elf allgoldene Äpfel habe ich:
Die will ich Dir, Gerda, geben,
Um Deine Liebe zu erkaufen, damit Du Freyr bekennst,
Daß Dir niemand lieber ist als er."

Skirnir sagt hier über sich, daß er ein Mensch ist – auch wenn er einen Alben/Wanen-Namen trägt. Dies würde zu seiner Deutung als Priester des Freyr passen, da diese Schamanen-Priester durch ihren Beruf eng mit den Ahnen verbunden gewesen sind und somit durchaus einen Alben-Namen tragen konnten.

Diese bereits bei ihrem Beginn eher rustikale Werbung nach dem Prinzip „Gold für Liebe" ist nicht ganz so plump, wie es vielleicht wirkt, weil der Apfel ein Symbol der Wiedergeburt und der Seele ist: Die Äpfel der Idun gaben den Göttern ihre ewige Jugend und in der Völsungen-Saga wird berichtet, wie Odin und Frigg dem kinderlosen König Rerir (Sigurds/Siegfrieds Urgroßvater) und seiner Frau auf deren Bitte hin durch eine Walküre einen magischen Apfel senden, durch dessen Verspeisen die Königin dann schwanger wird.

Die elf goldenen Äpfel könnten somit auch als eine Bitte an Gerda, dem Freyr eine Wiedergeburt zu schenken, aufgefaßt werden. Allerdings ist dieses Motiv hier schon zu einer realen Brautwerbung umgedeutet und von Tyr auf Freyr übertragen worden.

Gerda:
„Die elf Äpfel nehme ich nicht an
für die Minne eines Mannes!
Freyr und ich sollen, solange wir beide atmen,
Niemals zusammen sein!"

Solche schwierigen Brautwerbungen finden sich des öfteren einmal in den Mythen und Sagas, wenn es sich um umgedeutete Jenseitsreisen und Wiedergeburten handelt. Auch Odin muß in der Erzählung in der „Gesta danorum" („Geschichte der Dänen") zu vielen Listen und Gestaltwandlungen greifen, bis er sich endlich mit der Riesin/ Königstochter Rindr vereinen kann, damit sie den Baldur-Rächer Vali gebären kann.

Diese Schwierigkeiten bei der Brautwerbung werden ursprünglich die Schwierigkeiten und Hindernisse auf dem Weg in das Jenseits gewesen sein. Die möglichen Probleme bei dieser so wesentlichen Wiederzeugung sollten u.a. durch die Opferung eines Herdentieres bei der Bestattung beseitigt werden, durch die die Zeugungskraft des Tieres auf den Toten im Jenseits übertragen wurde.

In den älteren Mythen muß der Tote jedoch nicht unter vielen Mühen nach seiner Wiederzeugung und die sich daran anschließende Wiedergeburt streben, sondern wird von der Göttin selber aufgesucht. Das Urvertrauen der Germanen in ihre Götter ist in diesen neueren Mythen schon teilweise geschwunden.

Skirnir:
„Ich gebe Dir den Ring, der mit Odins jungem Erben
In der Glut lag –
Acht ebensoschwere Ringe entträufeln ihm
In jeder neunten Nacht."

Als nächstes bietet Skirnir der Gerdr Odins Ring Draupnir an, der das wichtigste Symbol der Jenseitsreise gewesen ist und ursprünglich ein Symbol der Sonne (Tyr) gewesen ist, die am Abend stirbt und am Morgen wiedergeboren wird. Durch dieses Angebot wird es offensichtlich, daß es sich bei Skirnirs Brautwerbung um eine Jenseitsreise handelt – genauso wie bei Odins Reise zu Rindr oder Swipdags Reise zu Menglöd.

Die Glut, in dem der Ring gelegen hat, ist Baldurs Bestattungsfeuer gewesen.

Auch diesen Ring könnte Freyr von Tyr erhalten haben. Es ist natürlich auch denkbar, daß die Ring-Symbolik schon vor 500 n.Chr. auch auf die anderen Götter ausgeweitet worden ist und daß Freyr ihn nicht erst bei der Absetzung des Tyr erhalten hat. Möglicherweise ist er mit dem Armreif identisch, den alle Freyr-Statuetten an ihrem rechten Handgelenk tragen.

Gerda:
„Nach dem Ring, der mit Odins jungem Erben
in der Lohe lag, verlangt mich nicht.
In Gymirsgard bedarf ich des Goldes nicht:
Mein Vater hat genügend Schätze für mich."

Skirnir:
„Siehst Du, Mädchen, das scharfe Zauber-Schwert,
Das ich in der Hand halte?
Das Haupt hau ich Dir ab von Deinem Hals,
Wenn Du Dich Freyr verweigern willst."

Hier beginnt Freyr mit genauso gewaltsamen Methoden wie Odin in der Gesta danorum bei seiner Werbung um Rindr. Auch im Edda-Lied über Wieland den Schmied, der der ehemalige nordgermanische Göttervater Tyr als Schmied seines zerbrochenen magischen Schwertes in der Unterwelt ist, gibt es Hinweise darauf, daß er bei seiner Vereinigung mit Bödwild Zwang angewendet hat.

Die friedlichen Varianten der Wieland-Mythe, der Odin/Rindr-Mythe sowie die friedliche Swipdag/Menglöd-Mythe zeigen, daß die Anwendung von Gewalt bei der Brautwerbung, also dem Streben der Wiederzeugung erst eine recht späte Entwicklung ist, in der das Vertrauen in die Götter bereits u.a. durch dem Einfluß des Christentums zu schwinden begonnen hatte und daher die Furcht vor dem Tod schließlich die Oberhand erhielt. Und Angst führt oft zu Gewalt … auch in den Mythen …

Gerda:
„Ich werde niemals Zwang erdulden
wegen der Minne eines Mannes!
Aber wenn Dich Gymir sieht, dann bin ich sicher,
Daß ihr Kühnen einen Kampf beginnen werdet."

Nach dieser standhaften Gegenwehr der Gerda beginnt Skirnir nun mit einer langen Litanei von Drohungen, die durchaus durch die von den germanischen Priestern bei Bestattungen gesprochenen Texte inspiriert sein könnten, da sie auf magische Weise der Jenseitsgöttin drohen, wenn sie den Toten nicht zu seiner Wiederzeugung empfangen sollte.

Falls diese Deutung zutreffend ist, werden diese Texte aber wohl erst in einer sehr späten Phase der germanischen Religion solche Drohungen enthalten haben, da solch eine angstgeleitete Haltung gegenüber den Götter fast immer ein Zeichen dafür ist, daß sich die Religion bereits in der Auflösung oder in einem größeren Umbruch (wie z.B. durch die Absetzung des Tyr) befindet.

Skirnir:

„Siehst Du, Mädchen, das scharfe Zauber-Schwert,
Das ich in der Hand halte?
Seine Schneide wird den alten Riesen erschlagen,
wird Deinen Vater töten!

Ich werde Dich, Maid, mit der Zauberrute
Zu meinem Willen zwingen!
Du wirst dorthin kommen, wo Dich die Kinder der Menschen
Nicht mehr sehen werden!"

Skirnir droht hier damit Gerdrs Vater Tyr-Gymir mit dessen eigenem Schwert, daß er von Freyr erhalten hat, zu töten. In einigen Mythen wird gesagt, daß Tyr nur durch sein eigenes Schwert getötet werden konnte (siehe auch „Schwert" in Band 66).

Die Zauberrute ist der Zauberstab der Seher und Seherinnen, der ihre Verbindung zu den Göttern symbolisiert und den Weltenbaum verkörpert. Die Drohung mit einem Zauberstab bestätigt die Vermutung, daß Skirnir ein Freyr-Priester ist. Die Drohung selber ist wohl ein Zwang durch Hypnose, die zumindestens von den Druiden, also den Priestern der den Germanen nahe verwandten Kelten, gut bekannt ist.

Die beiden letzten Verse klingen so, als ob Gerdr durch den Zauberstab getötet werden sollte, denn der Ort, an dem sie die „Kinder der Menschen nicht mehr sehen" ist die Unterwelt.

Skirnir droht Gerda anscheinend damit, sie durch Hypnose willenlos zu machen und schließlich durch Magie bzw. durch eine Verfluchung zu töten.

Skirnir:

„Auf dem Felsen des Adlers sollst Du in der Frühe sitzen:
Von der Welt fortgewandt zu Hel!
Die Speisen sollen Dir widerwärtiger sein als irgendeinem
Auf der Erde der von den Menschen verabscheute Midgardswurm!"

Der Adler ist der Seelenvogel des ehemaligen Sonnengott-Göttervaters Tyr. Der am Morgen auf einem Felsen sitzende Adler ist ein Bild für die wiedergeborene Sonne (Tyr). Die Drohung an Gerda, daß sie am Morgen auf diesem Felsen sitzen, aber nicht in das Diesseits, sondern zu Hel blicken soll, bedeutet, daß sie die Unterwelt nicht mehr mit der Morgensonne verlassen darf – es ist ein ziemlich heftiger Fluch, mit dem Skirnir hier droht.

Dieser Fluch ist eine Umwandlung der Tyr-zentrierten Mythen, in denen Gerdr die Sonne wiedergebiert und am Morgen das Horizont-Tor öffnet, in ihr Gegenteil – eine allgemein übliche Methode in Flüchen und Mythen-Umdeutungen …

Skirnir:

„Ein scheußliches Wunderwesen wirst Du draußen werden,
Hrimnir wird Dich angaffen, alle werden Dich anstarren!
Du wirst weiter bekannt werden als der Wächter der Götter:
Dann kannst Du hinter Gittern hervorgaffen!"

Die Gefangenschaft in der Hel wird hier als eine Besonderheit beschrieben, die alle auf sie blicken lassen wird.

Der Name des oft erwähnten Riesen „Hrimnir" bedeutet „Rußiger" und entspricht dem Namen „Surtur". Er ist somit der am Morgen aus der Unterwelt zurückkehrende Sonnengott-Göttervater Tyr. Hrimnir ist mit dem „Adler auf dem Felsen am Morgen" aus der vorigen Strophe identisch.

Der „Wächter der Götter" ist Heimdall, der auf der Regenbogenbrücke steht, die hinauf nach Asgard führt, und der allen wohlbekannt ist.

Das Gitter, durch das Gerda in die Welt blicken wird, ist das Gitter „Walgrind" („Gitter-Tor am Totenreich") vor dem Tor zur Hel.

Diesen Flüchen scheint die Vorstellung zugrunde zu liegen, daß man die Unterwelt normalerweise am Morgen wieder verlassen kann – vermutlich zusammen mit der Sonne.

Skirnir:

„Einsamkeit und Abscheu, Zwang und Ungeduld
Werden Dir Trübsinn und Tränen bringen!
Setze Dich nieder, denn ich werde Dir nun
den anschwellenden Strom Deines Leides verkünden,
Deinen zweischneidigen Schmerz!

Trolle sollen Dich ängstigen den ganzen Tag
Hier im Gehege der Joten!
Du sollst Dich krümmen den ganzen Tag
Hier vor den Hallen der Hrimthursen:

Der Speise beraubt,
Um Speise verzweifelt!
Leid statt Lust wird Dein Lohn sein
und Du wirst Dein Unglück mit Tränen tragen!

Mit einem dreiköpfigen Thursen wirst Du Dein Leben teilen
Oder unvermählt altern!
Die Sehnsucht wird Dich
Von Morgen zu Morgen scheuchen!
Wie die Distel wirst Du verdorren, die sich
In die Öffnung des Ofens gedrängt hat!"

Der „dreiköpfige Riese" erinnert an den Riesen Trivaldi („dreifacher Herrscher") und an die dreiköpfige Frau auf dem kleineren der beiden Goldhörner von Gallehus. Auch dieser Riese könnte somit ursprünglich der Sonnengott-Göttervater Tyr in der Unterwelt gewesen sein und somit dem Surtur und dem Hrimnir entsprechen.

Die Flüche des Skirnir beziehen sich offenbar zu einem großen Teil auf den Sonnenaufgang, der der Gerda verwehrt werden soll – den sie in den alten, Tyr-zentrierten Mythen selber bewirkt hat.

Skirnir:
„Ich ging zum Hügel in den tiefen Wald,
Um Zauberstäbe zu finden:
Und Zauberstäbe habe ich gefunden!"

Diese Zauberstäbe sind entweder Seher(innen)-Stäbe oder Stäbe, auf die man bei Verfluchungen, Segnungen u.ä., Runen ritzte. Der Umstand, daß Skirnir erst bei dieser Gelegenheit nach solchen Stäben gesucht hat, spricht dafür, daß es Runen-Stäbe sind, denn den Seher(innen)-Stab erwirbt man sich nach seiner Ausbildung zur Seherin bzw. zum Seher.

Interessanterweise schneidet Skirnir diese Stäbe bei einem Hügel, also vermutlich bei einem Hügelgrab. Wahrscheinlich sollten diese Stäbe durch die Hilfe der Ahnen in ihren Hügelgräbern zusätzliche Kraft erhalten.

Skirnir:
„Odin ist Dir gram! Der Asenfürst grollt Dir!
Und Freyr verflucht Dich!
Fliehe, üble Maid, bevor Dich
Der Zauberzorn der Götter vernichtet!

Hört es, ihr Joten! Hört es, ihr Reifriesen!
Hört es, Suttungs Söhne! Hört es, ihr Asen selber!
Wie ich der Maid verbiete, wie von der Maid verbanne
die Gesellschaft mit Männern!
Die Gemeinschaft mit Männern!"

76

Hier verflucht Skirnir die Gerda, daß sie nie mit einem anderen Mann mehr zusammen sein wird, wenn sie sich dem Freyr verweigert. Dies kann man nur noch eine Brachial-Brautwerbung nennen …

Skirnir:
„Hrimgrimnir heißt der Riese, der Dich haben soll
Hinter dem Totentor!
Dort werden verworfene Knechte
Dir Ziegen-Harn in knotige Wurzeln gießen:
Anderer Trank wird Dir nicht eingeschenkt!
Maid, nach Deinem Willen!
Maid, nach meinem Willen!

Eine Thurs-Rune schneid ich Dir in drei Stäbe:
Ohnmacht, Unmut, Ungeduld.
Ich werde sie abschneiden, so wie ich sie eingeschnitten habe,
Wenn ich es tun muß!"

Die hier verwendete Rune ist die Thorn-Rune, die einen Dorn, ein Schwert (das des Tyr) und einen Riesen (Tyr) darstellt.

Die drei Runen, die Skirnir in die drei Stäbe geritzt hat, sind mit allen seinen Flüchen aufgeladen worden. Wenn Skirnir nun die Runen wieder von den Stäben abschneidet, sind sie „aktiviert" worden und das Schicksal wird seinen Lauf nehmen. Offenbar war es notwendig die Runen durch das Abschneiden zu „töten", d.h. ins Jenseits zu senden, damit sie von dort aus durch die magische Kraft der Götter zu Wirklichkeit werden.

Skirnir stellt Gerda nun vor die Wahl, Freyr als Mann anzunehmen oder mit dem Fluch belegt zu werden.

Diese „Fluch-Litanien" scheinen bei den westlichen Indogermanen eine übliche Methode gewesen zu sein, denn auch von den Kelten sind sehr lange und sehr kunstvoll ausgearbeitete Flüche bekannt, für die der Sturmzauber des Taliesin aus dem „Book of Taliesin" ein sehr anschauliches Beispiel ist.

Gerda:
„Nun sei Dir Heil, Held – nimm den Eiskelch
voller firnen Metes.
Ich hätte nie gedacht, daß ich einen
Von dem Stamm der Wanen wählen würde."

„Firn" ist der Schnee vom Vorjahr oben auf einem Gletscher, der im Laufe eines

Jahres zu einer eisähnlichen Masse zusammengedrückt worden ist. Das Adjektiv „firn" bedeutet „eiskalt" oder „eisgekühlt". Vornehmen Gästen servierte man den Met offenbar „on the rocks".

Skirnir:
„Meiner Werbung Erfolg wüßte ich gerne gesichert,
bevor ich von hier gehe.
Wann meinst Du in Minne dem mannhaften Sohn
Des Niörd zu nahen?"

Gerda:
„Barri heißt der Wald mit den stillen Wegen,
den wir beide kennen:
Nach neun Nächten soll Niörds Sohn dort
Gerd Freude gönnen."

„Barri" bedeutet „Nadelwald" – kein besonders spezifischer Name eines Waldes. Da sich Freyr und Gerdr dort treffen und der Hintergrund dieser Mythe die Wiederzeugung im Jenseits ist, wird dieser Wald mit „Myrkwid" („Düsterwald") identisch sein, der auf dem Weg ins Jenseits liegt und manchmal auch das Jenseits selber zu verkörpern scheint.

Die „neun Nächte" sind wieder ein Hinweis auf die Jenseitsreise, da die „9" die Zahl des Jenseits ist.

Da ritt Skirnir heim. Freyr stand draußen, grüßte ihn und frug ihn, was er zu berichten habe:

„Sage mir, Skirnir, eh Du den Sattel abwirfst
Oder vorrückst den Fuß,
Was Du ausgerichtet hast in Riesenheim
Nach meiner Meinung und nach Deiner!"

Skirnir:
„Barri heißt der Wald mit den stillen Wegen,
den wir beide kennen:
Nach neun Nächten will Gerda dort
Niörds Sohn Freude gönnen."

Freyr:
„Lang ist eine Nacht, länger sind zwei:
Wie kann ich drei ertragen?
Oft schient ein Monat mir minder lang
Als eine halbe Nacht des Harrens.“

Dieses Lied beschreibt die Vorbereitung der Jenseitsreise des Freyr zu Gerda durch den Schamanen und Freyr-Priester Skirnir. Dies wird die Jenseitsreise nach dem Tod des Freyr sein, nach der er der Urahn der Menschen wurde und zudem das Vorbild für eine erfolgreiche Wiederzeugung und Wiedergeburt.

Die häufigen Anspielungen auf den am Morgen wiedergeborenen Sonnengott-Göttervater („Tyr“) lassen vermuten, daß Freyr diese Symbolik z.T. um 500 n.Chr. von Tyr nach dessen Absetzung übernommen hat und seine möglicherweise bereits vorhandene eigene Jenseitsreisen-Symbolik durch sie ergänzt hat.

7. b) Gylfis Vision

Dies ist die Prosafassung des Skirnir-Liedes, in die Snorri noch einige weitere Kenntnisse, die er über diese Mythe hatte, eingefügt hat.

Gymir hieß ein Mann, und seine Frau Örboda; sie war Bergriesengeschlechtes. Deren Tochter ist Gerd, die schönste aller Frauen.

Der Name „Örboda“ oder „Aurboda“ bedeutet „Lichtbotin“. Der Name „Lichtbotin“ ist ein sicherer Hinweis darauf, daß diese Riesin eigentlich der Planet Venus („Morgenstern“) als die Botin des Lichts der Sonne ist.

Diese Göttin ist oft eng mit der Himmelsgöttin verbunden, die am Morgen die Sonne gebiert. Örboda ist wie Gerda die Göttin der Wiedergeburt im Jenseits – nur das bei Gerda der zur Zeit der Niederschrift der Edda vorherrschende Riesinnen-Charakter dominiert und bei Örboda die Symbolik des Morgensternes Venus und evtl. auch noch die ursprüngliche indogermanische Vorstellung der Himmelsgöttin als Sonnenmutter.

Aufgrund der Wiedergeburts-Vorstellungen wiederholt sich in den Mythen der Indogermanen der Charakter der Eltern-Generation oft in der Kindergeneration – so wie Freyr und Freya wahrscheinlich die verjüngte Wiederkehr ihrer Eltern Niörd und Nerthus sind.

Wenn dies auch hier zutrifft, könnten Gerdr und Freyr auch die verjüngte Entsprechung zu Gymir und Örboda sein.

79

Die Bedeutung des Namens des Riesen „Gymir" ist unsicher – er bedeutet „Erd-Mann" oder „Winterlicher". Er wird in der Überlieferung mehrfach dem Meeresriesen Ägir gleichgesetzt, der Tyr als Riese in der Wasserunterwelt ist.

Eines Tages war Freyr auf Hlidskialf gegangen und sah über alle Welten. Als er nach Norden blickte, sah er in einem Gehege ein großes und schönes Haus. Zu diesem Hause ging ein Mädchen, und als sie die Hände erhob, um die Türe zu öffnen, da leuchteten von ihren Händen Luft und Wasser, und alle Welten strahlten von ihr wieder.

Dieses Leuchten erinnert an die Bedeutung „Lichtbotin" des Namens „Örboda" der Mutter der Gerda. Die Szene, die hier beschrieben wird, stammt aus den Tyr-Mythen: Gerdr erhebt die Hände, öffnet eine Tür und alle Welt beginnt zu strahlen – das Öffnen des Tores am Horizont im Osten, durch das dann die Sonne bzw. in früherer Zeit der Sonnengott-Göttervater Tyr auf seinem Streitwagen in die Welt hinausfährt.

Das Himmelstor der Gerdr im Osten in Gymirsgard ist das Gegenstück zu dem Himmelstor im Westen auf Hlidskialf/Walaskialf.

Und so rächte sich die Vermessenheit des Freyrs an ihm, daß er sich an diese heilige Stätte gesetzt hatte und er ging harmvoll davon. Und als er heim kam, sprach er nicht, auch mochte er weder zu schlafen noch zu trinken und niemand wagte es, das Wort an ihn zu richten.

Da ließ Niörd den Skirnir, Freyrs Diener, zu sich rufen und bat ihn, zu Freyr zu gehen, mit ihm zu reden und zu fragen, warum er so zornig sei, daß er mit niemand reden wolle.

Skirnir sagte, er wolle gehen, aber ungern, denn er erwarte eine üble Antwort von ihm.

Und als er zu Freyr kam, frug er, warum Freyr so finster sei und mit niemandem rede. Da antwortete Freyr und sagte, er habe ein schönes Weib gesehen und um ihretwillen sei er so harmvoll, daß er nicht länger leben möge, wenn er sie nicht haben solle: „Und nun sollst Du fahren und für mich um sie bitten, und sie mit Dir heimführen, ob ihr Vater will oder nicht, und will ich Dir das wohl lohnen."

Da antwortete Skirnir und sagte, er wolle die Botschaft werben, wenn ihm Freyr sein Schwert gebe. Das war ein so gutes Schwert, daß es von selbst focht. Und Freyr ließ es ihm daran nicht mangeln und gab ihm das Schwert.

Da fuhr Skirnir und warb um das Mädchen für ihn und erhielt die Verheißung, nach neun (drei) Nächten wolle sie an den Ort kommen, der Barrey heiße, und mit Freyr Hochzeit halten.

Und als Skirnir dem Freyr sagte, was er ausgerichtet habe, da sang Freyr so:

„Lang ist eine Nacht, länger sind zwei,
Wie kann ich drei ertragen?
Oft schien mir ein Monat minder lang
Als eine halbe Nacht des Harrens."

7. c) Lokasenna

Freyr:
„Gefesselt liegt Fenrir vor des Flusses Ursprung
Bis die Götter vergehen.
So soll auch Dir geschehn, wenn Du nicht endlich
schweigen wirst, Unheilschmied."

Loki:
„Mit Gold erkauftest Du Gymirs Tochter
Und gabst dem Skirnir Dein Schwert.
Wenn aber Muspels Söhne durch Myrkwid reiten,
Womit willst Du dann streiten, Unselger?"

Loki provoziert den Freyr damit, daß er sich seine Frau, die Riesin Gerdr Gymir-Tochter, mit Gold erkauft hätte.

Freyr hat seinem Diener-Priester Skirnir sein Schwert als Lohn für dessen Braut-werbung gegeben. Da dem Freyr dieses Schwert beim Ragnarök fehlte, bedeutet diese Anspielung des Loki in etwa: „Du bist selbst daran schuld, daß Du wegen einer Rie-sin kein Schwert mehr hast und deshalb beim Ragnarök sterben wirst!"

7. d) Hyndla-Lied

Im Hyndla-Lied findet sich der Hinweis, daß Gymir auch mit Thiazi verwandt ist. Aus der Mythe über Idun und Thiazi ist bekannt, daß Geirröd der Großvater des Thiazi ist. Geirröd ist wiederum mit Ägir und Gymir identisch. „Thiazi" ist schließ-lich eine Namensvariante von „Tyr", sodaß der Riese Thiazi mit Sicherheit mit dem ehemaligen Göttervater identisch ist.

Vermutlich hat sich in der germanischen Mythologie wie in den Mythen einiger an-derer indogermanischer Völker auch (Hethiter, Griechen, Kelten u.a.) aus dem Motiv der Wiedergeburt des Göttervaters mit der Zeit eine ganze Genealogie gebildet, in denen die Männer alle der immer aufs neue wiedergeborene Göttervater und die Frauen alle die Jenseitsgöttin sind. Die früheren Generationen wurden bereits bei den ursprünglichen Indogermanen als Riesen aufgefaßt.

Auf diese Weise ist eine große Anzahl an „Göttervater-Riesen" entstanden, deren Herkunft sich noch mehr oder wendiger deutlich erkennen läßt.

Auch die drei Frauen des Freyr, also die Göttinnen Freya, Gerdr und Skadi, sind letztlich dieselbe Jenseitsgöttin als Wiederzeugungs-geliebte nd als Wiedergeburts-Mutter.

Hyndla:
„Freyrs Frau war Gerda, die Tochter des Gymir
aus der Brut der Riesen, und Aurboda trug sie aus;
diesen war auch Thiazi verwandt,
der die Finsternis liebende Riese; seine Tochter war Skadi."

7. e) Gylfis Vision

In dieser Vision des Königs Gylfi erscheint Skirnir als Diener des Freyr, der auch hier dem Wesen eines Schamanen-Priesters entsprechend eine Reise in das Jenseits unternimmt.

Danach fürchteten die Asen, daß sie den Wolf nicht würden binden können. Da schickte Allvater Odin den Jüngling Skirnir, der Freyrs Diener war, zu einigen Zwergen in Schwarzalfenheim, und ließ das Band Gleipnir verfertigen.

7. f) Cormac-Saga

In der Cormac-Saga erscheint „Freyr" als eine generelle Umschreibung für „Mann". Da es sich um einen Mann mit Liebeskummer handelt, könnte die Wahl des Namens „Freyr" in dieser Kenning jedoch mehr als nur ein Zufall sein und ist möglicherweise sowohl eine Anspielung auf Freyrs Zeugungskraft als auch auf seine Sehnsucht nach der Riesin Gerdr.

Cormac:
„In die Ferne muß ich fahren, o meine Mutter,
eine Norne weist mir den Pfad vor mir,
denn dieser weißbekränzte Baum will nicht heiraten
– ich bin seit zwei sorgenvollen Morgenden ihr Verstoßener.
Es bringt mich um, zu Hause zu sitzen
– so sehr drängt mein Herz nach seiner Göttin –
wie eine Wiese, die mit feinem Linnen lieblich bereitet wurde
– ich kann keinen dritten Morgen mehr ertragen."

Der „weißbekränzte Baum" ist die Angebetene des Cormac – „Baum" ist eine generelle Umschreibung für „Mensch". Auch Freyr klagt im Skirnir-Lied darüber, daß er keine dritte Nacht des Wartens auf Gerdr mehr wird ertragen können: *„Lang ist eine Nacht, länger sind zwei, wie könnte ich drei ertragen?"* Cormac scheint sein Liebesleid der Sehnsucht des Freyr nach Gerdr zu vergleichen. Die Liebessehnsucht des Freyr muß demnach ein gut bekanntes Motiv und vielleicht sogar eine Redewendung gewesen sein.

Die Nornen legen nicht nur den Todeszeitpunkt, sondern alle Ereignisse im Leben eines Menschen fest.

Danach ging Cormac eines Tages nach Reykir und sprach mit Skeggi, der ihm sagte, daß der Holmgang verspottet und verachtet worden sei.

Ein „Holmgang" ist ein Zweikampf in einem abgesteckten Bereich, der nicht verlassen werden durfte. Ein „Holm" bezeichnet eine Insel wie z.B. in dem Namen „Bornholm". Cormac hatte vorher mit seinem Rivalen Bersi gekämpft und verloren.

Bei diesem Kampf hatte er das Schwert Skofnung des Skeggi benutzt und schartig geschlagen und diese Scharte beim Versuch sie zu reparieren noch größer gemacht. Der „Ausgleich" in den folgenden Versen bezieht sich auf dieses beschädigte Schwert.

Da antwortete Cormac:
„Vergiß es, oh Helm-Freyr,
– sieh, ich dichte Dir ein Lied zum Ausgleich –
daß ich Dir Skofnung, den Blut-Bringer,
so beschädigt überreiche;
denn ich wurde von den Erweckern des Sturmes verwundet:
Sie warfen mich dort nieder, wo der Falke hockt.
Aber die Klinge, die ich von Dir geborgen habe, o Skeggi,
wurde beim Zusammenprall der Schneiden beschädigt."

Ein „Helm-Freyr" ist ein Krieger. Aus dem bisher beschriebenen Charakter des Freyr ergibt sich kein kriegerischer Charakter, sodaß „Freyr" hier wohl nur eine allgemeine Kenning für „Gott, Krieger" ist.

Der „Sturm" ist hier ein Kampf. Die „Erweckerinnen des Sturmes" sind die Walküren, die oft mit den Nornen gleichgesetzt wurden, die das Schicksal bestimmten.

„Ich dachte, o Du Grauer des Kämpfens,
an das grimme Lied des Odin ... Mein Nachbar,
ich habe gedacht, daß ich eine Flamme, die gut fürs Blutvergießen ist,
an dem Kreuzweg der Schlachtens entblößen würde.
Doch nein, Deine Gleve wollte weder spalten noch beißen
gegen ihn, den Dahergelaufenen, der mich beraubt hat.
Wie die Brandung auf die Kiesel
so schlägt nun meine Seele auf und bricht immerfort."

Stahl wurde oft mit der Farbe „Grau" umschrieben. Der „Graue des Kämpfens" ist daher das Schwert.

Das „grimme Lied des Odin" ist der Kampf.

„Mein Nachbar" ist Skeggi, der dem Cormac sein Schwert geliehen hatte.

„Flamme" ist eine beliebte Umschreibung für „Schwert" gewesen.

Eine „Gleve" ist eine einfache Form der Hellebarde, die aus einem Messer an einem langen Stab bestand bzw. die ein Speer mit einer etwas längeren schneidenden Spitze war. Auch diese Bezeichnung ist hier eine Heiti (ein-Wort-Umschreibung) für „Schwert".

7. g) Zusammenfassung

In der Gerdr-Mythe wird Freyr als der Sohn des Niörd und der Skadi aufgefaßt, die die Tochter des Tyr-Thiazi ist – was eine Umdeutung der Skadi als Wiedergeburts-Mutter des Tyr ist.

Gerdr ist die „Schönste aller Frauen". Dies ist in den germanischen Mythen die übliche Beschreibung der Jenseitsgöttin als der Wiedergeburts-Geliebten des Tyr oder eines Gottes oder Helden, der auf Tyr zurückgeht.

Gerdr ist die Göttin, die am Morgen das Himmelstor öffnet – also die Wiedergeburts-Mutter der Sonne (Tyr). Sie ist die Tochter des Tyr-Gymir und der Aurboda („Lichtbotin" = Morgenstern-Venus). Aurboda ist eine Bergriesin, d.h. die Jenseitsgöttin in dem Hügelgrab dessen, den sie wiedergebiert. Aurboda Gerdr-Mutter entspricht somit Skadi Freyr-Mutter.

Gerdr ist einst die Wiederzeugungs-Geliebte und Wiedergeburts-Mutter des Tyr gewesen. In den neuen Mythen nach 500 n.Chr. ist zu der Geliebten des Freyr geworden.

Skirnir, der Diener-Priester des Freyr, reist in das Jenseits, um Gerdr für Freyr zu werben. Dafür erhält er von Freyr das Schwert und das Roß des Tyr, die Freyr nach der Absetzung des alten Göttervaters Tyr erhalten hatte.

Freyr hat Gerdr das erste mal erblickt, als er auf Hlidskialf gesessen hat. Hlidskailf bedeutet „Tor-Insel" und ist mit der Insel Walaskialf („Toteninsel") identisch, auf der das Jenseitstor steht, durch das Tyr am Abend in die Unterwelt eingeht.

Gerdr öffnet hingegen am Morgen das Jenseitstor im Osten in Gymirsgard, durch das Tyr, d.h. die Sonne in das Diesseits zurückkehrt.

8.   Freyr und Gullinborsti

Mit dem Gott Freyr ist der Eber sehr eng verbunden. Aus der Betrachtung der Bedeutung des Ebers für die Germanen lassen sich daher auch Rückschlüsse auf den Charakter des Gottes Freyr ziehen.

8. a)   Gylfis Vision

Snorri Sturluson berichtet, daß Freyr auf einem Streitwagen fuhr, der von einem Eber gezogen wurde. Es gab mehrere solcher ungewöhnlicher Reit- und Zugtiere: Freyas Wagen wurde von Katzen gezogen, Thors Wagen von zwei Ziegenböcken und Hel ritt auf einem Wolf. Und Odins achtbeiniges „Doppelpferd" ist auch nicht das gewöhnlichste aller Reittiere …

Die Beschreibung von Freyrs Eber-gezogenen Wagen findet sich in dem Bericht über Baldurs Bestattung:

Und diesem Leichenbrand wohnten vielerlei Gäste bei: Zuerst ist Odin zu nennen, und mit ihm fuhren Frigg und die Walküren und Odins Raben, und Freyr fuhr im Wagen und hatte den Eber vorgespannt, der Gullinbursti hieß oder Slidrugtanni. Heimdall ritt den Hengst Gulltopp und Freyja fuhr mit ihren Katzen. Auch kam eine große Menge Hrimthursen und Bergriesen.

Der Name „Gullinborsti" bedeutet „Goldborste". Da die Farbe „gold" in aller Regel ein Symbol der Sonne ist, könnte dies ein weiterer Hinweis für eine Verbindung zwischen Freyr und dem Sonnengott-Göttervater Tyr sein.

Der Name „Slidrugtanni" setzt sich auch „slidr" („grimmig, grausam, fürchterlich") und „tanni" (Zähne") zusammen und bedeutet somit „Schreckenszahn". Dieser Name soll offenbar die Größe und Stärke dieses Ebers veranschaulichen.

8. b)   Skaldskaparmal

In der Skaldskaparmal zitiert Snorri Sturluson eine Strophe aus dem Lied „Hakonarmal" des Skalden Ulfr Uggason, der um 980 n.Chr. gelebt hat. In diesem Lied ist ein weiteres Detail über den Eber des Freyr enthalten:

So singt Ulfr Uggason:

„Der kampfmutige Freyr reitet als erster
auf dem gold-gezäumten Hügelgrab-Eber,
den er zum Totenfeuer des Baldur lenkt,
und führt das Volk an."

Der Eber wird auch Schreckenszahn genannt.

Mit „Totenfeuer" ist hier das nordische Wort für das Feuer bei der Feuerbestattung übersetzt – bei „Scheiterhaufen" würde das „Feuer" fehlen und zudem die Assoziation zu den Hexenverbrennungen stören, während „Kremationsfeuer" in einem solchen Zusammenhang stilistisch völlig unpassend wäre …

Das goldene Zaumzeug des Gullinborsti bestärkt den Verdacht, daß der Eber und somit auch Freyr selber eine enge Verbindung zur Sonne haben.

Die Kenning „Hügelgrab-Eber" für Gullinborsti ist sehr aufschlußreich, da der Eber durch das Hügelgrab näher definiert wird. Daraus kann man schließen, daß der Eber das Tier gewesen ist, das für den Toten geopfert wurde, um die Zeugungskraft des Ebers auf den Jenseitsreisenden zu übertragen und auf diese Weise seine Wiederzeugung damit auch seine Wiedergeburt zu sichern.

Diese Eber-Symbolik fügt sich nahtlos in die Deutung des Eber als Urahn oder Sippenahn und als Urbild des Jenseitsreisenden ein.

Vermutlich *„führt"* Freyr das *„Volk"*, weil er als der Urahn der schwedischen Könige angesehen wurde.

„Kampfweise" ist vermutlich eine Eigenschaft, die in der Wikingerzeit jedem der Götter zugeschrieben worden ist.

8. c) Skaldskaparmal

Die Herkunft des goldborstigen Ebers des Freyr wird in dem von Snorri Sturluson verfaßten „Lehrbuch der Skaldenkunst" berichtet:

Loki, Laufeyjas Sohn, hatte der Sif in hinterlistiger Weise alles Haar abgeschoren.

Sifs goldenes Haar ist ein Symbol des reifen Getreides, das im Herbst von dem „Sensenmann" Loki geerntet wird. Dies Motiv ist hier bereits zu einer Verletzung von Thors Frau durch dessen Widersacher Loki umgedeutet worden.

Als Thor das gewahrte, ergriff er Loki und würde ihm alle Knochen zerschlagen haben, wenn er nicht geschworen hätte, von den Schwarzelfen zu erlangen, daß er der Sif Haare von Gold machte, die wie anderes Haar wachsen sollten. Darauf fuhr Loki zu den Zwergen, die Iwaldis Söhne heißen.

Zeitlich gesehen liegt diese Szene im Winter: Die Felder sind kahl und die Getreide-Saat ruht im Boden.

Der Zwergen-Name „Iwaldi" bedeutet „Allherrscher" und steht offensichtlich nur dem Göttervater Tyr in der Unterwelt zu.

Diese machten das Haar und zugleich Skidbladnir und den Spieß Odins, der Gungnir heißt.

Die Söhne des Zwerges Ivaldi stellen nicht nur das Getreide, sondern gleich auch noch zwei weitere magische Gegenstände der Götter her.

Da verwettete Loki sein Haupt mit dem Zwerge, der Brock heißt, daß dessen Bruder Sindri nicht drei ebenso gute Kleinode machen könnte, wie diese wären.

Die beiden Söhne des Ivaldi sind die Zwerge „Brock" („Metall-Brocken; Grobschmied") und „Sindri" („Funken, Asche, Ruß") – sie sind offensichtlich beide Schmiede.

Zwei Zwerge, also Totengeister, die die Söhne eines „Allherrschers" in der Unterwelt (Ivaldi wird ebenfalls ein Zwerg sein) sind, können nur aus den beiden Söhnen des indogermanischen Göttervaters entstanden sein, die zugleich auch die beiden goldhufigen und goldmähnigen Schimmel waren, die den Streitwagen ihres Vaters zogen. Sie wurden „Alcis" genannt. Offenbar starben sie am Abend zusammen mit ihrem Vater, sodaß sie alle drei zu Zwergen in der Unterwelt wurden.

Beim Übergang von dem streitwagenfahrenden Göttervater Tyr zu dem reitenden Göttervater Odin wurde aus den beiden Schimmel-Zwillingen das achtbeinige „Doppel-Roß" Sleipnir des Odin – der somit ebenfalls ein Schimmel sein sollte.

Die Symbolik des am Abend zerbrechenden Schwertes des Tyr, das in der Nacht neugeschmiedet wurde, ließ schon bei den West-Indogermanen das Motiv des Göttervaters als Schmied in der Unterwelt entstehen. Dieser Schmied wird oft als der Sohn des Göttervaters angesehen, da der Göttervater nach dem nächtlichen Neuschmieden des Schwertes am nächsten Morgen als sein eigener Sohn wiedergeboren wird. Dieser Göttervater-Schmied ist bei den Germanen Wieland.

Diese Schmiedearbeit wurde bei den Germanen offensichtlich von dem Göttervater seinen Söhnen übertragen, wodurch diese beiden Zwerge zu Schmieden wurden. Da das Schwert des Tyr ein magisches Schwert war, sah man die beiden Zwerge schon bald als zauberkundig an.

So lag es nahe, diese beiden Zwerge auch alle anderen magischen Gegenstände der Götter herstellen zu lassen – wobei dabei aus dem ursprünglichen zyklischen Vorgang des Zerbrechens und Neuschmiedens des Schwertes des Tyr ein einmaliges Herstellen der magischen Gegenstände der Asen wurde. Diese Umdeutung und Erweiterung der ursprünglichen Mythe wird in etwa um 500 n.Chr. nach der Absetzung des Tyr durch Thor und Odin stattgefunden haben.

In den Wechsel des Schauplatzes der Handlung dieser Mythe zwischen Diesseits/ Tag/Sommer und Jenseits/Nacht/Winter wird sich die Sif-Mythe, die sich auf die Jahreszeiten und das Getreide bezog, fast von selber eingefügt haben, sodaß die beiden Zwerge auch zu den Herstellern des goldenen Haares der Sif, die das reife Getreide symbolisieren, wurden.

Und als sie zu der Schmiede kamen, legte Sindri eine Schweinshaut in die Esse und gebot dem Brock zu blasen und nicht eher aufzuhören, bis er aus der Esse nähme, was er hineingelegt. Aber sobald Sindri aus der Schmiede gegangen war und Brock blies, setzte sich eine Fliege auf seine Hand und stach ihn. Dennoch hörte er nicht auf mit Blasen bis der Schmied das Werk aus der Esse nahm. Da war es ein Eber mit goldenen Borsten.

Es ist beachtenswert, daß der Zwerg Sindri den Eber des Freyr mithilfe von Feuer aus einer Schweinshaut herstellt. Das Feuer könnte hier auch das Bestattungsfeuer sein und die Neuentstehung eines Ebers aus einem Fell ist eine Entsprechung zu dem Neuschmieden des Schwertes des Tyr. Auf jeden Fall paßt diese Szene zu der Deutung des Ebers als dem Opfertier bei der Bestattung.

Die Funde aus den Opfermooren der Germanen zeigen, daß bei Bestattungen das Fleisch der geopferten Tiere gegessen wurde, aber das Fell mit dem noch daran hängenden Haupt und die Knochen in dem Moor versenkt wurden.

In Jenseitsreise-Ritualen hüllten sich die Schamanen-Priester in das Fell des geopferten Tieres. Dies wird z.B. auf den Goldhörnern von Gallehus dargestellt.

In späterer Zeit setzte man sich auf dieses Fell, wenn man Kontakt zu einem Toten aufnehmen wollte. Sehr wahrscheinlich wird man sich dabei auf oder vor das Hügelgrab des Betreffenden gesetzt haben. Diese Technik der Totenbeschwörung nannte man „Utiseta" („Draußensitzen"). Sie ist auch von den Druiden und von anderen Indogermanen gut bekannt.

Darauf legte Sindri Gold ins Feuer und gebot Brock, zu blasen und nicht eher mit Blasen abzulassen, bis er zurückkäme. Er ging hinaus; aber die Fliege kam wieder, setzte sich jenem auf den Hals und stach nun noch einmal so stark; doch fuhr er fort zu blasen bis der Schmied aus der Esse einen Goldring zog, der Draupnir heißt.

Darauf legte er Eisen in die Esse und hieß ihn blasen und sagte, alles sei verge-
bens, wenn er mit Blasen innehielt. Da setzte sich ihm eine Fliege zwischen die
Augen und stach ihm in die Augenlider, und als das Blut ihm in die Augen troff, daß
er nichts mehr sah, griff er schnell mit der Hand zu, während der Blasbalg ruhte, und
jagte die Fliege fort. Da kam der Schmied zurück und sagte, beinahe wäre das nun
völlig verdorben, was in der Esse läge. Darauf zog er einen Hammer aus der Esse.

Alle diese Kleinode legte er darauf seinem Bruder Brock in die Hände und hieß ihn
damit gen Asgard fahren, die Wette zu lösen.

Als nun er und Loki ihre Kleinode brachten, setzten sich die Götter auf ihre Richter-
stühle, und es sollte das Urteil gelten, das Odin, Thor und Freyr sprächen.

Odin, Thor und Freyr sind die drei Gottheiten, die dem Bericht des Bischofs Adam
von Bremen zufolge, den er um ca. 1085 n.Chr. verfaßt hat, in dem skandinavischen
Haupttempel der Germanen in Uppsala verehrt worden sind. Es gibt somit den begründeten Anfangsverdacht, daß die hier beschriebene Mythe aus Uppsala stammt –
zumal diese drei Gottheiten sonst nirgends gemeinsam auftreten.

Da gab Loki dem Odin den Spieß Gungnir, dem Thor das Haar für die Sif und dem
Freyr den Skidbladnir und nannte die Eigenschaften dieser Kleinode, daß der Spieß
nie sein Ziel verfehle, das Haar wachse, sobald es auf Sifs Haupt komme, und Skid-
bladnir immer Fahrwind habe, sobald die Segel aufgezogen würden, wohin man auch
fahren wollte; und zugleich könne man das Schiff nach Belieben zusammenfalten wie
ein Tuch und in der Tasche tragen.

Der Name des Schiff „Skidbladnir" setzt sich aus zwei Worten zusammen. Das erste
ist das Verb „skeidd" für „rennen, eilen", mit dem an auch die Kriegsschiffe („Renner,
Schneller") bezeichnete. Das zweite ist das Substantiv „blad", das „Blatt" bedeutete –
sowohl das Blatt einer Pflanze, eines Buches, eines Messers als auch das eines
Ruders. Dieses Substantiv konnte auch den Saum eines Kleidungsstückes bezeichnen.
Der Name „Skidbladnir" bedeutet somit „Brett-Blatt". Da man dieses Schiff zusammenfalten und in die Tasche stecken konnte, handelt es sich wohl um das Fell, auf
dem man das „utiseta" durchführte. Der Fahrwind, den dieses Schiff stets hat, zeigt,
daß es sich um ein „magisches Fahrzeug" handelt. Dieses Fell war somit ein „Jenseitsreise-Schiff". Solche „magischen Schiffe" sind u.a. auch von den Kelten bekannt.
Man könnte den Namen „Skidbladnir" somit recht frei auch als „Jenseitsreise-Fell"
übersetzen. Der Verdacht liegt nahe, daß es sich um das Fell des Gullinborsti handelt.
Das auf Sifs Haupt wachsende Haar ist das auf dem Acker wachsende Getreide.

Darauf brachte Brock seine Kleinode hervor und gab dem Odin den Ring und
sagte, in jeder neunten Nacht würden acht ebenso kostbare Ringe von ihm nieder-

träufeln.

Dem Freyr gab er den Eber und sagte, er renne durch Luft und Wasser Tag und Nacht, schneller als irgendein Pferd, und nie wäre es so finster in der Nacht oder im Dunkelwald, daß es nicht hell genug würde, wohin er auch führe, so leuchteten seine Borsten.

Das Laufen des Gullinborsti über die Erde, über Wasser und in der Luft zeigt, daß sich sein Laufen wohl auf die Astralreise bezieht, also auf den Schamanen-Priester, der mit seiner Seele (Astralkörper) seinen materiellen Leib verlassen hat und „schneller als irgendein Pferd" an jeden Ort gelangen kann. Bei dieser Reise wird der Schamane bzw. die Seherin sicherlich auf seinem bzw. ihrem Jenseitsreise-Fell sitzen: auf dem Skidbladnir des Gullinborsti.

Die im Dunklen leuchtenden Gold-Borsten des Ebers des Freyr lassen es so gut wie sicher erscheinen, daß dieser Eber mit der Sonne gleichgesetzt worden ist – hier findet sich ein weiterer Zusammenhang zwischen Freyr und Tyr.

Das Opfern des Ebers des Freyr entsprach dem Tod der Sonne am Abend bzw. im Herbst sowie der Reise des Schamanen bzw. der Seherin ins Jenseits („Astralreise").

Es fehlt somit nur noch die Szene der Wiedergeburt des Ebers, die der morgendlichen Wiedergeburt der Sonne entspricht – sie findet sich in der Schilderung von Walhall, wo die Toten den Eber Sährimnir essen, der jeden Tag (wie Thors Ziegenböcke) aus seinen Knochen und aus seinem Fell neugeboren wird.

Dem Thor gab er den Hammer und sagte, er möge so stark damit schlagen, als er wolle, was ihm auch vorkäme, ohne daß der Hammer Schaden nähme; und wohin er ihn auch werfe, so solle er ihn doch nicht verlieren, und nie solle er so weit fliegen, daß er nicht in seine Hand zurückkehre, und wenn es ihm beliebe, solle er so klein werden, daß er ihn im Busen verbergen könne. Er habe nur den Fehler, daß sein Stiel zu kurz geraten sei.

Da urteilten die Götter, der Hammer sei das Beste von allen Kleinoden und die beste Wehr wider die Hrimthursen, und sie entschieden die Wette dahin, daß der Zwerg gewonnen habe.

Jeder der beiden Zwerge hat einen Gegenstand für je einen der drei Götter hergestellt – wenn man Thor und seine Frau Sif einmal als eine Einheit nimmt.

Es ist weiterhin beachtenswert, daß diese drei Götter in den Mythen alle einen „Diener" haben, der sich noch recht gut als Priester dieser Götter erkennen läßt. Dies bestätigt die Vermutung, daß diese Mythe von den Priestern dieser drei Götter in Uppsala durch die Umdeutung der früheren Schwert-Mythe des Göttervaters Tyr geprägt worden ist.

Thor ist dem Bericht des Adam von Bremen der Hauptgott in Uppsala gewesen und stand in der Mitte der drei Statuen. Dies ist auch der einzige Gott, dessen Frau hier ebenfalls erscheint – sein Diener-Priester ist auch der einzige, der auch eine Schwester hat, die somit die Dienerin-Priesterin der Sif sein wird.

Die drei Götter von Uppsala				
Gott (und Göttin)		*Geschenk des Brock*	*Geschenk des Sindri*	*Priester(-in)*
Thor und Sif	*Thor*		Hammer Mjöllnir	Thialfi
	Sif	Getreide: goldenes Haar		Röskwa
Odin		Speer Gungnir	Ring Draupnir	Hermodr
Freyr		Schiff Skidbladnir	Eber Gullinborsti	Skirnir

Die drei Götter könnten auch die drei Stände der Germanen dargestellt haben: Freyr die Bauern und die Handwerker, Thor die Krieger und Fürsten (Thors Kämpfe sind sein prägnantestes Merkmal) und Odin demzufolge die Priester und Heiler (dies entspricht Odins ursprünglicher Funktion als Schamane und nicht seiner späteren Stellung als Kriegsherr-Göttervater).

die drei Brüder										
Stand	*Lied des Rigr*	*Asen*					*Wielandsage*	*Siegfriedsage*	*Gesta danorum*	*Märchen*
		Uppsala	*sonstige*							
Krieger Fürsten	Jarl	Thor	Woden	Odin	Hel-blindi	Hler	Egil	Fafnir	Odin als Krieger	Bogen-schütze
Priester Heiler		Odin	We	Hönir	By-leist	Kari	Slagfid	Oter	Odin als Heiler	Heiler
Bauern Hand-werker	Karl	Freyr	Wili	Loki	Loki	Logi	Völund	Regin	Odin als Schmied	Schmied
Sklaven	Thräl									

8. d) Gylfis Vision

Die Wiedergeburt eines Ebers findet sich sehr deutlich in einer Szene aus „Gylfis Vision" geschildert. Es handelt sich dort zwar nicht um Freyrs Eber Gullinborsti, sondern um den Eber Sährimnir in Walhalla, aber die Symbolik wird dieselbe sein.

Da sprach Gangleri: „Du sagtest, daß alle die Männer, die im Kampf gefallen sind von Anbeginn der Welt, zu Odin nach Walhall gekommen seien. Was hat er ihnen zum Unterhalt zu geben? Denn mich dünkt, das muß eine gewaltige Menge sein."

Da antwortete Har: „Es ist wahr, was Du sagst: Eine gewaltige Menge ist da, und noch viel mehr müssen ihrer werden; aber doch wird es scheinen, ihrer seien viel zu wenig, wenn der Wolf kommt.

Aber niemals ist die Volksmenge in Walhall so groß, daß ihr das Fleisch des Ebers nicht genügen würde, der Sährimnir hieß. Jeglichen Tag wird er gesotten und ist am Abend wieder heil.

Doch dünkt mich wahrscheinlich, daß Dir wenige auf die Frage, die Du jetzt gefragt hast, richtig Bescheid sagen werden. Andhrimnir heißt der Koch und der Kessel Eldhrimnir, wie hier gesagt ist:

Andhrimnir läßt in Eldhrimnir
Sährimnir sieden:
Das beste Fleisch; doch erfahren wenige,
Wieviele der Einherjer essen."

„Hrimnir" ist der Ruß und auch die schwarze Schicht, die sich außen an dem Kessel, der über dem Feuer hängt, bildet. Dieses Wort bezeichnet auch den Rauhreif, der an den Gräsern, Blättern, Zweigen usw. wie der Ruß an dem Kessel hängt. Die drei Namen in diesen Versen sind somit allesamt „Küchen-Namen", die sich auf den Ruß beziehen, der beim Kochen entsteht.

Ein „säing" ist ein Opfer oder ein Opfertier. „Sährimnir" bedeutet somit „rußiges Opfertier" oder vielleicht auch „gebratenes/gekochtes Opfertier".

„And" bedeutet „Atem, Leben". Das „and-gift", also das „Atem-Geschenk" ist die Inspiration. Die spirituellen Dinge werden „and-ligr", also „das, was mit dem Atem/ Leben/Seele zu tun hat" genannt. Das „andar-auga" ist das „spirituelle Auge („Stirnchakra; Drittes Auge") und der „andar-daudi" ist der „spirituelle/rituelle Tod". Der „andar-steggi" ist der „Seelenvogel", wörtlich: „Erpel des Atems/Lebens". Ein „andi" ist eine „Seele" bzw. ein „Geist" und der „andi heilagr" ist der „Heilige Geist" der Christen. Der Name des Koches Andrimnir bedeutet somit in etwa „Seelen-Ruß", womit wohl so etwas wie „Koch für die Seele" gemeint ist, da der Ruß eine feste Assoziation zu dem Kessel zu sein scheint. Die „Seelen" könnten hier die Toten

Krieger in Walhall sein.

Das Wort „Eld" hat schließlich die beiden Bedeutungen „entzünden, wärmen, Feuer" und „altern, Alter". „Eldrimnir", der Name des Kessels, wird daher wohl „der vom Feuer Rußige" bedeuten.

Die Einherjer sind die toten Krieger in Odins Saal Walhalla.

Die Strophe am Ende des Textes aus „Gylfis Vision" läßt sich somit auch wie folgt übersetzen:

Der „Koch für die Seelen" läßt in dem „vom Feuer Rußigen"
das „gekochte Opfertier" sieden:
Das beste Fleisch; doch erfahren wenige,
Wieviele tote Krieger es sind, die dort essen.

Diese Szene wird aus den Opferritualen bei den Bestattungen nach Asgard übertragen worden sein. Der „Koch für die Seelen" ist sicherlich der Priester, also Skirnir (Freyr) oder Hermodr (Odin), da dieser für die Verbindung zu den Ahnen und auch für die Leitung der Rituale zuständig war.

8. e) Odins Rabenzauber

Die eben beschriebene Szene wird auch in „Odins Rabenzauber" dargestellt:

Nach Bölwerks Gebot auf die Bänke verteilt,
Von Sährimnir speisend saßen die Göttersippen.
Skögul schenkte an den Tafeln ein in Hnikars Schalen
Den Met und maß ihn aus Mimirs Horn.

„Bölwerk" und „Hnikar" sind Beinamen des Odin.

„Skögul" ist eine der Walküren, die u.a. in Walhalla die Asen bedient.

„Mimir" ist der Tyr-Riese am Fuße der Weltesche. Da Odin von ihm einen großen Teil seines Wissens erlangt hat, ist „Mimirs Horn" sowohl eine Bezeichnung für ein rituelles Trinkgefäß als auch ein Hinweis auf die magische Kraft des Mets in diesem Horn.

8. f) Die Saga über Hakon den Guten

Die irdischen Opferfeste, deren jenseitige Entsprechung in Asgard in den beiden vorigen Betrachtungen beschrieben wurde, wird am anschaulichsten in der Saga über König Hakon den Guten dargestellt.

Sigurd, Jarl von Hlader, war einer der größten Männer, was die Opferungen angeht, und so war auch sein Vater Hakon gewesen. Und Sigurd leitete im Auftrag der Könige alle Opferfeste in der Grafschaft Throndheim.

Es war ein alter Brauch, daß dann, wenn ein Opfer anstand, alle, die zur Grafschaft gehörten, zu dem Ort kamen, an dem der Tempel stand und alles mitbrachten, was sie benötigten, solange das Opferfest dauerte.

Zu diesem Fest brachten die Männer Bier mit; und alle Arten von Vieh und auch Pferde wurden geschlachtet und das ganze Blut, das von ihnen kam, wurde „Hlaut" genannt, und die Gefäße, in denen es gesammelt wurde, nannte man „Hlaut-Bolli". Es wurden „Hlaut-Stäbe" angefertigt, die Bürsten zum Versprenkeln waren, und mit ihnen wurden die Altäre und die Tempelwände sowohl innen als auch außen mit Blut besprenkelt und auch die Menschen selber wurden mit Blut besprenkelt; das Fleisch wurde jedoch zu schmackhafter Speise für die, die bei dem Fest waren, gekocht.

Das Feuer war in der Mitte des Tempels und über ihm hingen die Kessel und die vollen Kelche wurden über das Feuer hinübergereicht; und der, der ein Fest ausrichtete und der Leiter war, der segnete die gefüllte Kelche und die Opfer.

Und als erstes wurde Odins Kelch für den Sieg und die Macht des Königs geleert; danach Njörds und Freyas Kelche für Frieden und ein ertragreiches Jahr. Danach war es bei vielen üblich, den „Braga-Full" zu leeren; und dann leerten die Gäste einen Kelch im Gedenken an Freunde, die in der Ferne waren und nannten dies den Erinnerungs-Kelch.

Ein „Jarl" ist ein „Graf" (englisch: „Earl").

Das Wort „Hlaut" war die Bezeichnung für das Blut der Opfertiere. Dieses Wort stammt von germanisch „hlautaz" ab, das „Zeichen, Orakelspruch, Urteil, Schicksal" bedeutete.

Die indogermanische Wurzel „hleudh" dieses Wortes bedeutet primär „wachsen, gedeihen" und davon abgeleitet auch „Leute, Freie (Menschen), Kinder".

Ein „Hlaut" sollte daher etwas sein, was „für die Leute" ist – eben die durch das Blut auf die Menschen übertragene Lebenskraft der Opfertiere. Und ein „Hlaut" ist offenbar auch etwas, das ein Zeichen der Götter ist oder ein Zeichen der Götter übermitteln kann – am bekanntesten ist in diesem Zusammenhang das Orakel der Eingeweideschau der Opfertiere.

Bei den Indogermanen bedeutete der Begriff, der im Altnordischen schließlich zu

„Hlaut" wurde, noch die Gemeinschaft der freien Menschen, die sich u.a. zu Ritualen trafen. Bei den Germanen wurde dieser Begriff zu einer Bezeichnung des Opferrituales, das mit Orakeln und Urteilen in Streitfällen verbunden war. Im Altnordischen wurde „Hlaut" schließlich zu einer Bezeichnung für das Opferblut. Wie das Wort „Leute" zeigt, ist die ursprüngliche indogermanische Bedeutung aber immer erhalten geblieben. Somit wird „Hlaut" auch im Altnordischen noch die Gesamtbedeutung „Opferblut bei dem Ritual, an dem sich alle Freien treffen und mit diesem Blut geweiht werden und bei dem auch Orakel verkündet und Recht gesprochen wird" gehabt haben.

Es gab zwei wichtige mit „Hlaut" zusammengesetzte Fachbegriffe bei den Opferungen: den „Hlaut-bolli" (Opfer-Kessel, in dem das Blut gesammelt wird) und den „Hlaut-vidr" („Pinsel"-Stab, mit dem man das Blut versprengelte).

Trink-Ritual
Runenstein aus Gotland

Trinkrituale waren bei allen indogermanischen Völkern weit verbreitet.

Der „Bragaful" ist ein Kelch mit Bier oder Met, vor dessen Trinken Eide abgelegt wurden. Das Wort „Braga" wird vermutlich mit Bragi, dem Gott der Dichtkunst assoziiert worden sein. Es leitet sich jedoch nicht von dem Dichtergott ab, sondern von dem germanischen Wort „bragna", das „Gehirn, Schädel" bedeutet.

Da es bis in das frühe Mittelalter hinein den weitverbreiteten Brauch gab, aus den Schädelschalen von Verstorbenen zu trinken, um deren Segen zu erhalten, wird sich der Bragaful ursprünglich das Trinken aus solchen Schädelschalen gewesen sein. Diesen Brauch, der sich bis in die Altsteinzeit zurückverfolgen läßt, gab es auch in der christlichen Kirche, in der die Schädelschalen etlicher Heiliger dazu benutzt wurden, um deren Segen zu erhalten.

Später wurde diese Sitte dann zunehmend abgelehnt und in den Sagen als Rachemotiv gedeutet – wie z.B. die beiden von dem Schmied Wieland angefertigten Schädelschalen aus den Köpfen der beiden Söhne des Königs Nidud. Für den König war es jedoch völlig unverdächtig und normal, von Wieland zwei in Silber gefaßte Schädelschalen zu erhalten.

Das Ablegen von Eiden beim Trinken aus dem Braga, also aus den Schädelschalen, ist insofern plausibel, als das man dadurch für das, was man zu tun schwor, die Unterstützung des Ahnen erhielt, aus dessen Schädel man dabei trank.

8. g)   Gylfis Vision

Auch von Thor wird das Opfern seines Reit- bzw. Zugtieres und deren anschließende Wiederbelebung aus dem Fell und den Knochen berichtet.

Der Anfang dieser Erzählung ist nun, daß Ökuthor ausfuhr mit seinem Wagen und seinen Böcken und mit ihm der Ase, der Loki heißt. Da kamen sie am Abend zu einem Bauern und fanden da Herberge.

Zur Nacht nahm Thor seine Böcke und schlachtete sie; darauf wurden sie abgezogen und in den Kessel getragen. Und als sie gesotten waren, setzte sich Thor mit seinem Gefährten zum Nachtmahl. Thor bat auch den Bauern, seine Frau und beide Kinder, mit ihm zu speisen. Des Bauern Sohn hieß Thialfi und die Tochter Röskwa. Da legte Thor die Bocksfelle neben den Herd, und sagte, der Bauer und seine Hausleute möchten die Knochen auf die Felle werfen.

Thialfi, des Bauern Sohn, hatte das Schenkelbein des einen Bocks, das schlug er mit seinem Messer entzwei, um zum Mark zu kommen.

Thor blieb die Nacht da und am Morgen stand er vor Tag auf, kleidete sich, nahm den Hammer Miölnir und erhob ihn, die Bocksfelle zu weihen. Da standen die Böcke auf; aber dem einen lahmte das Hinterbein. Thor sah es und sagte, der Bauer oder seine Hausgenossen müssten unvorsichtig mit den Knochen des Bocks umgegangen sein, denn er sehe, das eine Schenkelbein wäre zerbrochen.

Es braucht nicht weitläufig erzählt zu werden, da es ein jeder begreifen kann, wie der Bauer erschrecken mochte, als er sah, daß da Thor die Brauen über die Augen sinken ließ, und wie wenig er auch von den Augen noch sah, so meinte er doch, vor der Schärfe des Blicks zu Boden zu fallen. Thor faßte den Hammerschaft so hart mit den Fingern an, daß die Knöchel davon weiß wurden. Der Bauer gebärdete sich, wie man denken mag, so, daß alle seine Hausgenossen entsetzlich schrien und alles, was sie hatten, zum Ersatz boten.

Als Thor ihren Schrecken sah, ließ er von seinem Zorn, beruhigte sich und nahm ihre Kinder Thialfi und Röskwa zum Vergleich an: die wurden nun Thors Dienstleute und folgen ihm seitdem überall.

Thialfi und Röskwa sind nun Thors „Diener" – Thialfi der Priester des Thor und Röskwa vermutlich die Priesterin von Thors Frau Sif.

Freyrs Opfertier ist ein Eber und Thors Opfertier ist ein Ziegenbock. Es stellt sich somit die Frage, was das Opfertier des Odin gewesen sein mag. Da Sleipnir sein Reittier ist, sollten Odins Opfertiere die Pferde gewesen sein. Diese Vermutung wird dadurch bestätigt, daß in den Opfermooren die Felle und Knochen vieler Pferde gefunden worden sind und dadurch, daß auf den Runensteinen die Toten oft auf einem

Pferd und bisweilen sogar auf Sleipnir selber ins Jenseits reisen.

Da für die Toten stets männliche Herdentiere geopfert wurden, werden auch die Opferpferde Hengste gewesen sein.

Die Systematik des Kultes von Uppsala läßt sich somit um ein weiteres Detail ergänzen:

Die drei Götter von Uppsala					
Gott (und Göttin)		Geschenk des Brock	Geschenk des Sindri	Priester(-in)	Opfertier
Thor und Sif	Thor		Hammer Mjöllnir	Thialfi	Ziegenbock
	Sif	Getreide: goldenes Haar		Röskwa	
Odin		Speer Gungnir	Ring Draupnir	Hermodr	Hengst
Freyr		Schiff Skidbladnir	Eber Gullinborsti	Skirnir	Eber

8. h)   Thulur

In den Kenning-Listen in der Skaldskaparmal („Thulur") findet sich u.a. die Kenning *„Kind der Wanen"* für den Eber. Der Zusammenhang zwischen den Wildschweinen und den beiden Wanen Freyr und Freya muß sehr eng gewesen sein, da er sich sonst nicht zur Bildung einer solchen Kenning geeignet hätte.

Das Wort „Kind" in diesem Zusammenhang bestätigt noch einmal die Vermutung, daß Freyr selber die Gestalt eines Ebers haben konnte und als Frischling wiedergeboren wurde.

8. i)   Die Saga über König Hrolf Kraki

In dieser Saga wird von einem Helm berichtet, der „Hildiswini" genannt wurde, also denselben Namen trug wie das Wildschwein, auf dem die Göttin Freya bisweilen reitet.

Ein Helm mit einem solchen Namen wird vermutlich auf einen Schutz durch Freyr oder Freya hinweisen, den sich der Träger dieses Helmes erhoffte.

In diesem Krieg fiel König Ali und ein großer Teil seines Heers. Da nahm König Adils dem Toten den Helm Hildiswin („Kampfschwein") und seinen Hengst Hrafn („Rabe").

8. j)   Die Saga über Ragnar Lodenhose

In dieser Saga spricht Ragnar Lodenhose folgende Verse:

*„ Kein kühner Mann sollte mit dem Bernstein des Rheins
geizig sein, wenn ihn nach Kriegern verlangt,
denn viele Ringe helfen einem Kriegsherrn weniger
als Männer des Kampfes.
Es ist schlecht, die Stadttore
mit glühendroten Ringen zu verteidigen:
– ich kenne viele tote Eber,
deren Schätze noch immer leben."*

„Bernstein des Rheins" ist eine Kenning für Gold, die sich auf den bei der Loreley-Klippe versenkten Nibelungen-Hort bezieht.

Die „(glühendroten) Ringe" sind die Goldringe, die die germanischen Fürsten als Bezahlung für ihre Krieger und Skalden benutzten.

„Eber" ist eine Heiti (Umschreibung mit einem Wort) für „Krieger" und insbesondere für „Anführer der Krieger". Ragnar nannte an einer anderen Stelle auch sich selbst „Eber" und seine Söhne „junge Eber". Diese Heiti wird durch den Brauch der Opferung eines Ebers für die Toten bei ihrer Bestattung entstanden sein, da die Toten mit diesem Eber identifiziert wurden. Die Assoziation zu der Stärke und Aggressivität des Wildschweine wird aber wohl auch ein Rolle gespielt haben.

8. k)   Beowulf-Epos

Dieses von den Angelsachsen in England um ca. 750 n.Chr. verfaßte Epos enthält drei Erwähnungen von Ebern auf Helmen.

1.   Eber auf einem Helm

An dieser Stelle wird lediglich gesagt, daß es Helme gab, auf denen sich eine Eber-Statuette befand:

> / *Der Graus jedoch war*
> *Kleiner um so viel,* / *als Kraft der Frauen,*
> *Des Weibes Kampfmut* / *bewaffneter Männer*
> *Stärke nachsteht,* / *die streitgeübt*
> *Mit gehämmertem Stahl* / *des Helmes Eber,*
> *Mit scharfem Schwerte,* / *zerschmettern können.*

2.   Eber auf einem Helm

In diesen Versen wird über einen Helm berichtet, der mit Wildschweinköpfen verziert worden ist, die den Träger dieses Helmes beschützen sollten:

> *Auch der weiße Helm,* / *der das Haupt umwölbte,*
> *Sollte mit hinab* / *zu des Moores Grund,*
> *Ins Wogengewühl:* / *gewundene Reifen*
> *Umgaben ihn rings,* / *den in grauer Vorzeit*
> *Ein Waffenschmied schuf,* / *der mit Wildschweinköpfen*
> *Ihn kunstvoll besetzte,* / *daß künftig niemals*
> *Geschwungene Schwerter* / *ihm schaden konnten.*

3.   Eber auf einem Helm

Die goldenen Eber, über die hier berichtet wird, sind auf den „Wangenbergen" angebracht worden, also an den seitlich herabhängenden Teilen des Helmes, die die Wangen schützen.

> *Nun brachen sie auf.* / *Das Boot blieb liegen,*
> *Vertaut mit Trossen,* / *das tiefbauchige,*
> *Am Anker befestigt.* / *Die Eber aus Gold,*
> *Die feuergehärteten,* / *funkelten hell*
> *Auf den Wangenbergen;* / *die Wache am Schiff*
> *Hielt ein tapf'rer Krieger.*

4. Stierhörner an Hallen

Man schützte nicht nur Helme und Schiffe durch Eber oder Eberköpfe, sondern auch Häuser und Hallen durch die Köpfe von Tieren. In den folgenden Versen sind es Hörner auf dem Langhaus, die dieses Gebäude schützen sollten. Dies entspricht den beiden gekreuzten und wie Pferdeköpfe geschnitzten Brettern auf den norddeutschen Bauernhäusern, die sich z.T. bis heute haben halten können.

/ Es ragte der Saal,
Der horngeschmückte, / den heiße Lohe
Verzehren sollte: / die Zeit war nicht fern,
Da offner Streit / zwischen Eidam und Schwäher
Durch Zorn und Haß / entzündet wurde.

horngeschmückt = mit den Schädeln der geopferten Stiere

Pferde-Giebelkreuz an norddeutschen Häusern

8. l)   Eber-Helm der Angelsachsen

Manche Helme der Germanen und insbesondere der Angelsachsen waren mit einem Eber verziert. Es ist denkbar, daß sie die Anzeichen der Anführer waren und daß es eine Assoziation zu Freyr als dem Anführer des Volkes bestand, als der er bei Baldurs Begräbnis beschrieben wird.

Vermutlich bezieht sich die Heiti „Eber" für „Anführer der Krieger" auch auf derartige Helme.

101

Eber-Helm der Angelsachsen aus Sutton Hoo

*angelsächsischer Helm
zwischen 400 n.Chr. und 1000 n.Chr.*

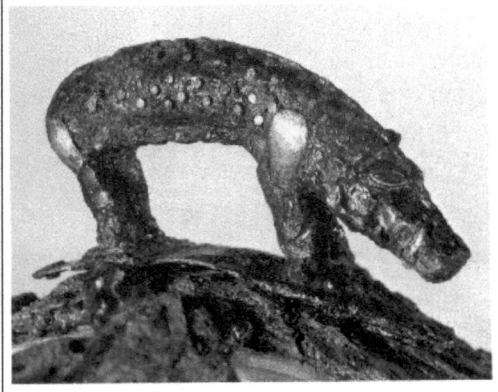

*Detail desselben Helmes: der Eber
(stilisierte Borsten und Beinmuskeln)*

Auf einem zweiten Helm, der aus dem Schiffsgrab von Sutton Hoo stammt und um ca. 650 n.Chr. hergestellt worden ist, ist auf den Ohrenklappen („Wangenbergen") des Helmes ein Mann abgebildet, dessen beide Beine jeweils in einen Eber übergehen oder dessen Körper von zwei miteinander verschmolzenen Eberleibern gebildet wird. Diese Haltung mit angewinkelten Beinen findet sich auch bei einigen Männerdarstellungen auf den Goldhörnern von Gallehus. Die betreffenden Männer befinden sich auf einer Jenseitsreise oder meditieren.

Es ist zumindestens gut denkbar, daß der „Mann mit den beiden Ebern" auf dem Helm von Sutton Hoo Freyr ist, dessen Streitwagen damals wohl noch von zwei Ebern statt nur von einem gezogen worden ist. Der eine der beiden Eber ist vermutlich fortgefallen, als die germanischen Götter ihre Streitwägen z.T. aufgaben und zum Reiten übergingen.

Eberkopf
Detail einer Ohrenklappe
(„Wangenberge") des Helmes

Im Beowulf-Epos, das aus ungefähr derselben Zeit stammt, heißt es dazu: *„Die Eber aus Gold, die feuergehärteten, funkelten hell auf den Wangenbergen."*

Mann mit zwei Ebern auf den Ohrenklappen eines Helmes

8. m)   Ein früher Bildstein von Gotland

Der Mann in der markanten Pose mit den gespreizten Beinen findet sich auch auf einem frühen Runenstein, der zwischen 400 n.Chr. und 600 n.Chr. auf der Insel Gotland in Südschweden aufgestellt worden ist.

Der Mann hält auf dem Runenstein zwei Schlangen in seinen Händen, d.h. er befindet sich auf der Reise in das Jenseits. Auch dieses Motiv findet sich auf den Goldhörnern von Gallehus, die um 400 n.Chr. angefertigt worden sind.

Über ihm sind ein Eber, eine Schlange und ein Vogel zu sehen, die zusammen einen drei-symmetrischen Kreis bilden. An dieser Stelle befindet sich bei fast allen anderen frühen Runensteine eine ornamentale Sonne. Daraus kann man schließen, daß diese drei Tiere mit der Sonne oder mit einem Aspekt der Sonne assoziiert worden sind. Der Eber wird daher schon damals ein „Sonnen-Eber" gewesen sein. Die Dreizahl der Tiere bestätigt diese Deutung, da die „3" die Zahl der Sonne und des Sonnenzyklus ist und das Dreieck das Symbol des Hrungnir-Herzens (Seele, Sonne) ist.

Die Schlange ist der Jenseitsreisende, der Jenseitsweg und vor allem die Lebenskraft, die damals noch wie im indischen Yoga als Kundalini aufgefaßt worden ist, wie die Bilder auf den Goldhörnern von Gallehus zeigen.

Der Eber ist das Opfertier bei der Jenseitsreise und der Vogel ist der Seelenvogel des Jenseitsreisenden.

Es ist zwar fraglich, ob dieser Mann der Gott Freyr ist, aber er könnte durchaus bereits das Urbild des Jenseitsreisenden oder zumindestens eine alte, traditionelle Darstellung eines Mannes auf dem Weg in die Unterwelt sein. Der Unterschied zwischen diesen drei Möglichkeiten ist nicht sehr groß – es ist letztlich nur die Frage, ob dieser Mann bereits „Freyr" genannt wurde. Da dieser Gottesname jedoch bis zu den Indogermanen zurückreicht, ist es recht wahrscheinlich, daß auf diesem Runenstein Freyr abgebildet worden ist.

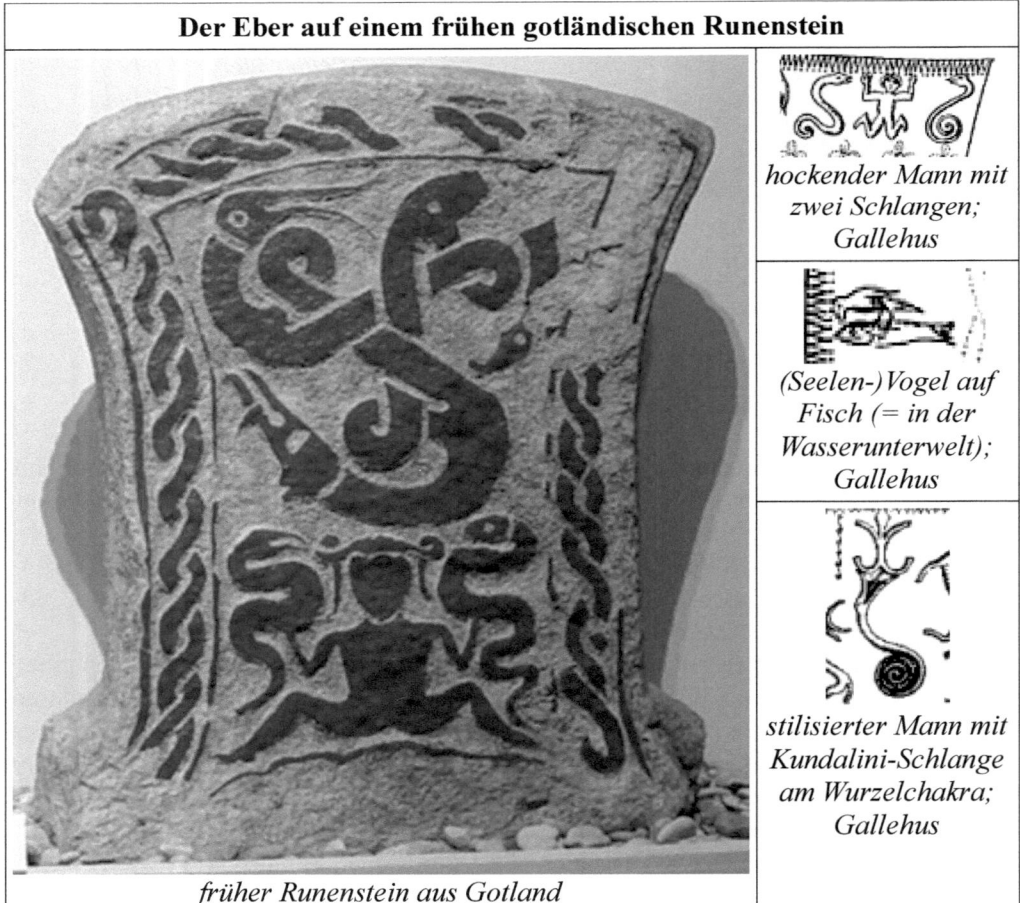

Der Eber auf einem frühen gotländischen Runenstein

früher Runenstein aus Gotland

hockender Mann mit zwei Schlangen; Gallehus

(Seelen-)Vogel auf Fisch (= in der Wasserunterwelt); Gallehus

stilisierter Mann mit Kundalini-Schlange am Wurzelchakra; Gallehus

Die Haltung dieses Mannes entspricht der „Vir-Asana" genannten Haltung im Kundalini-Yoga (siehe „Kundalini" in Band 64).

8. n)   Späte Runensteine

Die Form die eben dargestellten frühen Runensteines hat sich im Laufe der nächsten 500 Jahre noch deutlicher zu der eines erigierten Penis weiterentwickelt, sodaß auch diese spezielle Form der Runensteine selber eine „Freyr-Form" sein wird, die seinen zeugungsbereiten Penis symbolisiert.

Da die Abbildung des Ebers auf dem eben dargestellten Bildstein die einzige zu sein scheint, hat sich die Zeugungskraft-Symbolik des Ebers vermutlich auf die Form des Runensteines selber übertragen.

Runensteine in Penis-Form

  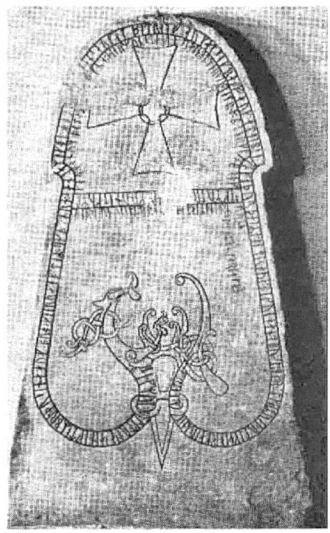

früher Runenstein;
Sandegard

früher Runenstein
Gotland;

mittlerer Runenstein;
Hograen

später Runenstein;
Halla Bora

später Runenstein;
Ardre

später Runenstein;
Klinte

später Runenstein;
Stenkyrka

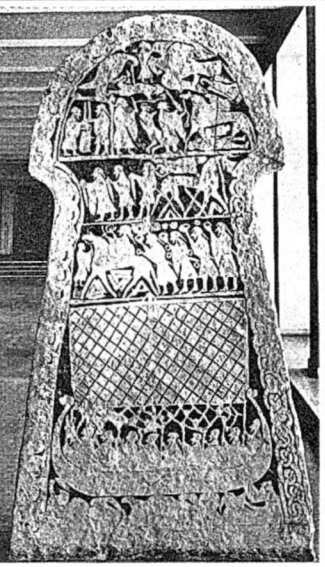

später Runenstein;
Tangelgaerda

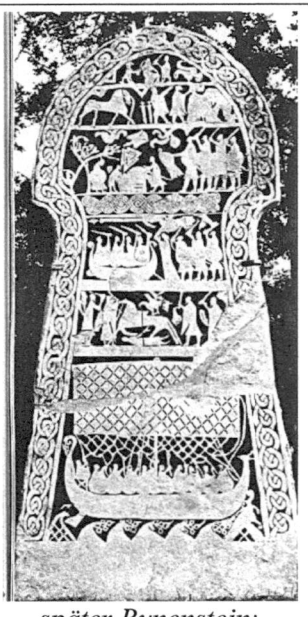

später Runenstein;
Bunge

8. o) Die Goldhörner von Gallehus

Auf dem kleineren der beiden Goldhörner von Gallehus sind insgesamt elf Wildschweine abgebildet – vermutlich Eber. Sie gehören alle nicht zu den Hauptmotiven, sondern sind wie die meisten Schlangen nicht in das Gold geprägt worden, sondern (vermutlich erst nachträglich) eingraviert worden.

Auf dem obersten Streifen finden sich sechs Eber, auf dem zweitobersten drei (der zweite von rechts ist eher ein Rehbock) und auf dem zweituntersten zwei.

Da keiner der Eber in eine der abgebildeten Handlungen einbezogen ist, ergibt sich aus diesen Abbildungen lediglich, daß die Eber für den auf die beiden Goldhörnern dargestellten Vorgang, also für die Jenseitsreise wichtig gewesen sind.

Das kleinere Goldhorn von Gallehus

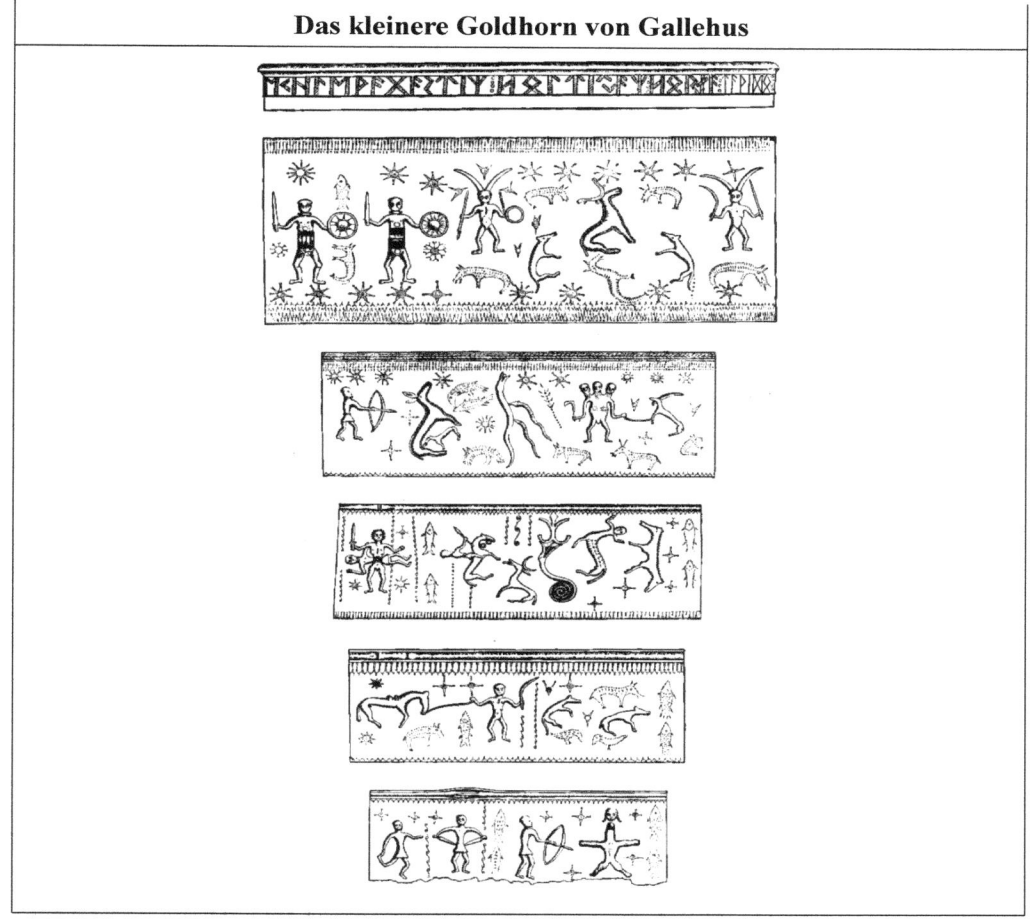

8. p)   Eber-Kultgefäße

Zwischen den beiden Thüringer Gebirgen Hainleite und Thüringer Wald wurden sechs Kultgefäße gefunden, von denen eines ein Wildschwein darstellt.

Ein zweites dieser Gefäße, die zwischen 200 n.Chr. und 300 n.Chr. hergestellt worden sind, hat an dem Gefäßbauch vier Wildschweinköpfe. Das deutlich dargestellte gesträubte Nackenhaar bei allen fünf Wildschweinen soll sie vermutlich als Eber kennzeichnen.

Die Vierzahl der stilisierten Eberköpfe könnte einfach nur symmetrische Gründe haben, aber sie könnten auch die vier Himmelsrichtungen darstellen und würden dann den Einfluß der Eber „auf der ganzen Erde" ausdrücken.

Diese beiden Gefäße werden vermutlich bereits dem Freyr (oder der Freya) gewidmet gewesen sein.

Die Wildschwein-Gefäße von Greußen

Eber-Gefäß   *Gefäß mit vier „Eber-Masken"*

8. q)   Kloster Freckenhorst

In der Gründungslegende dieses Klosters wird erzählt, daß der Schweinehirt (Hirte der Eber des Freyr) Freckyo („Freyr") einst die Schweine seines Herrn Evverwordus („Eberwald") in den Wald trieb und dort ein wundersames Licht gesehen hat

(Gullinborstis Leuchten). An dieser Stelle (vermutlich ein Kultort des Freyr) ist dann das Kloster errichtet worden.

8. r) Zusammenfassung

Freyrs Eber heißt „Gulliborsti" („Goldborste") oder „Slidrugtanni" („Schreckenszahn"). Er ist ein Eber mit goldenen Borsten, die auch in der Nacht und im Dunkelwald (Jenseits) hell leuchten – er ist offenbar ein Sonnen-Eber.

Er kann über Land, über Wasser und durch die Luft laufen – was gut zu einem Sonnen-Eber paßt. Er ist schneller als jedes Pferd – welches Pferd könnte schon mit der Sonne mithalten?

Freyr fährt in einem von einem Eber gezogenen Streitwagen. Von Freya wird im Hyndla-Lied berichtet, daß sie auf dem Eber „Hildiswin" („Kampfschein") reitet – der ihr Geliebter Ottar (Tyr) in Eber-Gestalt ist.

Freyrs Eber wird auch „Hügelgrab-Eber" genannt, da der Eber für die Toten geopfert wurde, damit sie dessen Zeugungskraft für ihre Wiederzeugung mit der Jenseitsgöttin Freya erhalten.

Aus diesem Motiv wurde der Eber „Sährimnir" („rußiges Opfertier"), von dem sich in Wallhall alle Einherier ernähren. Dieser Eber entsteht jeden Tag aus seinem Fell und seinen Knochen neu – das ist eine Umdeutung der Wiedergeburt des Toten nach seiner Wiederzeugung in Eber-Gestalt.

Dieses Wiederzeugungs-Motiv führte dazu, daß ein Teil der Runensteine in Penis-Form hergestellt wurden.

In den späten Mythen nach 500 n.Chr. wurde Gullinborsti von Sindri und Brokk in einem Schmiedefeuer hergestellt.

Der Eber war die Jenseitsreise-Gestalt des Freyr und des Tyr und allgemein der Toten. Die Eber-Gestalt des Freyr wird durch die Kenning „Kind der Wanen" für den Eber noch einmal bestätigt.

200-300 n.Chr.: Ein Gefäße wurde in der Form eines Ebers hergestellt und ein zweites mit vier Eberköpfen an den vier Seiten.

400 n.Chr.: Auf dem kleinerem der beiden Goldhörner von Gallehus sind elf Eber dargestellt worden, die den Hintergrund der Wiederzeugungs-Symbolik bilden.

400 n.Chr. Auf einem der Gotland-Bildsteine wurde ein Hrungnir-Herz (Symbol des Tyr, der Sonne und der Seele) aus einem Eberkopf, einem Vogelkopf und einem Schlangenkopf gebildet. Unter ihm sitzt ein Mann im „Vir-Asana", d.h. beim Kundalini-Yoga.

575 n.Chr.: König Adils besitzt den Helm „Hildiswin" („Kampfschwein"). „Hildiswin" ist auch der Name des Reit-Ebers der Freya.

700 n.Chr.: Auf der Wangenberge eines Helmes ist ein Mann im „Vir-Asana" mit zwei Ebern als Beinen dargestellt worden.

750 n.Chr.: Auf einigen Helmen befinden sich Eber.

ca. 900-1250 n.Chr.: In der Edda und in einigen Liedern und Sagas werden Fürsten „Eber" genannt.

9. Freyr und Skidbladnir

Das Jenseitsreise-Schiff Skidbladnir, also das Fell des Opfertieres, in das die Toten gehüllt wurden bzw. auf das sich die Schamanen setzten, wird noch einige Male in den Texten der Germanen erwähnt.

Die enge Verbindung des Skidbladnir mit Freyr legt nahe, daß Freyr auch ein Totengott gewesen ist, da das „magische Fell-Schiff" vor allem für die Reise der Toten in das Jenseits gebraucht wurde.

9. a) Grimnir-Lied

Im Grimnir-Lied heißt es gleich in zwei Strophen nacheinander, daß Skidbladnir das Beste der Schiffe ist. Vermutlich werden zu der Bezeichnung dieses Felles als „Schiff" auch die Schiffsbestattungen der Germanen beigetragen haben – sowohl die Bestattungen in echten Schiffen wie in der Baldur-Mythe, im Beowulf-Epos und in Sutton Hoo als auch die Bestattung innerhalb eines symbolischen Schiffes, dessen Umrisse aus stehenden Steinen gefertigt wurden.

Iwalts Söhne ging in Urtagen
Skidbladnir zu schaffen,
Das beste der Schiffe, für den schimmernden Freyr,
Niörds nützlichen Sohn,

Die Esche Yggdrasil ist der Bäume erster,
Skidbladnir der Schiffe,
Odin der Asen, aller Rosse Sleipnir,
Bifröst der Brücken, Bragi der Skalden,
Habrok der Habichte, der Hunde Garm.

symbolische Schiffsbestattungen in Steinsetzungen

zwei Schiffs-Steinsetzungen
Västeras, Schweden

Schiffs-Steinsetzung
Oseberg, Norwegen

9. b)   Gylfis Vision

In der folgenden Beschreibung ist das Schiff Skidbladnir von einem Schiff, das zu den Asen fährt, zu einem Schiff, in dem die Asen fahren, geworden.

Solche Bedeutungsverschiebungen treten vor allem dann auf, wenn das, was beschrieben wird, also die Jenseitsreise auf dem Fell des Opfertieres, nicht mehr allgemein geläufig ist, d.h. nicht mehr im Kult durchgeführt wird.

Da frug Gangleri: „Was ist von Skidbladnir zu berichten, welches das beste der Schiffe sein soll? Gibt es weder ein ebenso gutes Schiff als dieses, noch ein ebenso großes?"

Har antwortete: „Skidbladnir ist das beste Schiff und das kunstvollste; aber Naglfari, das Muspel besitzt, ist das größte. Gewisse Zwerge, Iwaldis Söhne, schufen Skidbladnir und gaben das Schiff dem Freyr: es ist so groß, daß alle Asen mit ihrem Gewaffen und Heergerät an Bord sein können, und sobald die Segel aufgezogen sind, hat es Fahrwind, wohin es auch steuert.

Und will man es nicht gebrauchen, die See damit zu befahren, so ist es aus so vielen

Stücken mit so großer Kunst gemacht, daß man es wie ein Tuch zusammenfalten und in seiner Tasche tragen kann."

Da sprach Gangleri: „Ein gutes Schiff ist Skidbladnir und gar große Zauberei mag dazu gehört haben, es so kunstreich zu schaffen."

9. c) Skaldskaparmal

Das Schiff Skidbladnir wird zwar mehrfach erwähnt, aber es finden sich kaum neue Details über es. Hier zitiert Snorri Sturluson aus dem Grimnir-Lied (hier folgt eine neuere Übersetzung der betreffenden Strophe).

Freyr ist der Besitzer des Skidbladnir und des Ebers, der Goldborste genannt wird, so wie es hier berichtet wird:

In den alten Tagen
gingen Ivaldis Nachkommen
um Skidbladnir zu formen,
das Beste der Schiffe,
das Schöne für Freyr,
nur für Niörds Kind.

… Skidbladnir ist im Abendland das, was im Morgenland der fliegende Teppich ist. Beide Motive haben denselben Ursprung.

9. d) Heimskringla

In der Heimskringla gehört Skidbladnir dem Schamanen-Gott Odin – was ja durchaus plausibel ist, da die Jenseitsreise („Astralreise") die Fähigkeit ist, die es einem Menschen ermöglicht, zum Schamanen zu werden.
Skidbladnir wird auch direkt anschließend an die Beschreibung seiner Astralreisen erwähnt.

Odin konnte seine Gestalt verwandeln: Sein Körper lag dann wie tot oder wie schlafend da, aber er hatte dann die Gestalt eines Fisches, einer Schlange, eines Vogels oder Tieres und konnte in einem Augenblick in seinen eigenen Angelegenheiten und denen eines anderen in einem anderem Land sein.

Er konnte mit Worten allein Feuer löschen, das Meer im Sturm beruhigen und den Wind in jede Richtung lenken, die ihm gefiel.

Odin hatte ein Schiff, das Skidbladnir genannt wurde, in dem er über das weite Meer fuhr und das er wie ein Tuch aufrollen konnte.

Die Gestalten der drei Tiere, in die sich Odin offenbar gerne verwandelte, sind alle mit der Jenseitsreisesymbolik der Germanen verbunden: der Vogel ist der Seelenvogel, der bei der Astralreise den Körper verläßt; die Schlange ist die Seele auf dem Weg in die Unterwelt, die in den Sagas zu den Drachen auf den Grabschätzen in den Hügelgräbern geworden ist; und der Fisch ist ein genereller Hinweis auf die Wasserunterwelt.

9. e) Zusammenfassung

Freyrs Skidbladnir („Brett-Blatt") wurde von den beiden Alcis-Söhnen Sindri und Brock des Tyr-Iwaldi erschaffen. Es hat guten Fahrtwind, wohin es auch gesteuert wird. Es ist das beste aller Schiffe und nach Naglfar auch das zweitgrößte – in ihm haben alle Asen Platz.

Es läßt sich wie ein Fell zusammenfalten und in die Tasche stecken. Es ist ursprünglich vermutlich das Fell eines Tieres gewesen, das für die Jenseitsreise geopfert worden ist und auf das sich der Schamane-Priester setzte, um in das Jenseits zu reisen. Die keltischen Druiden benutzten dafür ein Stierfell – benutzten die Germanen ein Eber-Fell?

Es wird auch gesagt, daß Skidbladnir Odin gehörte – schließlich ist er der Schamanen-Gott.

Es ist gut denkbar, daß Skidbladnir ursprünglich auch das Schiff gewesen ist, in dem der ehemalige Sonnengott-Göttervater Tyr über den Himmel gefahren ist.

114

10.   Freyr und Beli

Über den friedlichen Gott Freyr werden so gut wie keine Kämpfe berichtet. Eine der wenigen Ausnahmen ist sein Kampf mit dem Riesen Beli. Der Name „Bel" ist ein Name der Sonne, der bis zu den frühen Ackerbauern in Mesopotamien vor gut 10.000 Jahren zurückreicht und sich bei den meisten der Völker findet, die von diesen Ackerbauern abstammen, wie z.B. „Ba'al" bei den Semiten und „Bel(-enus)" bei den Kelten. Dieser Name hat schon früh die Nebenbedeutung „Herr, Fürst" erlangt, denn der Sonnengott ist im allgemeinen auch der Götterkönig gewesen.

Dieser Kampf des Freyr mit dem „Sonnen-Riesen" ist vermutlich eine Variante des Kampfes des Thor gegen die Tyr-Riesen. Dieser Kampf stellt vor allem die Absetzung des Tyr durch Thor und Odin um 500 n.Chr. dar. Ein Teil der Tyr-Symbolik (Schwert, Roß, Gerdr u.a.) und offenbar auch der Kampf zwischen Thor und Tyr ist auch auf Freyr übertragen worden.

Beli ist einer der Namen des ehemaligen Sonnengott-Göttervaters Tyr als Riese in der Unterwelt.

10. a)   Gylfis Vision

Da sprach Har: „... ... . Das ist die Ursache, warum Freyr kein Schwert hatte, als er mit Beli stritt und ihn mit einem Hirschhorn erschlug."

Dieser Satz bezieht sich darauf, daß Freyr dem Skirnir sein Schwert für die Brautwerbung, die Skirnir für Freyr bei Gerdr durchgeführt hat, gegeben hat.

Da sprach Gangleri: „Es ist sehr zu verwundern, daß ein solcher Häuptling, wie Freyr ist, sein Schwert hingab, ohne ein gleich gutes zu behalten. Ein erschrecklicher Schaden war ihm das, als er mit jenem Beli kämpfte, und ich glaube gewiß, daß ihn da seiner Gabe gereute."

Da antwortete Har: „Es lag wenig daran, als er dem Beli begegnete, denn Freyr hätte ihn mit der Hand töten können; aber es kann geschehen, daß es den Freyr übler dünkt, sein Schwert zu missen, wenn Muspels Söhne zu streiten kommen."

Die merkwürdige Tötung des Riesen Beli durch Freyr mithilfe eines Hirschgeweihs legt nahe, daß es sich bei dem Hirsch, zu dem das Geweih gehörte, um das Opfertier für die Sonne/Beli (Tyr) handelt. Der Hirsch ist in früherer Zeit bei den Indogermanen ein beliebtes Opfertier für den Sonnengott-Göttervater Dhyaus gewesen wie viele Mythen zeigen.

Bei den Kelten war das Hirsch-Opfer so wichtig, daß die Schamanen/Druiden zumindestens noch um 400 v.Chr. (Bilder auf dem Kessel von Gundestrup) als ihr Zeichen ein Hirschgeweih trugen. Selbst der Druide Merlin kann sich in den frühen Erzählungen über ihn noch in einen Hirsch verwandeln bzw. reitet auf einem Hirsch.

Bei den Germanen wird der Sonnen-Hirsch u.a. im „Sonnenlied" erwähnt, wo er „von Süden her", also aus der Richtung des südlichen Muspelheim-Jenseits der Alfen kommt, in dem Tyr-Surtur herrscht und in dem vermutlich auch die Halle „Alfen-Heim" des Freyr steht.

Vermutlich hat Freyr das Hirschgeweih-Motiv aus den Mythen des Tyr-Beli übernommen. In manchen Mythen und Sagas kann Tyr bzw. seine Saga-Variante nur durch seine eigene Waffe getötet werden – warum sollte Tyr-Beli dann nicht auch durch das Geweih des für ihn geopferten Hirsches getötet werden können? Schließlich wurde auch der Hirsch selber als Opfer für Tyr getötet, wenn Tyr starb und in das Jenseits gereist ist.

10. b) Skaldskaparmal

Der Kampf des Freyr mit Beli war so bekannt, daß er für Freyr-Kenningar benutzt werden konnte:

Freyr wird der Gegner des Beli genannt, so wie Eyvindr Skalden-Verderber singt:

„ ... ...
als der Feind des Jarls
wünschte, die äußeren Bereiche
von Belis Hasser
zu besiedeln. "

„Belis Hasser" ist Freyr. Die „äußeren Bereiche des Freyr" sind vermutlich Teile von Schweden.

10. c) Kalfsvisa

Der Töter des Beli
ritt Blodughofi.

Töter des Beli = Freyr

10. d)   Raben-Lied

Dieses Lied ist von dem Skalden Thorbjörn Hornklaue um 860 n.Chr. am Hofe des norwegischen Königs Harald Haarschön zu dessen Ehren verfaßt worden.

In ihm erscheint die Umschreibung „Spiel des Freyr" für „Kampf". Dies ist eine der wenigen Stellen, in denen Freyr kriegerisch erscheint. Möglicherweise ist sie durch den Kampf des Freyr mit Beli inspiriert worden – sie wäre dann letztlich eine Analogiebildung zu den Kämpfen des Thor mit dem Tyr-Riesen.

Wenn er seinen eigenen Willen durchsetzt, wird der entschlossene Fürst
seinen Jul-Met auf See trinken und das Spiel des Freyr spielen.
Selbst in seiner Jugend zeigte er keine Neigung zu
der Feuerstelle und zu einem Leben im Haus,
dem warmen Schlafgemach oder den Kissen,
die mit Daunen gestopft sind.

10. e)   Zusammenfassung

Freyr tötet den Riesen Beli (Tyr) mit einem Hirschgeweih. Der Hirsch ist die Jenseitsreise-Gestalt des Sonnengott-Göttervaters Tyr gewesen. Da Tyr in manchen Mythen und Sagas nur durch seine eigene Waffe getötet werden kann, konnte er auch mit dem Geweih, das die Waffe des Hirsches ist, in den er sich bei seiner abendlichen bzw. winterlichen Jenseitsreise verwandelt, getötet werden.

In der Freyr/Beli-Mythe ist Freyr analog zu Thor zum Töter des Tyr-Riesen geworden. Diese Mythe ist gut als recht neue Entwicklung erkennbar, da sie genausowenig zu dem Charakter des Freyr paßt wie das magische Schwert und das Streitroß „Bluthuf", die er beide dem Skirnir schenkt.

117

11. Freyr und der Jul-Eber

In der Symbolik des Jul-Ebers verbinden sich der unspezifische Eber aus den Mythen der Nordgermanen und die Sonnensymbolik miteinander zu Freyrs Eber Gullinborsti.

Das Jul-Fest war eines der wichtigen Feste der Germanen, an dem das Tor zwischen dem Diesseits und dem Jenseits weit offen stand, weshalb zu dieser Zeit oft Drachen, Riesen, Geister u.ä. aus dem Jenseits in das Diesseits kamen – das Tor zwischen den Welten stand offen, damit die neue Sonne (Tyr) geboren werden konnte.

Am Jul-Fest beschlossen auch die Menschen selber, was sie Neues erschaffen oder tun wollen und legten darauf einen Eid ab, während sie aus dem Kelch des Dichtergottes Bragi einen Schluck Met tranken. Dieser Brauch hat sich bis heute als der Sylvester-Sekt und die guten Vorsätze für das neue Jahr halten können.

Die Mythen und Sagen, an denen einem König eine Riesin o.ä. aus dem Jenseits erscheint und ihn zum Mann verlangt, spielen oft in der Jul-Nacht.

Zur Zeit der Jul-Nacht fand auch Odins „Julritt", d.h. die Wilde Jagd statt, bei der Odin das Jenseits verließ und ins Diesseits kam.

Der Mönch Beda der Ehrwürdige berichtet um ca. 700 n.Chr., daß die Jul-Nacht in England die „Nacht der Mütter" genannt wurde. Dies werden die drei Nornen gewesen sein, die nah mit den drei keltisch-germanisch-römischen Matronen verwandt sind.

Die Dauer des Festes von drei Tagen und die vermutete Dreizahl der „Mütter" sind ein Hinweis auf Wiedergeburt und den Sonnenzyklus, die durch die „3" symbolisiert wurden.

11. a) Das Lied über Helgi Hjorvard-Sohn

Die Jul-Eide sprach man aus, während man seine Hand auf den Jul-Eber legte und dann den Met aus „Bragis Becher" trank. Dieser „Becher" wird vermutlich ein Trinkhorn gewesen sein – die „Übersetzung „Bragis Becher" ist jedoch wegen dem Stabreim allgemein üblich geworden.

Da fuhr Hedin auf Julabend einsam heim aus dem Wald und fand ein Zauberweib. Sie ritt einen Wolf und hatte Schlangen zu Zäumen und bot dem Hedin ihre Begleitung an.
„Nein", sprach er.
Da sprach sie: „Das sollst Du mir entgelten bei Bragis Becher."
Abends wurden Gelübde getan und der Ritual-Eber vorgeführt, auf den die Männer

die Hände legten und bei Bragis Becher Gelübde taten.

Hedin vermaß sich eines Gelübdes auf Swawa, Eilimis Tochter, seines Bruders Geliebte. Danach gereute es ihn so sehr, daß er fortging auf wilden Stegen südlich ins Land, wo er seinen Bruder Helgi traf.

Das „Zauberweib", das auf einem Wolf reitet und eine Schlange als Zaumzeug benutzt, ist Hel-Hyrrokkin mit ihren beiden Geschwistern, dem Fenriswolf und der Midgardschlange (die hier sehr klein ist).

Der Schwur, den Hedin ablegte, war die Rache der Hel dafür, daß Hedin ihre Begleitung nicht annahm. Das in diesem Text wie Hel dargestellte „Zauberweib" Hel hat hier eher die Funktion einer Walküre.

Das altnordische Wort, das hier mit „Ritual-Eber" übersetzt wurde, lautet „sonar-galtr".

Das Substantiv „sonar" bedeutet „Gesang, Klang, Ton" und bezeichnet insbesondere die rituellen Worten oder Gesänge. Das zweite Substantiv „galtr" oder „göltr" ist nicht mit „galdr" („Zaubergesang, Magie") verwandt, sondern bedeutet „Schwein, Eber, Sau". Somit ist der „sonar-galtr" der „Ritual-Eber", der „Opfer-Eber" oder auch der „rituelle Gesang beim Opfer des Ebers" bzw. die „auf den Eber abgelegten Eide".

Mit dem Wort „sonar" wurden auch noch zwei weitere rituelle Fachbegriffe gebildet, die die Bedeutung von „sonar" verdeutlichen: Ein „sonar-blot" ist eine Opferung („blot"), bei der Worte gesprochen oder Lieder gesungen („sonar") wurden. Das „sonar-dreyri" ist das Opferblut, das im Ritual auf vielfältige Weise verwendet wurde.

Der „sonar-galtr" ist somit ein Eber, der im Ritual verwendet wurde, bei dem gesungen wurde und bei dem die im Blut des Ebers enthaltene Lebenskraft eine Rolle spielte. Dieser Jul-Eber wurde jedoch nicht unbedingt geopfert. In den beiden Quellen, die über den „Eber-Eid" berichten (in dieser und der folgenden) bleibt der Eber am Leben und wird sogar besonders gepflegt.

Der Jul-Eber könnte somit als eine Verkörperung des Freyr angesehen worden sein. Dies ergibt sich zum einen auch aus der Identifizierung der Jenseitsreisenden und somit auch der Götter mit den für sie geopferten Tieren. Zum anderen wird diese Deutung auch dadurch bestätigt, daß u.a. schon in den Berichten der Hethiter, die die ältesten indogermanischen Überlieferungen sind, ausführlich die vorgeschriebenen Rituale für die in Gehegen gehaltenen Tiere, die den Göttern heilig waren und durch die man zu den Göttern Kontakt erhielt, beschrieben werden.

Das altnordische Wort „sonar" ist mit dem lateinischen „sonare" für „klingen, reden" verwandt. Damit könnte der rituelle Gesang bzw. das rituelle Sprechen gemeint sein, bei dem die Worte „intoniert", d.h. halb gesungen werden – in etwa so wie die meisten der lateinischen Textpassagen in der Eucharistie in der katholischen Kirche. Diese Art des magischen Sprechens bzw. Singens findet sich weltweit – selbst die Verfasser einiger Sprüche aus dem ägyptischen Totenbuch preisen ihre Verse als „gut singbare Zaubersprüche" an.

11. b)   Die Saga über Hervor und König Heidrek den Weisen

In dieser Saga über den König Heidrek („Lichtkönig") findet sich eine noch genauere Beschreibung des Jul-Schwurs:

König Heidrek ließ sich nieder und wurde ein großer Anführer und ein berühmter Weiser.
König Heidrek hatte einen großen Eber aufziehen lassen. Er war so groß wie der größte der voll ausgewachsenen Stiere und so glänzend, daß jedes seiner Haare von Gold zu sein schien.

Die Eber, also die männlichen Hausschweine, glichen zu der damaligen Zeit noch weitgehend den Wildschweinen und nicht den heutigen Hausschweinen.
Dieser Eber des Königs Heidrek sah offenbar so aus wie Freyrs Gullinborsti – auch er war ein Sonnen-Eber.

Der König legte seine Hand auf den Kopf des Ebers und seine andere Hand auf dessen Borsten und schwor, daß jeder, wieviel Übles er ihm, dem König, auch angetan haben mochte, eine gerechte Gerichtsverhandlung von seinen zwölf weisen Männern erhalten werde und daß diese zwölf Männer den Eber pflegen müssen – oder daß der Angeklagte ihm, dem König, stattdessen Rätsel stellen muß, die er, der König, nicht lösen kann.
Und König Heidrek wurde sehr beliebt.

Neben der genauen Haltung bei dem Eber-Schwur wird man wohl auch davon ausgehen können, daß diese Gerechtigkeit, die König Heidrek allen Menschen verbindlich durch einen Schwur bot, auch eine Qualität des Freyr gewesen ist, da der Eber des Königs Heidrek wie Freyrs Gullinborsti beschrieben wird.
Das Rätselraten als eine Alternative zu der Gerichtsverhandlung vor den zwölf Weisen war eine weithin bekannte Vorliebe des Königs, der jeden zu einem Rätselwettstreit einlud, die er auch alle gewann – bis ihm schließlich Odin selber ein Rätsel stellte, das Heidrek nicht lösen konnte. König Heidrek („Licht-König") ist eine Saga-Variante des Tyr – der von Odin gewonnene Rätselwettstreit mit ihm stellt Odins Sieg über Tyr dar.
Auch hier findet sich wieder die enge Verbindung zwischen Tyr und Freyr.

120

Im Mittelalter gab es den weitverbreiteten Brauch, in den Jul-Nächten einen Tisch für die unsichtbaren Gäste, d.h. für die Ahnen und die Geister aufzustellen und auch sie zu bewirten. Diese Einladung an die Ahnengeister würde sich auch zwanglos in die bisher besprochenen Vorstellungen des Freyr einfügen, da in der Julnacht das Tor zum Jenseits offensteht und Freyr u.a. auch der Urahn ist.

10. c)   Zusammenfassung

König Heidrek („Licht-König") ist eine der vielen Saga-Varianten des ehemaligen Sonnengott-Göttervaters Tyr. Er besaß einen goldborstiger Eber, der so groß wie ein Stier war. König Heidrek legte eine Hand auf den Kopf dieses Ebers und eine auf seine Borsten und legte den Eid ab, daß jeder in seinem Reich, egal, was er auch getan hat, eine Gerichtsverhandlung erhalten sollte. Hier gehört der goldene Sonnen-Eber noch zu Tyr.

Die Eide auf den Sonnen-Eber mit leuchtenden, goldenen Borsten wurden in der Julnacht abgelegt, da in dieser kürzesten Nacht des Jahres die Sonne wiedergeboren wurde. Bei diesem Eid wurden die Ziele für das kommende Jahr festgelegt. So wie die Sonne im Laufe des Jahres an Stärke zunahm (längere Tage), so nahmen durch die magische Verbindung zwischen den Eiden und der Sonne auch die Taten, die der Verwirklichung dieser Eide dienten, an Kraft zu.

Dieser Ritual-Eber wurde „sonar-galtr", d.h. „Zaubergesang-Schwein" genannt.

Es hat den Anschein, als ob Freyr den goldenen Sonnen-Eber aus den Mythen des ehemaligen Sonnengott-Göttervaters Tyr übernommen hätte.

12. Freyr in den frühen Chroniken

In den beiden weitgehend historischen, aber teilweise auch mythologischen Geschichtsbüchern „Heimskringla" („Erdkreis") des Isländers Snorri Sturluson und „Gesta danorum" („Geschichte der Dänen") des Mönches Saxo grammaticus („Saxo der Schriftkundige") erscheint Freyr vor allem als der Ahnherr der schwedischen Könige, aber es sind auch einige andere Wesenszüge des Gottes in den frühen Sagas zu finden.

12. a) Über Fornjot und seine Verwandten

In dem folgenden Auszug aus einer Ahnenliste der Könige erscheinen auch die Götter in der um 1200 n.Chr. üblichen christlichen Deutung des Heidentums als Könige. Entsprechen wurde „Asgard" als „Asien" und spezieller als „Troja", d.h. als die „Türkei" interpretiert.
In dieser Liste erscheint Freyr gleich zweimal.

Der König wurde Buri genannt, der über die Türkei herrschte. Sein Sohn war Burr, der der Vater des Götterkönigs Odin war, der der Vater des Freyr war, der der Vater des Njörd gewesen ist, dem Vater des Freyr, dem Vater des Fjolni ...

12. b) Heimskringla

(Kapitel 23) Nachdem Alric und Eric in den Feldern tot und ohne Waffen aufgefunden wurden, vermutete man, da sie sich im Streit gegenseitig mit dem Zaumzeug ihrer Pferde erdrosselt haben mußten. Auf diesen merkwürdigen Tod beziehen sich die folgenden Verse:

„ Soll es von Freyrs tapferen Söhnen gesagt werden,
von den königlichen, von den edlen,
daß sie einen tödlichen Streit gekämpft hatten
– mit dem Zaumzeug ihrer Pferde? "

Über Freyr findet sich in diesen Versen nur der Hinweis, daß Freyr der Ahnherr von Alric und Eric gewesen ist. Evtl. gehen diese beiden auf die Alcis-Pferdesöhne des Tyr zurück.

12. c)   Heimskringla

Auch in diesem Kapitel (33) der Heimskringla wird über Freyr nur gesagt, daß er der Ahnherr der schwedischen Könige ist:

König Adils war bei einem Opferfest für die Disen und als er um die Halle der Disen herumritt, stolperte sein Pferd „Rabe" und der König wurde nach vorne auf seinen Kopf gegen einen Stein geschleudert, sodaß sein Schädel brach und sein Hirn herausstürzte.

Adils starb in Uppsala und wurde dort in einem Hügelgrab bestattet. Die Schweden nannten ihn einen großen König.

Thjodolf sprach so über ihn:

Ich habe sagen hören, daß Hexen-Dämonen
Adils Leben fortgenommen haben.
Der Sohn der Könige aus Freyrs edler Sippe,
der erste im Angriff, im Kampf, bei der Verfolgung,
fiel von seinem Pferd – sein klumpiges Hirn
liegt vermischt mit Schlamm auf der Ebene von Uppsala.
Solch ein Tod hat Oles Todfeind niedergestreckt:
die grimme Wyrd wollte es so.

12. d)   Heimskringla

(Kapitel 16) Das nächste Mal wird Freyr in der Heimskringla in dem bereits besprochenen „Rabenlied" erwähnt, in dem ein Kampf „Spiel des Freyr" genannt wird.

Wenn er seinen eigenen Willen durchsetzt, wird der entschlossene Fürst
seinen Jul-Met auf See trinken und das Spiel des Freyr spielen.
Selbst in seiner Jugend zeigte er keine Neigung zu
der Feuerstelle und zu einem Leben im Haus,
dem warmen Schlafgemach oder den Kissen,
die mit Daunen gestopft sind.

12. e)   Heimskringla

(Kapitel 43) In einem recht bissigen Lied über die Feinde des Königs Harald Haarschön sieht der Skalde Eyvind Skalden-Verderber nur den schwedischen König und
sein Volk als die „Männer des Yngvi-Freyr" an, aber nicht die aus dem baltischen
Pommern stammenden Wikinger aus Jomsborg, die vor dieser Schlacht von Christen
als Söldner angeheuert worden waren.

Es war bei Anbruch des Tages,
daß unser mutiger Jarl uns auf den Weg führte;
Seine Meeres-Rosse bäumten sich auf,
seine Kriegshörner erklangen laut!
Kein freudiges Geschrei erhob sich,
denn Yngvi-Freyrs elende Feinde,
diese christlichen Insel-Leute,
wünschen, daß sie wieder zu Hause wären.

12. f)   Gesta danorum

In der „Geschichte der Dänen" des Mönches Saxo des Schriftkundigen wird der
Gott Freyr einige Male erwähnt, auch wenn er nirgendwo die Hauptfigur einer Erzählung ist.

Es ist beachtenswert, daß er der „Herrscher der Götter" genannt wird, da es in der
Überlieferung mehre Hinweise darauf gibt, daß Freyr zumindestens in einigen Gegenden, bei einem Stamm oder für eine bestimmte Volksschicht der Hauptgott gewesen
ist.

Da Freyr zudem immer wieder mit Uppsala in Verbindung gebracht wird, hat es den
Anschein, als ob Freyr einst der Hauptgott von Uppsala gewesen sei und Thor und
Odin, die zur Zeit des Bischofs Adam von Bremen, also um ca. 1050 n.Chr. dort
ebenfalls verehrt worden sind, erst später hinzugekommen sind.

Die Vermutung liegt nahe, daß Uppsala ursprünglich das Heiligtum der Wanen
Njörd, Freyr und Freya sowie evtl. Nerthus gewesen ist.

Es ist zu bedenken, daß der folgende Text von einem dänischen Mönch geschrieben
wurde, der sich zwar um eine möglichst genaue Berichterstattung bemühte, aber
seinen Abscheu vor den Bräuchen und dem Glauben seiner Vorfahren nicht verbergen
konnte.

Freyr, der Herrscher der Götter, ließ sich nicht fern von Uppsala nieder, wo er den alten Brauch des Gebetes durch Opfer, der durch so viele Zeiten und Generationen hindurch üblich gewesen war, gegen abscheuliche und ungeheuerliche Sünden-Opfer austauschte, denn er brachte den Göttern schreckliche Opfergaben dar, indem er damit begann, menschliche Opfer abzuschlachten.

12. g)   Gesta danorum

Hier werden lediglich wieder Schwedenkönige als „Söhne des Freyr" bezeichnet. Der Verdacht, daß Freyr einmal der Hauptgott zumindestens von Uppsala gewesen ist und die Herleitung des Stammbaumes der Schwedenkönige von Freyr passen gut zusammen, da es allgemein üblich ist, daß die Könige den Göttervater, also den Hauptgott, als ihren Ahnherrn ansehen.

Dieser Zusammenhang wird auch ein wichtiges Element in den Krönungsritualen gewesen sein, die die Verbindung des angehenden Königs zu dem Göttervater-Ahnherrn herstellen sollten.

Als Bemon gestorben war, wurde Starkad wegen seiner Stärke von den Meisterkriegern von Permland gerufen. Und nachdem er bei ihnen viele erzählenswerte Taten vollbracht hatte, ging er in das Land der Schweden, wo er sieben Jahre in Ruhe zusammen mit den Söhnen des Freyr lebte.

Hier findet sich wieder eine Verbindung zwischen Tyr und Freyr, da der achtarmige Held/Riese Starkad eine Saga-Variante des Tyr ist.

12. h)   Gesta danorum

In dem folgenden Text wird Freyr ausdrücklich als der Ahnherr des Volkes bezeichnet. „Ring" ist der Name des Oberkommandierenden der Flotte des Königs Harald.

Die Tapfersten der Schweden waren folgende: Arwakki, Kropf-Karl, Krok der Bauer von Akr, Gudfast und Gummi von Gislamark – diese waren von der Sippe des Freyr und sie waren sehr treue Anhänger der Götter; des weiteren Yngve und Oly, Alver, Folki – alles Söhne des Alrik – sie alle begaben sich in den Dienst des Ring und waren Männer, die schnell mit der Hand waren und schnell im Rat und sie waren enge Freunde des Ring. Auch sie hielten den Gott Freyr für den Gründer ihrer Sippe.

12. i) Zusammenfassung

Die Schweden sahen sich als das Volk des Freyr an. Freyr war zudem der Urahn der Könige von Schweden – sie wurden „Söhne des Freyr" genannt.

Freyr erscheint in der Ahnenreihe der Könige gleich zweimal: „... Freyr – Niörd – Freyr – Fiölnir ...".

Freyr muß demnach einst der Göttervater der Schweden gewesen sein, da die Könige ihre Ahnenreihe stets auf den Götterkönig zurückführen Dies wird dadurch bestätigt, daß Freyr an einer Stelle „Herrscher der Götter" genannt wird. Auch diese Position bringt Freyr wieder mit dem ehemaligen Sonnengott-Göttervater Tyr in Verbindung.

Freyr wird in den Annalen der schwedischen Könige als Mann der Freya, der Skadi und der Gerdr geschildert. Diese drei Göttinnen werden daher wohl identisch miteinander sein. Skadi wird auch als die Tochter des Thiazi (Tyr) angesehen, was eine häufige Umdeutung der Wiedergeburts-Mutter eines Gottes ist.

Es hat geradezu den Anschein, als ob Tyr und Freyr einst fast identisch miteinander gewesen wären – nur ist der ehemalige Göttervater Tyr ein Sonnengott-Kriegsgott und der ehemalige Göttervater Freyr ein Fruchtbarkeitsgott-Erntegott. Ihre Verbindung zueinander kann also keine einfache Identität sein ...

13.   Freyrs Ring

In den Mythen und Sagen wird über einen König Frodi berichtet, in dessen Zeit Frieden und Wohlstand herrschte. Da dies Merkmale des Freyr sind und der König Frodi zudem ein Urenkel der Odin ist, kann man davon ausgehen, daß Frodi eine Sagen-Variante des Freyr ist. Auch die beiden Frodi-Mägde Menja und Fenja sprechen für diese Deutung, da diese beiden Freya (<u>Men</u>glöd) und Frigg (<u>Fen</u>salir) sind und Freya die Schwester des Freyr ist.

13. a)   Skaldskaparmal

Skiöld hieß ein Sohn Odins, von dem die Skiöldungen stammen. Er hatte Sitz und Herrschaft in den Landen, die nun Dänemark heißen; aber damals hießen sie Gotland.
Skiöld hatte einen Sohn Fridleif genannt, der nach ihm die Lande beherrschte. Fridleifs Sohn hieß Frodi, der nach seinem Vater das Königtum übernahm.

Hier findet sich der Stammbaum „Odin – Skiöld – Fridleif – Frodi/Freyr". Da Odin bei den Nordgermanen die Position des Tyr übernommen hat, ist Freyr hier nicht nur der Urenkel des Odin, sondern auch der Urenkel des Tyr.

Das war in der Zeit, da Kaiser Augustus in der ganzen Welt Frieden stiftete und Christus geboren ward, und weil Frodi der mächtigste aller Könige in den Nordlanden war, ward ihm dieser Friede in der dänischen Zunge beigelegt und die Nordmänner nannten ihn Frodis Frieden.
Niemand schädigte da den anderen, wenn er auch seines Vaters oder Bruders Mörder getroffen hätte, los oder gebunden.
Da war auch kein Dieb oder Räuber, so daß ein Goldring lange Zeit unberührt auf der Jalangersheide lag.

Der Name Jalangers-Heide setzt sich aus „jal" und „angr" zusammen. Während „angr" recht sicher der Anger, also die Wiese oder Weide ist, ist das Wort „jal" schwierig zu deuten. Es könnte eine Kurzform von „jalda" für „Stute" oder von „jalkr" für „Wallach" sein – in beiden Fällen wäre dann eine Pferdeweide gemeint. Da sich im Zusammenhang mit diesem Ring eine Zauberin in eine Stute verwandelt (siehe den nächsten Text aus der Gesta danorum), gäbe es immerhin einen direkten Zusammenhang.

Dieser Ring des Freyr erinnert an den Armreif, den alle Freyr-Statuetten an ihrem rechten Handgelenk tragen.

13. b) Gesta danorum

Nach den Triumphen in Britannien und dem Plündern der Iren zogen sie nach Dänemark zurück und es gab eine dreißigjährige Pause in der Kriegsführung. In dieser Zeit wurde der Name der Dänen in der ganzen Welt vor allem für deren außergewöhnliche Kraft berühmt.

Daher begehrte Frode, das Strahlen seines Reiches für immer zu verlängern und zu sichern. Als erstes machte er es sich zur Aufgabe, allen Diebstahl und alle Räuberei zu beenden, da er spürte, daß diese etwas Böses in der Heimat und eine innere Krankheit waren und daß dann, wenn alle Völker sie loswerden würden, sie ein friedlicheres Leben genießen könnten und kein böser Wille mehr die dauerhafte Ausdehnung des Friedens verletzen und behindern würde.

Er achtete ebenfalls darauf, daß das Land nicht von irgendeiner heimischen Plage verwüstet wurde, während die Feinde ruhten, und daß sich die innere Verkommenheit nicht vermehrte, während außen Frieden herrschte.

Zuletzt ordnete er an, daß in Jütland, dem Hauptbezirk seines Reiches, ein sehr schwerer goldener Armreif auf den Straßen zur Schau gestellt werden sollte (so wie er es zuvor in dem Bezirk Wik getan hatte), denn er wünschte durch diesen herrlichen Schatz die Ehrlichkeit zu prüfen, die er erschaffen hatte.

Nun, obwohl der Geist der Unehrlichen durch die Provokation, die dieser Schatz ihnen bereitete, verwirrt war, und die Seelen der Bösen durch ihn versucht wurden, obsiegte die Furcht vor der unzweifelhaften Gefahr. Denn so gewaltig war die Herrlichkeit des Frode, daß sie sogar Gold bewachte, das auf diese Weise der Plünderung ausgesetzt war, als ob es mit Schloß und Riegel behütet sei. Diese seltsame Anordnung brachte seinem Erfinder großen Ruhm.

Nachdem er überall hin Vernichtung gebracht hatte und fern und weit ruhmreiche Siege errungen hatte, hatte er sich entschlossen, allen Menschen ein ruhigeres Leben zu schenken, damit die Freude des Friedens den Schrecken des Krieges folgen sollte und das Ende der Schlachten der Beginn der Sicherheit werden würde. Er beschloß weiterhin, daß aus demselben Grund der Besitz aller Menschen durch einen schützenden Erlaß gesichert werden sollte, damit das, was vor einem äußeren Feind geschützt worden war, nicht einem inneren Plünderer zum Opfer fiel.

Dieser „Frodi-Friede", der hier aus einer mehr politischen Perspektive beschrieben wird, ist eine der grundlegenden Qualitäten des Gottes Freyr. Es beachtenswert, daß hier auch die einfachen Leute, d.h. vor allem die Bauern, sowie der Besitz durch Frode geschützt worden sind. Dies paßt gut zu dem „Bauern-Gott" Freyr.

Zu derselben Zeit kam der Erschaffer unserer allgemeinen Erlösung auf die Erde, um die Sterblichen zu erretten, und zog die Kleidung der Sterblichkeit an. Zu dieser Zeit wurden die Feuer des Krieges gelöscht und alle Länder erfreuten sich des ruhigsten und tiefsten Friedens. Einige haben gedacht, daß der Friede, der sich damals so weit, so gleichmäßig und so ununterbrochen über die ganze Welt ausbreitete, nicht so sehr der irdischen Herrschaft, sondern der göttlichen Geburt entsprungen war, und daß es eine himmlische Fügung gewesen ist, daß dieses außergewöhnliche Geschenk dieser Zeit ein Zeuge für die Anwesenheit von Ihm ist, der alle Zeiten erschaffen hat.

Saxo grammaticus deutet als christlicher Mönch den Frodi-Frieden als eine Auswirkung der Anwesenheit Christi auf Erden.

Dies ist allerdings wohl kaum so zu verstehen, daß Frodi vor 2000 Jahren gelebt hat – dies würde kaum mit den Ahnentafeln der Schwedenkönige vereinbar sein.

Inzwischen kam eine gewisse alte Frau, die in der Zauberkunst erfahren war und die mehr in ihre Künste vertraute als daß sie die Strenge des Königs fürchtete und stachelte die Begierde ihres Sohnes nach dem Schatz an. Sie versicherte ihm Straflosigkeit, da der König fast schon an dem Tor des Todes stand, sein Leib schwach und die Überreste seines altersschwachen Geistes kraftlos waren.

Er stellte dem Rat seiner Mutter die Größe der Gefahr gegenüber, aber sie gebot ihm, Hoffnung zu fassen und erklärte, daß entweder eine Seekuh ein Kalb haben sollte oder daß die Rache des Königs durch irgendeine andere Fügung vereitelt werden solle. Durch diese Rede vertrieb sie die Ängste ihres Sohnes und ließ ihn ihr gehorsam sein.

Als die Tat getan war, wurde Frode, von dem Angriff getroffen, von der größten Hitze und Wut erfüllt und ließ das Haus der alten Frau niederreißen und sandte Männer aus, um sie gefangen zu nehmen und sie mit ihren Kindern herbeizubringen.

Dies hatte die Frau vorhergesehen und täuschte ihre Feinde mit einer List, indem sie von der Gestalt einer Frau zu der einer Stute wechselte.

Als Frode herbeikam, nahm sie die Gestalt einer Seekuh an, die an der Küste umherzurobben und zu grasen schien. Und sie ließ ihre Söhne wie Kälber von geringerer Größe aussehen. Dieses Omen erstaunte den König und er befahl, daß sie umringt und von ihrem Rückweg ins Wasser abgeschnitten würden. Dann verließ er den Karren, den er wegen der Schwäche seines alten Körpers benutzte und setzte sich verwundert auf den Erdboden.

Aber die Mutter, die die Gestalt des größeren Tieres angenommen hatte, griff den

König mit ausgestreckten Hauern an und durchstach eine seiner Seiten. Diese Wunde tötet ihn und sein Ende war einer Majestät wie der seinen unwürdig.

Seine Krieger, die nach Rache für seinen Tod dürsteten, warfen ihre Speere und durchstachen die Ungeheuer. Als sie getötet worden waren, sahen sie, daß es Leichen von menschlichen Wesen mit den Köpfen von wilden Tieren waren: ein Umstand, der die List mehr als alles andere offenbarte.

Dieser seltsame Tod erinnert an das Meeresungeheuer, daß Frodes Vater Hadding getötet hatte, ohne zu wissen, daß es eine Gottheit war. Hier zeigt sich, daß dieses Ungeheuer wohl eine Göttin gewesen ist – vermutlich die Jenseitsgöttin Hel/Freya, die im Beowulf-Epos als die auf dem Grunde eines Sees lebende Mutter des Trolls Grendel erscheint, der hier dem Sohn der Zauberin entspricht. Der Sohn wird in der ursprünglichen Mythe der im Jenseits wiedergeborene Tote gewesen sein.

Die Tierköpfe der Zauberin und ihrer Söhne werden der Kopf des bei den Jenseitsreisen geopferten Herdentieres sein, der an dem Fell belassen wurde, in das man den Jenseitsreisenden einhüllte. Dieser Kopf, der den, der ihn trug, in ein Tier verwandelte, erscheint in der Nibelungensage als der Ögis-Helm („Schreckenshelm"), durch den sich der Zwerg Fafnir in einen Drachen verwandelte. Diese Tierköpfe sind ein Teil des Felles, das beim Utiseta benutzt wurde.

Die Jenseitsgöttin, die den Toten ihre Wiedergeburt schenkt, ist hier wie so oft zu der Verursacherin des Todes geworden – und das Utiseta-Fell, das dem Toten die Zeugungskraft der Herdentiere für seine Wiederzeugung verlieh, wurde zu einem magischen Hilfsmittel der bösen Zauberin.

So endete Frode, der berühmteste König der Welt.

Diese Bezeichnung des Freyr entspricht dem Freyr-Beinamen „Gott der Welt".

- - -

In diesen beiden Schilderungen wird über Frodi und seinen Ring eine Menge gesagt, das zunächst recht merkwürdig klingt:

    - Frodi ist eine Sagen-Variante des Freyr. Er ist der Urenkel des Odin. Frodi ist der König des Friedens – sowie Freyr der Gott des Friedens, der guten Ernten und des Wohlstandes ist.

    - Frodi stellt einen Goldring öffentlich aus, um den Frieden, d.h. den allgemeinen Verzicht auf Diebstahl zu prüfen.
    - Der Goldring liegt auf der Jalangers-Heide, deren Name vermutlich

„Pferdeweiden-Heide" bedeutet.

- Frodi (Freyr) kauft von König Fiölnir von Schweden (Odin) die beiden Mägde Menja (Freya) und Fenja (Frigg).
- Die beiden Mägde mahlen auf einer magischen Mühle, mit der man alle Dinge mahlen, d.h. herbeizaubern kann, Salz und ein Heer. Diese Mühle entspricht der Sampo-Mühle aus dem finnischen Kalevala.
- Die Mühle wird von dem Heer geraubt, das Fenja und Menja „gemahlen" haben. Dieses Heer tötet auch den Frodi.
- Mysing, der Anführer des Heeres, verlangt von Fenja und Menja, daß sie Salz mahlen, woraufhin das Schiff des Mysing aufgrund der großen Salzlast untergeht.

- Eine Zauberin stachelt ihren Sohn an, den Ring zu stehlen. Frodi will sich an der Frau rächen, doch diese nimmt erst die Gestalt einer Stute und dann die einer Seekuh an. Ihre Söhne verwandelt sie in kleine Seekühe. Die Zauberin tötet den König, der sich ihr neugierig naht. Als die Krieger die Seekühe töten, verwandeln sich diese in Menschen mit Tierköpfen.

Die Stuten/Seekuh-Zauberin und Menja/Fenja scheinen identisch zu sein, da beide den Tod des Frodi-Freyr verursachen.

Das Stehlen des Ringes durch die Zauberin könnte eine Umdeutung der Zauberin (Frigg/Freya) als Besitzerin des Ringes sein – der Ring wäre dann Freyas Brisingamen.

Freya/Frigg bzw. die Zauberin ist hier die Jenseitsgöttin, die jedoch schon zur Todbringerin umgedeutet worden ist. Auch der Ring ist indirekt zur Todesursache des Frodi-Freyr geworden. Derartige Umdeutungen von Dingen, die ursprünglich eine Hilfe im Jenseits gewesen sind, zu der Ursache des Todes finden sich in der Entwicklung von Mythen recht häufig.

Die magische Mühle scheint von der Stellung in der Geschichte her dem Ring zu entsprechen – beide sind der „besondere Gegenstand". Der Ring gibt zwar nicht in dieser Mythe, aber ansonsten die Wiedergeburt und die Mühle kann „alles" herstellen. Die Art der Magie ist bei beiden gleich groß. Außerdem gehört der Wiedergeburts-Ring eng zu der Jenseitsgöttin und auch die Mühle wird von Frigg und Freya benutzt – und die finnische Sampo-Mühle ist im Besitz der finnischen Jenseitsgöttin Louhi.

Die „Pferdeweide-Heide" könnte der Ort sein, an dem sich das Hügelgrab befindet, da dieses Gelände außerhalb der Ortschaften des öfteren „Heide" genannt wird und sich sich der Tote bei seiner Wiederzeugung in einen Hengst verwandelt („Pferdeweide") und die Jenseitsgöttin in eine Stute (Zauberin in Stuten-Gestalt).

Der Frodi-Friede könnte in diesem Zusammenhang ursprünglich die Lebenszeit des

Tyr, d.h. evtl. der Sommer gewesen sein.

Es hat also den Anschein, als ob die Symbolik des Sonnen-Wiedergeburts-Ringes des Tyr auch auf Freyr übertragen worden wäre.

13. c) Landnahme-Buch

Auf dem Altar eines jeden Haupttempels sollte ein Ring liegen, der zwei Unzen oder mehr wog, und diesen Ring sollte jeder Anführer oder Gode bei jedem öffentlichen Log-Thing, dessen Vorsitz er hat, an seinem Arm tragen, nachdem er ihn in dem Blut eines Rindes gerötet hat, das er selber dort geopfert hat.

Dieser Ring müßte seinem Gewicht zufolge einen Durchmesser von ca. 1,4cm gehabt haben.

Der Priester dürfte es also durchaus gespürt haben, wenn er diesen Ring an seinem Arm trug – bei einem Gewicht von 600-900 g.

Ein jeder, der dort etwas zu verhandeln hatte, mußte dem Thing-Gesetz zufolge zunächst einen Eid auf diesen Ring schwören und für diesen Zweck zwei oder mehr Zeugen bestimmen.

Dann mußte er sagen: „Ich schwöre auf diesen Ring einen Gesetzes-Eid. Mögen mir Freyr und Niörd und der allmächtige Ase helfen, damit ich bei diesem Thing entsprechend dem, was ich als als das richtigste und wahrste und dem Gesetz am meisten entsprechende kenne, anklage oder verteidige oder eine Zeugenaussage mache oder ein Urteil fälle, und daß ich mit allen rechtlichen Dingen so umgehen werde wie ich es hier auf diesem Thing tue."

Wer der „allmächtige Ase" ist, ist naturgemäß ein heftig umstrittenes Thema. Es käme sowohl der christliche Gott Vater als auch Odin in Frage.

Vermutlich ist es jedoch ursprünglich der einstige Göttervater Tyr gewesen, der auch „Allherrscher" („Öwaldi, Iwaldi") genannt worden ist, was dem „allmächtigen Asen" sehr nahe kommt. Nach 500 n.Chr. wird jedoch Odin statt Tyr als dieser „allmächtige Ase" aufgefaßt worden sein.

Das ergäbe die Formel „Freyr und Niörd und Tyr", was erneut die enge Verbindung zwischen Freyr und Tyr bestätigt.

13. d)   Zusammenfassung

Freyr trägt einen Armreif („Ring") an seinem rechten Handgelenk.

In Island legte man Eide ab, indem man auf den Altarring bei „Freyr und Niörd und dem allmächtigen Asen (Tyr)" schwor.

König Frode (Freyr) ließ zuerst in Wik und dann auf der Jalanger-Heide („Pferde-weide") einen Goldring legen, um die Ehrlichkeit der Menschen zu prüfen. Da zum einen „Heide" eine häufige Umschreibung für „Ort mit den Hügelgräbern" ist und zum anderen sich die Zauberin-Göttin Freyr in dieser Saga in eine Stute verwandelt, könnte die Jalanger-Heide das Jenseits bzw. ein Hügelgrab sein.

Der „Jalanger" („Pferdeweide") wäre dann eine Parallelbildung zu dem „Hindar-fjall" („Hindinhügel") in der Sigurd-Sage. In dem einen Fall wohnt Freya als Stute auf der Jalanger-Heide und im anderen Fall als die Walküre Brünhild in dem Hindin-Hügel (Hindin = Hirschkuh).

Freya tötet in der Gestalt einer Seekuh den Frodi. Das wird eine Umdeutung der Wiederzeugungs-Geliebten und Wiedergeburts-Mutter Freya zu der den Tod verursachenden Jenseitsgöttin Hel sein.

Die Schwester-Frau Freya des Freyr ist die Besitzerin des goldenen Halsreifs Brisingamen, der in der Frode-Mythe als dessen Ring erscheint. Da dieser Ring ein Sonnensymbol und Wiedergeburts-Symbol ist, gehört er auch dem ehemaligen Sonnengott-Göttervater Tyr sowie dem Baldur, der die frühere Sonnensymbolik des Tyr übernommen hat.

Der enge Zusammenhang zwischen Freyr und Tyr ist auch hier wieder sehr deut-lich.

14. Yngvi

Freyr wurde auch mit dem Namen „Yngvi" angesprochen, wobei meistens die Formulierung „Yngvi Freyr" benutzt wurde. „Yngvi" ist an den Stellen, an denen er auftritt, keine eigenständiger Gott, sondern mit Freyr identisch.

14. a) Der Name „Yngvi"

Der Name „Yngvi" ist mit dem Germanen-Stamm der Ingväonen verwandt. „Yngvi" könnte aus altgermanisch „ingwia-fraujaz" entstanden sein, was die drei Bedeutungen „Freyr der Ingväonen", „Herr der Ingväonen" und „von den Ingväonen verehrter Freyr" hat – was letztlich alles dasselbe ist.

Die Ingväonen werden in der Zeit von ca. 50-100 n.Chr. von den beiden römischen Geschichtsschreibern Tacitus und Plinius dem Älteren beschrieben. Die Ingväonen wohnten an der Nordseeküste und sind wahrscheinlich die Vorfahren der Angeln, der Sachsen, der Friesen, der Jüten, der Kimbern, der Teutonen, der Chauken und der Warnen. Tacitus zufolge ist Ingwaz einer der drei Söhne des Mannus gewesen.

Der altnordische Name „Ingvi" selber lautete im Altgermanischen vermutlich „Inguz". Im Altnordischen gibt es für den Namen „Ynvi-Freyr" die beiden Varianten „Ingvifreyr" und „Ingunafreyr". Im Altenglischen lautet dieser Name „Frea Inguina". Die Schreibweise mit einem „Y" am Anfang des Wortes statt mit einem „I" findet sich vor allem in den altnordischen Texten.

Es besteht zwar von den Buchstaben des Wortes her eine Übereinstimmung von „Yngvi" mit dem Wort „ynglingr" („Jüngling, Jugend"), aber ob der Gott „Yngvi" tatsächlich „der Jüngling" ist, bleibt aufgrund weiterer Hinweise doch zumindestens fraglich.

Das Wort „Yng" bzw. „Ing" läßt sich leider auch nicht im Altgermanischen wiederfinden.

Somit könnte „Yngvi" evtl. „der „Jüngling" sein oder im Zusammenhang mit der Ackerbau-Symbolik des Freyr auch „der Wiedergeborene (und deshalb Junge)", aber dies ist nur eine vorläufige Hypothese.

Der altnordische Namensbestandteil „-ing" bedeutet „Sohn von", „Nachkomme von" oder auch einfach „gehört zu". Dieser Endung findet sich z.B. in „Ynglinge" für „Nachkommen des Yng". Diese Endung entspricht dem schottisch-irischen „Mac" und der deutschen Endung „-ungen" wie in „Nibelungen" oder „-ling" wie in „Halbling" („Hobbit").

Diese Endungen sprechen dafür, daß das Wort „ing/yng" schon sehr lange die Bedeutung „Sohn" hat, da sich dieses Substantiv bereits zu einer Endung weiterentwickeln konnte. Sie bestätigt somit die Deutung des Namens „Yngwaz" als „Jüngling".

Als einer von drei Söhne eines Urgottes erinnert Yngvi sehr an die drei Söhne des Tyr, der unter seinen drei Söhne als er selber, d.h. als der wiedergeborene Tyr erscheint. Ein Beispiel dafür sind Thiazi (der junge Tyr), Idi und Gangr, die die drei Söhne des Iwaldi (der alte Tyr) sind.

Yngvi-Freyr könnte also der junge, wiedergeborene Tyr sein – was Freyrs viele Verbindungen mit Tyr erklären würde. Dieser gemeinsame Ursprung müßte aber schon weit zurückliegen, da Tyr ein Kriegsgott-Göttervater und Freyr ein Fruchtbarkeits-Göttervater ist.

14. b) Plinius

Der römische Gelehrte Plinus berichtet um ca. 50 n.Chr. an zwei Stellen über den Stamm der Ingväonen:

Beginnen wir nun mit der besser bekannten Kunde vom Stamm der Ingvaeonen, der der bedeutendste in Germanien ist.

... ...

Der Germanen Stämme sind fünf: die Vandiler, zu denen Burgodionen, Varinner, Chariner und Gutonen gehören. Anderer Art sind die Ingvaeonen, zu denen die Stämme der Kimbern, Teutonen und Chauken gehören.

14. c) Tacitus

Die Textstelle in der „Germania", in dem Tacitus um ca. 100 n.Chr. über die Ingväonen berichtet, lautet:

„In ihren alten Liedern, die bei ihnen die einzige Form von Aufzeichnung und Geschichtsschreibung sind, feiern sie den Tuisto, einen Gott, der aus der Erde entsprungen ist, und dessen Sohn Mannus, als die Väter und Gründer des Volkes.

Dem Mannus schreiben sie drei Söhne zu, nach denen die ganzen Stämme benannt wurden: die Ingväonen, die am Meer wohnen, die Hermionen, die im mittleren Land wohnen, und die der ganze Rest, die Istväonen. "

Der Name „Tuisto" des ersten Gottes bedeutet wie der Name des Urriesen Ymir

„Zweifacher, Zwilling" – daher werden beide wohl identisch sein.

Der Name „Mannus" bedeutet „Mensch" und könnte dem Riesen Aurgelmir, dem Sohn des Ymir, entsprechen. Die drei Riesen Aurgelmir, Bergelmir und Thrudgelmir könnten wieder die drei Söhne des Tyr sein – zumal ihre Namen mit dem ehemaligen Göttervater Tyr in Zusammenhang stehen (siehe diese drei Riesen Band 5). Außerdem ist Tyr als der rangmäßig erste Riese oft mit Ymir als dem altersmäßig ersten Riesen gleichgesetzt worden.

Die Namen der drei Söhne des Mannus könnten in etwa „Ingwaz", „Hermaz" und „Istwaz" gelautet haben. Diese drei Götter sind vermutlich eine Varainte der Götterdreiheit der Indogermanen, die die drei Stände (Krieger, Priester, Bauern) darstellen.

„Ingwaz" könnte evtl. der „Jüngling" sein, „Hermaz" könnte mit dem griechischen Seelenführer „Hermes" und somit mit dem germanischen Seelenführer Odin verwandt sein, während die Bedeutung von „Istwaz" unklar ist.

Falls die Deutung von „Hermaz" als Seelenführer und somit als Priester zutreffen sollte, müßten „Ingwaz" und „Istwaz" der Krieger und der Bauer sein. Aufgrund des Charakters des „Yngvi-Freyr" sollte „Ingwaz" der Bauer und „Istwaz" der Krieger sein.

Diese Deutung ist zwar gut denkbar, aber aufgrund der sehr spärlichen Überlieferung doch sehr unsicher.

Das Motiv „Vater mit drei Söhnen", das vor allem mit Tyr verbunden ist, ist jedoch sehr deutlich. Offenbar ist Ynvi-Freyr auch schon zu Tacitus' Zeiten um 100 n.Chr. eng mit Tyr verbunden gewesen.

14. d) Der Ring von Pietroassa

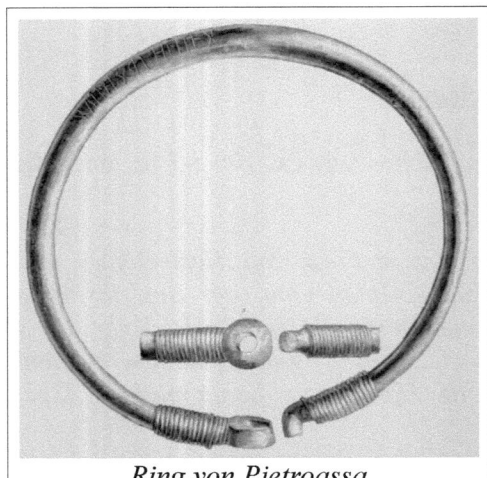

Ring von Pietroassa

In einem Hügelgrab in Pietroassa in Rumänien ist ein Halsring („Torque") mit einer Runen-Inschrift gefunden worden, der zwischen 250 n.Chr. und 400 n.Chr. hergestellt worden ist.

Die Inschrift lautet *„gutani i(ng)wi(n) hailag"*, was wahrscheinlich „für Ingwi von den Goten – heilig" bedeutet.

Wenn diese Deutung der Runen, die nicht unumstritten ist, zutreffen sollte, wäre Ing (der spätere Yngvi) sowohl um 100 n.Chr. durch Tacitus als auch durch diesen Fund um da. 330 n.Chr. nachgewiesen.

Interessant dabei ist auch, daß an den Namen „ing" die Silbe „wi" für „heilig" angeschlossen worden ist, da sich diese Namensform auch später in „Yng-vi" findet. Sie ist von den Wikingern offenbar noch immer als ein zusammengesetztes Substantiv aufgefaßt worden, da sie die schwedischen Könige sonst nicht „Yng-linge", sondern „Yngvi-linge" genannt hätten.

Die Heiligkeit des Gottes „Ing" ist offensichtlich ein besonderes Merkmal gewesen – was zunächst einmal verwundert, da natürlich alle Gottheiten „heilig" sind, weil dies letztlich ihr Wesen ausmacht. Da Tacitus jedoch berichtet, daß Ing der Stammvater der Ingväonen gewesen ist, ergibt es durchaus einen Sinn, ihm das Suffix „wi" anzuhängen, da Ing ja zunächst einmal ein Mensch gewesen ist. Man könnte Ing somit als eine Art „Heiligen" ansehen, der schließlich zu einer Gottheit geworden ist: zu dem Wanen Yngvi-Freyr, der noch immer deutlich Züge eines Urahnen trägt.

Das Wort „hailag" („heilig, geweiht") in der Inschrift zeigt, daß man von dem Gott „Heil", also einen Segen erwartet hat.

Ganz wörtlich und ausführlich übersetzt, würde die Inschrift wie folgt lauten: „Möge der heilige Ing der Goten Heil geben!"

14. e) Haustlöng

Der zeitlich nächste Nachweis des Gottes Ing/Yngvi stammt aus dem Loblied „Haustlöng", das um ca. 930 n.Chr. von dem Skalden Thjodolfr von Hvinir verfaßt worden ist. In ihm wird Freyr „Yngvi-Freyr" genannt.

Alle Sippen des Yngvi-Freyr,
nun alt und grau,
versammelten sich zum Thing:
die Regin waren häßlich anzusehen, ...

Die „*Sippen des Yngvi-Freyr*" und auch die „*Regin*" („Herrscher") sind die Asen. Freyr muß damals eine wichtige Rolle gespielt haben und so etwas wie ein Göttervater, ein Götter-Urbild oder ein allgemeiner Urahn gewesen sein, denn sonst hätte Thjodolfr die Asen nicht mit einer solcher Kenning bezeichnen können.

14. f) Lokasenna

In den Zankreden des Loki bei dem Met-Fest in der Halle des Meeres-Riesen Ägir findet sich die Namensvariante „Igunar Freyr":

Loki:
„ Wär ich so edeln Stammes wie Ingunar Freyr,
Und hätte ich so erhab'nen Sitz,
Morscher als Mark malmt ich Dich, freche Krähe,
Und lähmte Dir alle Gelenke. "

Der Name „Ing/Yngvi" ist somit um 100 n.Chr. (Tacitus), um ca. 330 n.Chr. (Ring), um 930 n.Chr. (Haustlöng) und dann wieder um 1220 n.Chr. (Lokasenna) nachgewiesen – was kontinuierlicher ist als bei den meisten anderen germanischen Gottheiten.

14. g) Ynglingatal

Lokis Tochter hat nun
den mächtigen Herrscher von Yngvis Volk als Geliebten.

Lokis Tochter = Hel
Yngvis Volk = Schweden; Yngvi muß der Göttervater gewesen sein
 Geliebter = das altnordische Substantiv hat die Doppelbedeutung von „Spielzeug" und „Liebhaber" (Anspielung auf die Wiederzeugung)

14. h) Haleygjatal

Dort vollbrachte
die Verletzungs-Arbeit
Yngvi-Freyr
bei Tagesanbruch.

Verletzungs-Arbeit = Kampf
Dies ist eine der wenigen Textstellen, in der Yngvi-Freyr kriegerisch erscheint.

14. i)   Der Zwerg Yngvi

Yngvi ist der Urahn des Germanenstammes der Ingväonen. Als Urahn ist er auch ein Zwerg gewesen.

Die drei Strophen in „Die Vision der Seherin", in der Yngvi genannt wird, lauten:

Zeit ist's, die Zwerge von Dwalins Zunft
Den Leuten zu leiten bis Lofar hinauf,
Die aus Gestein und Klüften strebten
Von Aurwangs Tiefen zum Erdenfeld.

Da war Draupnir und Dolgtrasir,
Har, Haugspori, Hläwang, Gloi,
Skirwir, Wirwir, Skafid, Ai,
*Alf und **Yngwi**, Eikinskjaldi.*

Fialar und Frosti, Finnar und Ginnar,
Heri, Höggstari, Hliodolf, Moin.
So lange Menschen leben auf Erden,
Wird zu Lofar hinauf ihr Geschlecht geleitet.

14. j)   mit „Yngvi" gebildete Personennamen

Ca. ein Drittel aller „Yngvi-Namen", also 16 Personennamen haben den Kult des Yngvi zum Thema, was für Personennamen eine auffällig hohe Zahl ist. Der Kult des Yngvi muß also weit verbreitet gewesen sein und man kann zumindestens vermuten, daß er auch privat verehrt wurde, da dies am ehesten diesen großen Anteil von Personennamen mit einem Kult-Thema erklären würde.

Da die Wanen den Alfen zu entsprechen scheinen und diese die Ahnen im Muspelheim-Himmel des früheren Göttervaters Tyr sind, könnte der hohe Anteil von auf den Kult bezogenen Namen bei Freyr und Yngvi durch einen Ahnenkult erklärt werden, dessen Reste in den Beschwörungen der toten Seherinnen durch Odin, die Reisen der Asen ins Jenseits, die Erscheinungen von Totengeistern in den Sagas, dem Utiseta u.ä. noch sichtbar sind.

mit „Yngvi" gebildete Personennamen		
Thema: Kult		
Männername	**Frauenname**	**Bedeutung**
Ingar, Ingard, Ingert, Ingarth, Ingegerd, Inggard, Ingjar, Ingjard	Ingar, Ingard, Ingarta, Ingegard, Ingegerda, Inger, Ingegjerd, Ingerda, Ingegjerda, Ingert, Ingegärd, Ingegärdh, Ingella, Ingerine, Ingert, Ingerta, Ingerte, Ingerth, Ingertha, Inggerd, Inggärd, Ingigerd, Ingigerdr, Ingigerdur, Ingigerth, Ingigärdh, Ingigärdr, Ingir, Ingiärd, Ingjerd, Ingiel	geschützer Bereich des Yngvi = Yngvi-Tempel
Ingevi, Ingvi	Ingvi, Ingvine	Priester(-in) des Yngvi
	Ingedis, Ingdis	Priesterin des Yngvi
	Yngvor, Yngvör, Ingiara, Ingiwara, Ingvara	dem Yngvi Geweihte (Priesterin)
	Ingelaug, Ingelög, Ingelögh, Ingilaug, Ingileyg, Inglaug	
	Ingerun, Ingirun, Ingrun	Geheimnis/Magie des Yngvi
Ingalvur		Yngvi-Alf (Alf = Ahn; Yngvi = Urahn)
Ingbart		Bart des Yngvi (wie auf den Statuetten)
Ingmar, Ingemor, Ingimar, Ingimarr, Ingomar, Inguiomerus,		Ruhm des Yngvi, berühmter Yngvi
	Ingey, Ingiöy	Insel des Yngvi
Ingnor	Ingnora	Yngvi des Nordens (Niflheim-Jenseits?)
	Ingun, Ingund, Ingunn, Ingunnr	Woge des Yngvi
Ingikarr		Bogen/Welle des Yngvi

	Ingemor, Ingmor	Mutter des Yngvi (Nerthus)
	Ingelil, Ingelill, Ingerlill	kleiner Yngvi
	Ingny	der neue (wiedergeborene) Yngvi

Der Tempel des Yngvi-Freyr ist der geschützte Bereich. Dort bringen die Priester und Priesterinnen dem Yngvi Opfer dar und dort finden die Ratsuchenden auch die Göttin Freya. Im Tempel und beim Jul-Fest werden auch Yngvi/Freyr-Eide abgelegt. Dies ist auch der Ort, an dem den Kontakt zu seinen Ahnen (Alfen) finden konnte, da Yngvi-Freyr der Urahn war. Die Priester und Priesterinnen halfen den Ratsuchenden mithilfe ihrer Magie und der Hilfe des Yngvi.

Der weithin bekannte Yngvi war als Urahn auch eng mit der „Insel in den Wogen", also dem Wasserjenseits, sowie mit dem Jenseits im Norden bei dem Weltenbaum (Niflheim), verbunden.

Der Bart des Yngvi ist evtl. ein Hinweis auf seine Wiederzeugung, da er Ingvi-Freyr in seinen Darstellungen als Statuette mit erigiertem Penis stets seinen Bart streicht. Seine Mutter (Nerthus?) wird die Jenseitsgöttin sein, die ihn als neuen, jungen, kleinen Gott wiedergebiert.

Die beiden Namen, die sich auf den wiedergeborenen Yngvi beziehen könnten (neuer Yngvi, kleiner Yngvi), sind Frauennamen und beziehen sich daher wohl auf die Mutter des Yngvi (Nerthus?).

Mit diesen „Kult-Namen" des Yngvi sind eng die 3 „Sonnen-Namen" verbunden, die mit dem Namen „Yngvi" gebildet worden sind:

mit „Yngvi" gebildete Personennamen		
Thema: Sonne		
Männername	**Frauenname**	**Bedeutung**
	Ingisol	Yngvi-Sonne
	Ingheidur	Licht des Yngvi
Ingbert, Ingiberg, Ingibergur, Ingibert	*Ingberta, Ingbertine, Ingibjört, Ingibjartur, Ingibjört*	Licht des Yngvi

Yngvi ist die Sonne oder wie die Sonne, die das Urbild des Todes und der der Wiedergeburt ist. Das Strahlen und das Licht des „Sonnen-Yngvi" hat eine Entsprechung in dem goldenen Leuchten des Ebers Gullinborsti des Freyr.

Die Auffassung des Yngvi-Freyr als Alf, als Urahn und als Gründer der Yngling-Dynastie zeigt sich in den 3 beliebten Personennamen „König Yngvi", „Sohn/Tochter des Yngvi" und „Graf des Yngvi".

mit „Yngvi" gebildete Personennamen		
Thema: Urahn		
Männername	**Frauenname**	**Bedeutung**
Ingevald, Ingevall, Ingiald, Ingivaldur, Ingialdr, Ingivaldr, Ingiäl, Ingiäld, Ingjald, Ingjaldur, Ingvald, Ingwald, Ingvaldur, Ingjaldr	*Ingvalda*	Macht/Herrschaft des Yngvi; etwas freier übersetzt: „König Yngvi"
Ingeleif, Ingileifur, Ingileiv, Ingileivur, Ingleif, Ingleiv	*Ingelef, Ingileiv, Ingelöf, Ingelöv, Ingilef, Ingileif, Ingiläif, Ingleiv*	Sohn/Tochter/Nachkomme des Yngvi
Ingjarl		Graf des Yngvi

Yngvi war der Urahn im Jenseits, von dem die schwedischen Könige und vermutlich auch allgemein die Schweden abstammen.

Zehn der „Yngvi-Namen" beziehen sich auf Hilfe und Schutz, was gut zu dem bisher beschriebenen Charakter des Freyr paßt:

mit „Yngvi" gebildete Personennamen		
Thema: Schutz und Hilfe		
Männername	*Frauenname*	*Bedeutung*
Yngvar, Yngvi, Ingvar, Yngva, Ingvin	*Yngva*	„Freund(-in) des Yngvi" oder „heiliger Yng"
Yngvard, Ingvard, Ingvardt, Ingvart, Ingvert	*Ingvarda, Ingvardine*	Wächter(-in) des Yngvi, der bewachende Yngvi
Ingberg	*Ingebjörg, Ingebor, Ingeborg, Ingeborre, Ingeburg, Ingbor, Ingbranna, Ingeberg, Ingiberg, Ingibjorg, Ingibjörg, Ingibjorg, Ingiborg, Ingiborgh, Ingiburgh*	Hilfe des Yngvi
Ingfred, Ingfrid	*Ingefred, Ingefrid, Ingefridh*	Friede des Yngvi
	Ingelin, Ingelina, Ingeline, Ingerline, Ingilin	Schutz des Yngvi
	Ingeliv	Schild/Schutz des Yngvi
Ingeman, Ingemann, Ingemund, Ingimund, Ingimundr, Ingmund, Ingimundur	*Ingimunda*	Hand/Schutz des Yngvi
Ingfred	*Ingerid, Ingfred, Ingfrid, Ingra, Ingfrida, Ingfryd, Ingifridh, Ingifridr, Ingifridur, Ingifrith, Ingirid, Ingirida, Ingiridr, Ingiridur, Ingirith, Ingred, Ingri, Ingrid, Ingridh, Ingridr*	Liebe/Frieden des Yngvi
Ingevast, Ingifast, Ingifastr	*Ingifast*	Festigkeit/Halt des Yngvi
Inghard, Inghard, Ingohart		Standfestigkeit/Halt des Yngvi

Yngvi ist der Freund der Menschen, der sie liebt und ihnen Frieden bringt und sie durch seine Standfestigkeit mit seiner Hand und seinem Schild bewacht und beschützt und ihnen Halt gibt.

Yngvi war auch ein starker Gott, wie 5 verschiedene Personennamen zeigen, von denen einer jedoch erst später durch die Kombination mit dem keltischen Wort „brigh" für „Stärke" gebildet worden ist.

mit „Yngvi" gebildete Personennamen		
Thema: Stärke		
Männername	*Frauenname*	*Bedeutung*
	Yngveig, Ingiveig, Ingvei, Ingveig	Kraft des Yngvi
Ingert		Stärke des Yngvi
	Ingemo, Ingemodh, Ingimodh, Ingimoth, Ingimod	Mut/Verlangen des Yngvi
Yngvid, Ingvid		„Baum des Yngvi" = „Mann des Yngvi"
	Ingabritt, Ingabrita, Ingabritt, Ingabritta, Ingbrit, Ingbrith, Ingbritt, Ingbritte	(keltisch: brigh) Stärke des Yngvi
Yngvi war ein starker Gott.		

Mit dem Namen „Yngvi" wurden auch drei kämpferische Namen gebildet. Angesichts des ansonsten friedlichen Charakters des Yngvi-Freyr kann man zumindestens vermuten, daß es sich bei der kämpferischen Seite dieses Gottes um ein Verteidigen gegen Angreifer oder um eine späte Namensbildung handelt.

mit „Yngvi" gebildete Personennamen		
Thema: Kampf		
Männername	*Frauenname*	*Bedeutung*
	Ynghildr, Yngvil, Yngvild, Ynhvildr, Yngvildur, Yngvill, Yngveldur, Inghild, Ingild, Inguhilt, Ingveldur, Ingvil, Ingvild, Ingvill	Kampf des Yngvi
	Inggun, Ingigunnur, Ingigun, Ingigunnr	
Inger, Ingor, Ingver, Inguar, Ingvar, Ingwar, Ingvarr, Ingwer, Ingvor, Ingvord	*Ingvor, Ingvör*	Heer des Yngvi

 Yngvi war auch ein Gott, der sein Land und dessen Bewohner wie ein guter König im Kampf gegen Feinde verteidigte.

Es ist auffällig, daß sich unter den „Yngvi-Namen" so viele Motiv des Odin finden. Man könnte fast vermuten, daß Freyr auch eine Jenseitsreiseführer-Funktion gehabt hat – was bei einem Urahn, der schließlich auch das Urbild für die erfolgreiche Jenseitsreise ist, letztlich nicht allzu fern liegt.

mit „Yngvi" gebildete Personennamen		
Thema: Odin		
Männername	*Frauenname*	*Bedeutung*
	Ingifinna	Yngvi-Wanderer
Ingeir, Ingigeir, Ingigäirr		Speer des Yngvi
Ingebjörn, Ingbjörn, Ingibjorn, Ingibjörn		Bär des Yngvi
Ingolf, Ingal, Ingolfr, Ingolfur, Ingolv, Ingolvur, Ingul, Ingulf, Ingulfr, Ingulv		Wolf des Yngvi
Ingirafn, Ingram		Yngvi-Rabe

Der Speer Gungnir ist die Waffe des Odin und die beiden Wölfe Geri und Freki sowie die beiden Raben Hugin und Munin sind seine Begleiter. Odin ist der Wanderer, d.h. der Führer auf der Wanderung der Seelen ins Jenseits, und er ist der Gott der Berserker („Bärenfell-Leute").

Diese Ähnlichkeit des Yngvi mit Odin läßt vermuten, daß auch Yngvi-Freyr ein Helfer auf der Jenseitsreise ist. Vielleicht erscheint der Wolf hier aber nur als der Fährtensucher, der auch den Weg ins Jenseits finden kann, der Rabe als Seelenvogel, der Wanderer als der Jenseitsreisende allgemein, der Bär als Symbol der Stärke des Yngvi und der Speer als Bereitschaft, Land und Leute zu verteidigen.

Die Deutung des Namens „Donner des Yngvi" oder „Ingvi-Thor" ist recht unsicher. Der Donner könnte die Macht des Yngvi ausdrücken, aber die Assoziation zu Thor ist eigentlich unvermeidbar. Da sich in den „Yngvi-Namen" auch so viele der Attribute des Odin finden, scheint Freyr eine Bedeutung für Odin und dessen Sohn Thor gehabt zu haben – vielleicht besteht dieser Zusammenhang einfach darin, daß Thor u.a. auch der Sohn des Odin und somit der wiedergeborene Odin ist.

mit „Yngvi" gebildete Personennamen		
Thema: Thor		
Männername	*Frauenname*	*Bedeutung*
Ingthor	Ingithora	Yngvis Donner

Thor könnte hier als der wiedergeborene Odin gemeint sein – aber das ist unsicher. Vielleicht ist Yngvi-Freyr auch nur den beiden neuen Asen-Herren Thor und Odin gleichgesetzt worden, die ab 500 n.Chr. neben ihm in dem Tempel von Uppsala staden.

Schließlich konnte auch die Kurtzform „Yngvi" der bisher dargestellten Namen als Personennamen benutzt werden:

mit „Yngvi" gebildete Personennamen		
Namens-Kurzformen		
Männername	Frauenname	Bedeutung
Ingo, Yngvi, Ing, Ingel, Inge, Ingi, Ingve, Ingö	Ing, Inge, Inga, Ingi, Ingara, Ingel, Ingela, Ingele, Ingina, Ingla, Ingine, Inken, Ingli, Inglie	Kurzform von Zusammensetzungen mit „Yngvi"

Es ist auffällig, wieviele Varianten es von den meisten Yngvi-Namen gibt. Dies zeigt die große Beliebtheit dieser Namen, ohne die sich kein solcher Varianten-Reichtum hätte entwickeln können.

Zusammenfassung: Yngvi-Namen				
Thema	Namens-Bedeutung	Abzahl der Namens-Varianten		
		Männer	Frauen	gesamt
Kult	Yngvi-Tempel	8	31	39
	Yngvi-Priester(in)	2	15	17
	Geheimnis des Yngvi		3	3
	Yngvi-Alf	1		1
	Yngvi-Bart	1		1
	Ruhm des Yngvi	6		6
	Insel des Yngvi		2	2
	Nord-Yngvi (Jenseits)	1	1	2
	Yngvi-Woge (Jenseits)	1	4	5
	Yngvi-Mutter		2	2

147

	kleiner Yngvi		3	3
	neuer Yngvi		1	1
gesamt:		20	62	82
Sonne	Yngvi-Sonne		1	1
	Licht des Yngvi	4	6	10
gesamt:		4	7	11
Urahn	König Yngvi	14	1	15
	Sohn/Tochter des Yngvi	6	8	14
	Yngvi-Graf	1		1
gesamt:		21	9	30
Hilfe	Freund des Yngvi	5	1	6
	Yngvi-Wächter	5	2	7
	Hilfe des Yngvi	1	15	16
	Friede des Yngvi	2	3	5
	Schutz des Yngvi		6	6
	Hand des Yngvi	7	1	8
	Frieden des Yngvi	1	20	21
	Halt des Yngvi	6	1	4
gesamt		27	49	73

Stärke	Kraft des Yngvi	1	11	12
	Mut des Yngvi		5	5
	Mann des Yngvi	1		1
gesamt:		2	16	18
Kampf	Kampf des Yngvi		18	18
	Heer des Yngvi	10	2	12
gesamt:		10	20	30
Odin	Yngvi-Wanderer		1	1
	Speer des Yngvi	3		3
	Bär des Yngvi	4		4
	Wolf des Yngvi	10		10
	Rabe des Yngvi	2		2
gesamt:		19	1	20
Thor	Yngvi-Thor	1	1	2
Yngvi	Namens-Kurzform	8	14	22
gesamt (alle Themen):		112	179	289

Von den 38 Themen, mit denen diese Namen gebildet worden sind, erscheinen 18 Themen in Männer- und Frauennamen, 11 nur in Frauenamen und 9 nur in Männernamen. Bei den meisten anderen Personennamen, die mit einem Gottheiten-Namen gebildet worden sind, ist die Verteilung der Themen auf Frauen und Männer deutlich einseitiger.

Es ist sehr auch auffällig, daß nicht nur die Hälfte der Themen (18) bei Frauen und Männern auftritt, sondern daß es mehr Themen nur bei Frauen (11) als bei Männern (9) gibt. Dies wird dadurch bestätigt, daß es 50% mehr Frauennamen-Varianten (179) als Männernamen-Varianten (112) gibt. Das ist für Personennamen, die mit dem Namen eines Gottes und nicht einer Göttin gebildet worden sind, sehr auffällig.

Bei den Kultnamen gibt es dreimal soviele Frauennamen-Varianten (62) wie Männernamen-Varianten (20). Man hat geradezu den Eindruck, als ob der Yngvi-Kult bei Frauen besonders beliebt gewesen sei – weil Yngvi-Freyr ein friedlicher Gott gewesen ist?

Auch der Anteil der Kult-Namen ist mit 123 Namen, d.h. mit 43% ungewöhnlich hoch (Kultnamen, Sonnen-Namen, Urahn-Namen). Der Kult des Yngvi-Freyr muß sehr beliebt gewesen sein – möglicherweise nicht nur im Tempel, sondern auch im häuslichen Kult, was gut zu einem Bauern-Gott passen würde.

Die 22 Namen, die Yngvi mit Odin oder Thor verbinden, stammen möglicherweise erst aus der Zeit nach 500 n.Chr., als Thor, Odin und Freyr die drei Götter in den schwedischen Haupttempel in Uppsala gewesen sind. Wenn man diese 22 Namen aus der Betrachtung herausläßt, wird der Anteil der Kultnamen und der Frauennamen noch größer, da dann 20 Männernamen, aber nur 2 Frauennamen aus der Statisktik fallen.

Auch die ungewöhnlich vielen Kurzformen der mit „Yngvi" gebildeten Namen sprechen für ein großes Alter dieser „Yngvi-Namen" und auch für ihre große Beliebtheit.

Es ist noch auffällig, daß es sowohl die Namen „Yngmund" („Yngiv-Hand") als auch „Fröjmund" („Freyr-Hand") gibt. Der Ursprung dieser beiden Namen wird der Name „Godmund" („Gotteshand") sein, der ein beliebter Beiname des Tyr gewesen ist. Weitere Personenenamen, die aus einem Gottesnamen und aus dem Wort „Hand" bestehen, sind nur noch „Asmund" („Asen-Hand") und „Thormund" (Thor-Hand"). Falls dieser letzte Name eine der vielen späten auf „Thor" bezogenen Analogiebildung sein sollte, würden diese Namen wieder die enge Verbindung zwischen den beiden Asen Tyr und Yngiv-Freyr zeigen.

14. k)   Vergleich der mit „Yngvi" und mit „Freyr" gebildeten Personennamen

Mit „Yngvi" wurden deutlich mehr Namen gebildet als mit dem Namen „Freyr". Wenn man nur die Namen selber ohne die vielen Varianten und ohne die Unterscheidung zwischen Männernamen und Frauenname und ohne die Kurzformen zählt, also nur die Themen, die durch die Namen sichtbar werden, dann kommt man auf 13 „Freyr-Namen" und 46 „Yngvi-Namen".

Der Charakter der „Freyr-Namen" und der „Yngvi-Namen" ist jedoch sehr ähnlich.

In der folgenden Übersicht wird neben die Bedeutungen der Namen immer nur ein Beispiel für den betreffenden Namen angeführt, um die Liste übersichtlich zu halten.

„Yngvi-Namen"		Bedeutung		„Freyr-Namen"	
Männer-namen	Frauen-namen			Männer-namen	Frauen-namen
1. Kult					
Inggard	Ingigerd	Tempel des Yngvi-Freyr		Freygardur	Freyygerdr
		(Opfer-, Kult-)Stein des Freyr		Freysteinn	
Ingvi	Ingvi	Priester(-in) des Yngvi-Freyr (Skirnir)		Freividr	
	Ingdis	Seherin des Yngvi-Freyr (Röskwa)			Freydis
	Ingrun	Magie des Yngvi			
	Yngvor	Eid des Yngvi (Tempel, Jul-Nacht)			
	Inglaug	Eid des Yngvi-Freyr			Freylaug
Ingalvur		Yngvi-Alf (Alf = Ahn; Yngvi = Urahn)			
Ingbart		Bart des Yngvi (Statuetten)			
Ingmar		Ruhm des Yngvi-Freyr		Freymar	
Ingnor	Ingnora	Nord-Yngvi (Niflheim-Jenseits?)			
	Ingey	Insel des Yngvi	Wasser-jenseits		
	Ingunn	Woge des Yngvi-Freyr			Freidunn
Ingikarr		Welle des Yngvi			

Vergleich der „Yngvi-Namen" und der „Freyr-Namen"

	Ingmor	Mutter des Yngvi (Nerthus)		
	Ingelill	kleiner (wiedergeborener) Yngvi		
	Ingny	der neue (wiedergeborene) Yngvi		

In Hinblick auf den Tempel, die Priester und die Seherinnen sowie die Jul-Eide scheinen die Namen „Yngvi" und „Freyr" gleichwertig gewesen zu sein.

Die Namen, die sich auf das Jenseits, die Mutter(-göttin) und den jungen, neuen (wiedergeborenen) Gott beziehen, finden sich hingegen nur bei Yngvi.

Daraus könnte man schließen, daß „Yngvi-Freyr" ein Name war, der im Tempel (von Uppsala?) bei der Priesterschaft üblich gewesen ist, d.h. der ein „offizieller Titel gewesen ist, während „Yngvi" der Name gewesen ist, der mit den Wiedergeburts- und Ahnen-Themen verknüpft gewesen ist.

Vergleich der „Yngvi-Namen" und der „Freyr-Namen"				
„Yngvi-Namen"		*Bedeutung*	*„Freyr-Namen"*	
Männer-namen	*Frauen-namen*		*Männer-namen*	*Frauen-namen*
2. Sonne				
	Ingisol	Yngvi-Sonne		
	Ingheidur	Strahlen des Yngvi		
Ingbert	*Ingibjört*	Licht des Yngvi		

Als Sonnengott ist offenbar nur Yngvi aufgefaßt worden. Möglicherweise gab es diesen Charakterzug noch im Volksglauben, aber nicht mehr bei den Priestern im Tempelkult.

Es wäre aber auch möglich, daß die Sonne fest zu der Symbolik und den Mythen des Ing/Yngvi gehört hat und Freyr sozusagen die Bezeichnung der Funktion des Ing/Yngvi als Geliebter bei der Wiederzeugung gewesen ist, und die Sonne nicht mit dieser Symbolik verbunden worden ist.

In den Mythen hat Freyr jedoch viele Sonnen-Symbole wie den Gold-Eber, Tyrs Schwert, Tyrs Roß usw.

Vergleich der „Yngvi-Namen" und der „Freyr-Namen"				
„Yngvi-Namen"		*Bedeutung*	„Freyr-Namen"	
Männer-namen	*Frauen-namen*		*Männer-namen*	*Frauen-namen*
3. Urahn				
Ingvald	Ingvalda	Macht/Herrschaft des Yngvi; etwas freier übersetzt: „König Yngvi"		
Ingleif	Ingelöf	Sohn/Tochter des Yngvi-Freyr		Freyleif
Ingjarl		Edelmann des Yngvi		

Auch der Gott als Urahn und als Gründer des schwedischen Königshauses ist vor allem mit Yngvi verbunden und nur in einem Fall mit Freyr – die frühe schwedische Königsdynastie heißt daher auch „Ynglinge" und nicht „Freylinge".

Vergleich der „Yngvi-Namen" und der „Freyr-Namen"				
„Yngvi-Namen"		*Bedeutung*	„Freyr-Namen"	
Männer-namen	*Frauen-namen*		*Männer-namen*	*Frauen-namen*
4. Schutz und Hilfe				
Yngvar	Yngva	Freund(-in) des Yngvi		
Yngvard	Ingavrda	Wächter(-in) des Yngvi		
Ingberg	Ingebjörg	Hilfe des Yngvi		
Ingfrid	Ingefrid	Friede des Yngvi		
	Ingelin	Schutz des Yngvi		
	Ingeliv	Schild/Schutz des Yngvi		
Ingemund	Ingimunda	schützende Hand des Yngvi-Freyr	Freymundur	

Ingfred	Ingfrid	Liebe/Frieden des Yngvi		
Ingifastr	Ingifast	Festigkeit/Halt des Yngvi		
Inghard		Standfestigkeit/Halt des Yngvi		

Auch Schutz und Hilfe wurde, wenn man nach den Namen urteilt, fast nur von Yngvi erwartet. Es stellt sich die Frage, ob der Name „Freyr" erst seine große Wortfamilie (Liebe, Freunde, Weisheit, Freiheit, Magie, Fruchtbarkeit) entwickelt hat, nachdem „Freyr" zu einem Beinamen des Yngvi geworden ist.

Als ursprüngliche Qualität des Namens „Freyr" kann man zumindestens die „Liebe" und die „Wiederzeugung" ansehen, da sich diese Bedeutungen auch bei anderen Indogermanen finden.

Möglicherweise ist „Freyr" ursprünglich nur ein einfaches Wort für „Geliebte(-r)" gewesen und erst im Laufe der Zeit auch zu einer Bezeichnung für die Jenseitsgöttin bei der Wiederzeugung („Freya") und den Toten als ihren Geliebten („Freyr") bei diesem Vorgang geworden.

Dieser Vorgang sollte zeitlich nicht allzuweit vor 500 n.Chr. zurückliegen, da es sonst verwunderlich wäre, daß es einen so deutlichen Unterschied in der Namensbildung zwischen „Yngvi" und „Freyr" gibt – sofern nicht der Charakter der beiden Götter „Ingvi" und „Freyr" stets deutlich erhalten geblieben ist.

„Freyr" könnte einst ein Titel des Yngvi gewesen sein – ähnlich wie schon die Endung „-vi" seines Namens eine Art Titel mit der Bedeutung „heilig" ist.

Vergleich der „Yngvi-Namen" und der „Freyr-Namen"				
„Yngvi-Namen"		Bedeutung	„Freyr-Namen"	
Männer-namen	Frauen-namen		Männer-namen	Frauen-namen
5. Stärke				
	Yngveig	Kraft des Yngvi		
Ingert		Stärke des Yngvi		
	Ingimod	Mut/Verlangen des Yngvi-Freyr		Freymodur
Yngvid		Grenzwald/Weite des Yngvi		
	Ingabritta	(keltisch: brigh) Stärke des Yngvi		

Es ist naheliegend, daß sich die „Stärke-Namen" wie die „Schutz-Namen" auch fast nur auf Yngvi beziehen, da die Stärke die Grundlage für den Schutz ist.

Vergleich der „Yngvi-Namen" und der „Freyr-Namen"				
„Yngvi-Namen"		Bedeutung	„Freyr-Namen"	
Männer-namen	Frauen-namen		Männer-namen	Frauen-namen
6. Kampf				
	Ynghildr	Kampf des Yngvi		
	Ingigunnur	Kampf des Yngvi		
Ingvar	Ingvör	Heer des Yngvi		

Da der dem Schutz dienende Kampf auf der Stärke des Yngvi beruht, finden sich auch hier nur mit „Yngvi" gebildete Namen.

Es ist bemerkenswert, daß diese „Kampf-Namen" vorwiegend Frauen-Namen („Walküren") sind.

Vergleich der „Yngvi-Namen" und der „Freyr-Namen"				
„Yngvi-Namen"		Bedeutung	„Freyr-Namen"	
Männer-namen	Frauen-namen		Männer-namen	Frauen-namen
7. Odin				
	Ingifinna	Yngvi-Wanderer		
Ingigeir		Speer des Yngvi		
Ingbjörn		Bär des Yngvi-Freyr	Freybjörn	
Ingulfr		Wolf des Yngvi		
Ingirafn		Yngvi-Rabe		
		Pferd des Freyr	Jofreyr	

Die mit Odin verbundenen Namen sind fast ausschließlich Männernamen, was ein Hinweis dafür ist, daß diese Namen tatsächlich mit Odin assoziiert worden und daher wohl erst Namensneuschöpfungen nach 500 n.Chr. sind.

Der Unterschied zwischen den „Yngvi-Namen" und den „Freyr-Namen" liegt im Rahmen der Häufigkeit der „Yngvi-Namen" und der „Freyr-Namen" insgesamt.

Man könnte vermuten, daß diese Namen wieder ein „offizielles Konzept" der Priester des Haupttempels von Uppsala gewesen sind.

Vergleich der „Yngvi-Namen" und der „Freyr-Namen"				
„Yngvi-Namen"		Bedeutung	„Freyr-Namen"	
Männer-namen	Frauen-namen		Männer-namen	Frauen-namen
8. Thor				
Ingthor	Ingithora	Donner des Yngvi-Freyr	Freythor	

    Die Verbindung sowohl des Namens „Yngvi" als auch des Namens „Freyr" mit „Thor" läßt wieder auf ein Konzept aus Uppsala schließen.

    Es ist beachtenswert, daß es auch gerade die drei Götter Yngvi-Freyr, Odin und Thor sind, deren Statuen in dem Tempel von Uppsala gestanden haben.

Der Vergleich der „Yngvi-Personennamen" mit den „Freyr-Personennamen" führt zu der Vermutung, daß „Freyr" ein Titel des „Yngvi" gewesen ist, der vor allem innerhalb der Priesterschaft von Uppsala üblich gewesen ist und sich von dort aus ausgebreitet hat.

Die Priester von Uppsala werden diesen Titel jedoch nicht erfunden haben, da er eine Parallele in dem Gott „Priapos" bei den Griechen und Römern hat, aber sie werden wohl den Titel „Freyr" und möglicherweise auch den Namen „Freya" erst populär gemacht haben. Es ist jedoch genauso gut denkbar, daß die Muttergöttin schon länger im Zusammenhang mit der Wiederzeugung als „Freya", d.h. als „Geliebte" angesprochen worden ist.

Es weiterhin möglich, daß der griechisch-römische Priapos kein „zweiter Ast" an demselben Baum „Freyr-Priapos" ist, sondern einfach eine Parallelentwicklung, die aus dem Wort indogermanischen Wort „prihe" für „Geliebte(-r)" entstanden ist. Die deutliche Betonung des erigierten Penis bei beiden Gottheiten Freyr und Priapos ist zwar auffällig, aber sie läßt sich auch einfach durch das weltweit verbreitete Motiv der Wiederzeugung erklären.

Somit wird sich der Gottesname „Freyr" wohl aus der Bezeichnung der Toten bei der Wiederzeugung als „Geliebter" der Jenseitsgöttin, also gewissermaßen als der „Freyr der Freya" gebildet haben. Dieser Vorgang würde sehr gut zu der Auffassung des Freyr als eines Urahns passen, da solch ein „Urahn" dadurch entsteht, daß ein konkreter Ahn, eben „Yngvi" als Stammvater der Ingväonen zu einem allgemeinen Urbild für die Ahnen im Jenseits wird.

Yngvi wird der Gott gewesen sein, in dessen Mythen das Königtum, die Sonne, die Stärke und der Kampf wichtig gewesen sind, während Freyr die Themen der Wiederzeugung und Fruchtbarkeit der Felder mit seinem Namen wie in einem Titel zusammengefaßt hat.

Die Überlieferung zu Yngvi-Freyr läßt sich am einfachsten dadurch erklären, daß der Gott Yng mit Tyr identisch gewesen ist und Freyr ein Beiname sowohl des Tyr als auch des Yng gewesen ist.

Die kriegerischen Aspekte des Freyr stammen von dem Gott Yng, dessen Verbindung mit Freyr es ermöglicht hat, daß Freyr auch relativ einfach mythologische Elemente des ehemaligen Kriegsgottes, Sonnengottes und Göttervaters Tyr übernehmen konnte.

Die Fruchtbarkeits-, Ernte- und Wiederzeugungs-Aspekte des Freyr stammen hingegen aus der allgemeinen Wiederzeugungs-Symbolik, für die „Freyr" und „Freya" zunächst nur allgemeine Bezeichnungen gewesen sind.

Da sich die Südgermanen um 750 v.Chr. von den Nordgermanen getrennt haben und sie den Namen „Freya" zu „Frigg" und den Namen „Freyr" zu „Fricco" weiterentwickelt haben, müssen die beiden Namen „Freya" und „Freyr" um 750 v.Chr. bereits als Namen von zwei Gottheiten benutzt worden sein. Man kann also davon ausgehen, daß sich die beiden Namen „Freya" und „Freyr" spätestens um 1000 v.Chr. von einer Bezeichung des Wiederzeugungs-Paares im Jenseits zu Gottheiten-Namen entwickelt haben.

Dieser relativ frühe Zeitpunkt läßt wiederum vermuten, daß der germanische „Freyr" und der griechische „Priapos" doch eine gemeinsame Wurzel haben und keine Parallelentwicklung sind – die letzten gemeinsamen Vorfahren der Germanen und der Griechen vor deren Trennung in verschiedene indogermanische Völker haben um ungefähr 2500 v.Chr. gelebt.

Da sich Mythologien nur recht langsam verändern und die frühesten Zeugnisse der indogermanischen Religionen, also die hethitischen Keilschrifttafeln (2000 v.Chr.), die skandinavischen Steinritzungen der Germanen (1800-500 v.Chr.) und das indische Rig-Veda (1200-500 v.Chr.) noch immer große Ähnlichkeiten aufweisen, ist es recht wahrscheinlich, daß Freyr und Priapos einst dieselbe Gottheit oder zumindestens dieselbe Bezeichnung für „den Mann, der sich im Jenseits wiederzeugt" gewesen sind.

14. l) Zusammenfassung

Der Name „Ingvi" bedeutet „heiliger Ing". Der Stammesname „Ynglinge" statt „Yngvilinge" zeigt, daß der Name „Yngvi" auch um 1000 n.Chr. noch immer als „Ing der Heilige" aufgefaßt worden ist.

Die vielen mit „Yngvi" gebildeten Personennamen und die auffällig vielen Varianten, die es von diesen Personennamen gibt, zeigen, daß der Gott Yngvi schon seit sehr langer Zeit sehr beliebt gewesen sein muß.

Um 100 n.Chr. ist Tuisto (Ymir) der Urahn der Germanen. Sein Sohn Mannus („Mensch") entspricht vermutlich dem Tyr als dem ersten Menschen Die drei Söhne des Mannus heißen „Ingvä", „Istvä" und „Herm". Diese Namen werden noch eine Endung gehabt haben, die jedoch nicht sicher bekannt ist. „Ingvä" und „Istvä" bedeuten „Ing der Heilige" bzw. „Ist der Heilige". Diese Endung „-vä" entspricht von ihrem Inhalt her dem Beinamen „Helgi" des Tyr.

Die Identität des Mannus und seiner drei Söhne mit Tyr und seinen drei Söhnen ist zwar nicht vollkommen sicher, aber doch recht wahrscheinlich, da alle „Väter mit drei Söhnen" in der späteren germanischen Überlieferung Tyr und seine drei Söhne, die die drei Stände repräsentieren, sind. Einer dieser drei Söhne ist der wiedergeborene Tyr selber. Er geht vermutlich auf Ingvä zurück.

In der späteren Überlieferung und in den Personennamen ist Yngvi sehr deutlich kriegerischer als Freyr. Stärke, Schutz und Unterstürtzung im Kampf wurde bei Yngvi, aber nicht bei Freyr gesucht. Der Charakter des Yngvi muß ursprünglich deutlich anderes als der des Freyr gewesen sein.

Yngvi-Freyr wurde auch um 930 n.Chr. zumindestens in Kenningarn noch als wichtigster Ase angesehen. Dieser Aspekt des Yngvi-Freyr geht vermutlich auf Yngvi als den Stammesgott der Yngvaeonen zurück. Die Schweden sahen sich auch insgesamt als „Volk des Yngvi" an, was bestätigt, daß Yngvi auch zu Beginn der eigenständigen schriftlichen Überlieferung der Germanen noch immer ein Stammesgott gewesen ist.

Da es einen Zwerg mit dem Namen Yngvi gab, könnte auch in den Mythen des Gottes Yngvi eine Jenseitsreise von Bedeutung gewesen sein.

Es ist auffällig, daß der ein Drittel der Yngvi-Namen mit dem Kult verbunden sind. Es muß einst einen weitverbreiteten Yngvi-Kult gegeben haben – was wieder gut zu einem Stammesgott paßt.

Da es nur 13 mit „Freyr" gebildete Personennamen, aber 46 mit „Yngvi" gebildete Personennamen gibt, scheint „Yngvi" der Kern des Gottesnamens „Yngvi-Freyr" zu sein und „Freyr" eine Art Ergänzung oder Adjektiv zu diesem Namen.

Freyr könnte der Wiederzeugungs- und Wiedergeburtsaspekt des Yngvi sein. In dem Namen „Yngvi-Freyr" wäre „Freyr" dann genauso ein Titel wie die Endung „vi". Vermutlich kann man „Yngvi-Freyr" daher mit „der heilige, wiedergeborene Ing" übersetzen. Die Endung „vi" entspricht dem hohen Anteil an mit „Yngvi" gebildeten Personnen-Namen, die eine kultische Bedeutung („Tempel", „Priester" u.ä.) haben.

Den Titel „Freyr" könnte es schon bei den Indogermanen gegeben haben, da er sich auch bei dem griechischen Gott Priapos findet. Dieser Sohn des Dionysos und der Aphrodite ist keiner der wichtigen Götter auf dem Olymp, sondern ein untergeordnetes, gottähnliches Wesen – was gut zu dem vermuteten Ursprung des Namens „Freyr" als einer Bezeichnung für den sich wiederzeugenden Toten und für den wiedergeborenen Toten paßt.

Freyr sollte bei den Germanen aber schon vor 750 n.Chr. zu einem weitgehend eigenständigen Gott geworden sein, da es zu dieser Zeit auch schon die Göttin Freya gegeben hat, da bei den Südgermanen, die sich um diese Zeit von den Nordgermanen getrennt haben, der Name „Freya" nach und nach zu „Frigg" geworden ist.

Es gibt die beiden Männernamen „Yngmund" („Yngvi-Hand") und „Fröjmund" („Freyr-Hand"), die dem Tyr-Beinamen „Godmund" („Gottes-Hand") entsprechen. Man kann daher vermuten, daß Yngvi-Freyr entweder dem Tyr entsprochen hat oder mit diesem identisch gewesen ist. Der Männername „Thormund" („Thor-Hand") könnte eine späte Nachbildung sein – ansonsten ist kein anderer Gottesname mit „mund" verbunden worden.

Diese Überlegung wird dadurch bestätigt, daß es nur von Yngvi, aber nicht von Freyr Personennamen gibt, die sich auf die Sonne beziehen – Yngvi erscheint daher als eine Analogie zu dem ehemaligen Sonnengott-Göttervater Tyr.

Die 22 Männernamen, die Yngvi-Freyr mit Odin verbinden, werden vermutlich aus der Zeit nach 500 n.Chr., also nach der Absetzung des ehemaligen nordgermanischen Göttervaters Tyr durch Thor und Odin stammen.

Es gibt eineinhalbmal soviele mit „Yngvi" gebildete Frauennamen-Varianten wie Männernamen-Varianten, obwohl „Yngvi" ein Gott und keine Göttin ist. Ist das schon immer so gewesen? Oder haben die mit „Thor" und „Odin" gebildeten Männernamen die früheren Yngvi-Männernamen ersetzt?

Schließlich stellt sich noch die Frage, warum Yngvi-Freyr in Schweden nicht wie Tyr abgesetzt und zu einem Odin-Sohn umgedeutet worden ist. Vermutlich ist der Kult des Yngvi-Freyr in Schweden so fest verankert gewesen, daß er seine Stellung zumindestens teilweise behielt und daher in dem schwedischen Haupttempel von Uppsala zusammen mit Odin neben der zentralen Statue des Thor erscheint.

Der dem Tyr gleichende Stammesgott „Ingvi" hat wahrscheinlich schon vor 750 v.Chr. den Beinamen „Freyr" erhalten, um ihn als wiedergeborenen (Sonnen-)Gott zu kennzeichnen.

Freyr wird wahrscheinlich zwischen der Ankunft der Germanen in Skandinavien um 1800 v.Chr. und einige Jahrhunderte vor der Trennung der Germanen in einen Nord- und einen Südteil um 750 v.Chr. zusammen mit seiner Schwester-Frau Freya zu einer Gottheit geworden sein.

Um 500 n.Chr. ist Yngvi-Freyr in Schweden bei der Ankunft der beiden südgermanischen Götter Thor und Odin so fest im Kult verankert gewesen, daß diese drei Götter zu einer Dreiheit zusammengefaßt worden sind.

In dem Namen „Yngvi-Freyr" ist Yngvi der kriegerische Stammesgott und Freyr der Gott der Wiederzeugung und der Fruchtbarkeit.

15.   Freyr-Yngvi, der Vater der Könige

Während Freyr in der germanischen Überlieferung durchaus vielfältige Eigenschaften hat, ist Yngvi fast ausschließlich der Ahnherr der schwedischen Könige.

15. a)   Die Saga über Sturlaug den Mühen-Beladenen

Zu dieser Zeit war Yngvi-Freyr der König der Schweden. Sturlaug erhielt die Aufgabe, zusammen mit seinen Eid-Brüdern sein Land zu verteidigen. Sie unternahmen ausgedehnte Raubzüge in die Länder ihrer Feinde und waren stets siegreich, wohinauch immer sie segelten.

Da gab König Yngvi-Freyr Sturlaug den Titel eines Königs zusammen mit weiten Ländereien.

15. b)   Gesta danorum

Zu dieser Zeit war Frö (Freyr) *der Herrscher der Schweden.*
... ...
Freyr, der Herrscher der Götter, ließ sich in Uppsala nieder.

15. c)   Stanzas über Magnus Olafson in Danaveldi

Die Männer werden sich an sie erinnern
Sveinns Männer haben sie kennengelernen,
die webende Gefn, ihr Männer des Freyr,
denn es gab drei Angriffe.
Es gibt die Aussicht auf eine hübsche Frau auf Fyn;
es ist gut, Waffen zu röten;
laßt uns unseren Platz in den Reihen einnehmen,
Vorwärts in den Waffenlärm!

Freyrs Männer = Krieger
webende Gefn = Norne (die den Schicksalafaden spinnt)

15. d)   Skaldskaparmal

In dieser Genealogie wird Yngvi als der Sohn des Königs Halfdan angesehen – und nicht als Niörds Sohn. Halfdan scheint manchmal eine Saga-Variante des Tyr zu sein.

König Halfdan und seine Frau hatten ebenfalls neun Söhne:

> *diese waren Hildir, von denen die Hildungen abstammen;*
> *Nefir, von denen die Nibelungen entstammen;*
> *Audi, von denen die Ödlungen herkommen;*
> *Yngvi, der der Stammvater der Ynglinge ist;*
> *Dagr, dem die Döglungen entstammen;*
> *Bragi, mit dem die Bragnings begannen – das ist die Sippe von Halfdan dem Freigiebigen;*
> *Budli, von dem die Budlungen herkommen – von dem Haus der Budlungen stammen Atli und Brynhild;*
> *der achte war Lofdi, der ein großer Kriegskönig gewesen ist – das Heer, das ihm folgte, wurde Lofdar genannt und seine Sippe die Lofdungen, aus der Eylimi, der Vater von Sigurd Fafnir-Töters Mutter, stammt;*
> *der neunte war Sigar, von dem die Siklungen abstammen – das ist das Haus des Siggeir, der der Schwiegervater der Völsungen gewesen ist, und das Haus des Sigarr, der den Hagbard erhängte.*

Aus der Sippe der Hildungen entsprang Harald Rotbart, der Vater der Mutter von Halfdan dem Dunkelhäutigen.
Aus dem Haus der Niflungen stammt Gjuki; aus dem Haus der Ödlungen Kjarr; aus dem Haus der Ylfinger kam Eirikr der Rede-Weise.
Auch dies waren berühmte Häuser: von Yngvi stammen die Ynglinge; Skjöldr von Dänemark ist der Stammvater der Skjöldungen; die, die die Nachkommen des Völsung aus dem Frankenland sind, werden Völsungen genannt. Ein Kriegskönig, wurde Skelfir genannt und sein Haus wurde das Haus der Skilfinger genannt – seine Sippe lebte in den östlichen Gebieten.

15. e)   Skaldskaparmal

In diesen Versen des Skalden Eyvindr werden die Schweden „Yngvis Sippe" genannt.

Gauta-Tyr sandte
Göndull und Skögull
um von den Königen
aus Yngvis Sippe den zu wählen,
der mit zu Odin kommen
und in Walhalla sein sollte.

    Gauta-Tyr = Odin
    Göndull und Skögull = zwei Walküren
    Yngvi = Freyr; seine Sippe = Schweden-Könige
    zu Odin gehen = sterben
    in Walhall leben = tot sein

15. f) Skaldskaparmal

In den folgenden Versen des Skalden Kormakr werden die Schweden insgesamt „Yngvis Volk" genannt. „Hroptr" ist Odin.

Ich bitte den erhabenen Herrscher
von Yngvis Volk,
seine bogenschüttelnde Hand über mich zu halten.
Hroptr begleitete ihn mit Gungnir.

15. g) Skaldskaparmal

Snorri führt in seinen Kenning-Beispielen auch „Yngling" als eine Heiti, also als eine nur aus einem Wort bestehende Umschreibung, für „König" an.

„Yngling", wie Ottar der Dunkelhäutige sang:

Im Osten fiel keiner
der mächtigen Ynglinge,
bevor der Dich einholte,
der sich die westlichen Inseln unterwarf.

15. h)   Skaldskaparmal

„Yngvi" ist auch ein Titel für einen König – auf diese Weise sang Markus:

Spätere Zeiten werden das Lob des Eirikr hören,
denn niemand in der ganzen Welt hat einen Fürsten
gekannt, der edler wäre; Du hast, Yngvi,
den Thron der Könige in beständigem Ruhm gehalten!

15. i)   Haustlöng

   Thjodolfr von Hvini berichtet in einer Strophe die schreckliche Wirkung, die der Raub der von Idun behüteten Äpfel der ewigen Jugend für sie gehabt hat.
   „Die Sippe des Yngvi" sind die Asen – Yngvi muß folglich ein wichtiger Gott gewesen sein.

Die gesamte hohe Sippschaft des Yngvi-Freyr,
die grau und alt geworden war, eilte zum Rat;
schrecklich und häßlich
sahen nun all die Götter aus!

15. j)   Islendinga-Buch

   In diesem um 1125 n.Chr. von dem Isländer Ari Thorgilson dem Gelehrten verfaßten ersten Geschichtsbuch der Isländer findet sich eine Genealogie der Schwedenkönige, die mit Yngvi beginnt. In dieser Ahnenreihe sind Yngvi und Freyr nicht mehr identisch – stattdessen ist Yngvi der Großvater des Freyr.
   Wie in einigen anderen frühen Geschichtsbüchern werden die Asen als „Könige der Türken" bezeichnet, da die Asen den Bewohner von Troja in der Türkei gleichgesetzt worden waren …
   Aus dem „Frodi-Frieden" ist der Ort „Fridfrodi" geworden.
   „Yngvi" erscheint noch ein zweitesmal als Name eines Königs der Ynglinge.

Dies sind die Namen der Vorväter der Ynglinge und der Leute aus dem Breit-Fjord:
        1. Yngvi, der König der Türken,
        2. Niördr, der König der Schweden,

3. *Freyr,*

4. *Fjölnir, der in Fridfrodi starb,*

5. *Svegdir,*

6. *Vanlandi,*

7. *Visburr,*

8. *Domaldr,*

9. *Somarr,*

10. *Dyggvi,*

11. *Dagr,*

12. *Alrekr,*

13. *Agni,*

14. *Yngvi,*

15. *Jörundr,*

16. *Aun der Alte,*

17. *Egil Vendill-Krähe,*

18. *Ottarr,*

19. *Adisl von Uppsala,*

20. *Eysteinn,*

21. *Yngvar,*

22. *Braut-Öndur,*

23. *Ingjaldr der Böse,*

24. *Olaf Baum-Fäller,*

25. *Halfdan Weiß-Knochen, König der Leute von Uppland,*

26. *Godrödr,*

27. *Olafr,*

28. *Helgi,*

29. *Ingjaldr, Sohn der Tochter des Sigurd, Sohn des Ragnar Loden-Hose,*

30. *Olaf der Weiße,*

31. *Thorsteinn der Rote,*

32. *Oleifr der Zaghafte, der der erste von ihnen gewesen ist, der sich in Island niedergelassen hat,*

33. *Thord der Schreier,*

34. *Eyjlofr, der in hohem Alter getauft wurde, als das Christentum nach Island kam,*

35. *Thorkell,*

36. *Gellir,*

37. *der der Vater des Thorkell war,*

38. *der wiederum der Vater des Brandr und meines Vaters Thorgill gewesen ist,*

39. *und ich werde Ari genannt.*

15. k) Die Geschichte Norwegens

Die Folge „Yngvi – Niörd – Freyr – Fjolnir" aus dem vorigen Text findet sich auch in der „Geschichte Norwegens", die um ca. 1211 n.Chr. verfaßt worden ist.

Ingvi war der König, der der erste Herrscher von Schweden gewesen ist. Er war der Vater des Niörd, der wiederum der Vater des Freyr war. ... ... Freyr war der Vater des Fjolnir.

15. l) Skjöldungen-Saga

In der Skjöldungen-Saga ist Odin der Vater des Yngvi und des Skjöldr. Yngvi gab er Schweden und Skjöld Dänemark. Die Ergänzung dieser Folge durch Odin stammt vermutlich von 500 n.Chr. und sollte Odin dem Yngvi überordnen.

Die Folge „Odin – Yngvi – Niörd – Freyr – Fjolnir", in der Yngvi und Freyr zwei verschiedene Könige gewesen sind, scheint demnach weit verbreitet gewesen zu sein.

15. m) Huldarsaga

In dieser Sage findet sich nur die Folge „Niörd – Freyr":

Odinn war der Sohn des Bor, der der Sohnes des Buri, dem Häuptlinges der Türken war. Er zog mit den Diar aus Asgard aus und gelangte nach Odinsey auf Führen.

Von hier aus schickte er die Gefjun nach Schweden, welche nun von Gylfi für ihn Seeland bekam. Da Odin hörte, dass hier die kürzlich verstorbene Jörd verehrt werde, gab er sie für seine erste Frau und den Thor für ihrer beider Sohn aus und sicherte dadurch auch sich selber ein größeres Ansehen. Die Gefjon gab er seinem Sohne Skjöldr zur Frau und überließ ihnen Seeland. Er selbst aber ging zu Gylfi hinüber und erbaute sich dort das alte Sigtunir, während Njörd, der Sohn des Türkenhäuptlings Ingi, sich Noatun und dessen Sohn Freyr sich Uppsalir baute.

Njördr hatte die Skadi zur Frau, eine Tochter des Riesen Thjassi (Tyr), die sich aber aus Liebe zu den Bergen von ihm trennte. Sie heiratete Odin, mit dem sie viele Söhne gewann, deren ältester Sämingr war. Diesen wies Odin, weil er vermöge seiner Weissagungsgabe voraussah, daß er sich nach seinem Tode in Schweden nicht gegen Njördr und Freyr würde halten können, nach Norwegen hinüber, wo er sich im Drontheimischen niederließ.

167

15. n)   altenglisches Runengedicht

Für das Verständnis des Gottes Yngvi ist auch die „Ing"-Rune interessant, da sie neben der „Tyr"-Rune die einzige nach einer Gottheit benannte Rune ist. Im Gegensatz zu „Tyr" ist „Ing" eine der erst in später Zeit entstandenen Runen.

Ing wurde zuerst unter den Ost-Dänen
gesehen, bis er nach Osten zog
über das Meer. Sein Wagen zog ihm nach.
So nannten die Herdinger ihren Helden.

In diesem Gedicht wird „Ing" als der „Held" der Herdinger bezeichnet. Sein „Wagen" wird vermutlich mit dem Sonnen-Streitwagen des Tyr identisch sein.

Die Fahrt des Ing von Dänemark ostwärts aus nach Schweden könnte sich evtl. auf die Wanderung der von Tacitus beschriebenen Ingväonen von der „Küste des Meeres", an der sie Tacitus zufolge um 100 n.Chr. wohnten, nach Schweden, wo sie den Kult des Yngvi begründeten, beziehen.

In der Huldarsaga wird zudem berichtet, daß Niörd und Freyr auf Odins Rat hin von Schweden aus nach Norwegen zogen. Dies könnte die Ausbreitung des Kultes des Yngivi-Freyr beschreiben.

15. o)   Heimskringla-Prolog

In der Heimskringla („Erdkreis") wird mehrfach über Yngvi berichtet, der in diesem Stammbaum der schwedischen Könige als der Gründer dieses Königshauses erscheint.

Im Folgenden werden alle Textstellen in der Ynglinga-Saga angeführt, an denen Yngvi erwähnt wird.

Snorri gibt in seinem Vorwort zunächst das Thema der Ynglinga-Saga und die Quellen an, aus denen er geschöpft hat:

In diesem Buch habe ich alte Geschichten niedergeschrieben, so wie ich sie von klugen Leuten gehört habe. In ihnen geht es um die Anführer, die die Macht in den Nordländern hatten und die dänische Sprachen sprachen, und ebenso über die Zweige ihrer Familien entsprechend dem, was mir erzählt worden ist.

Einiges davon ist in alten Familien-Stammbüchern zu finden, in denen die Vorfahren von Königen und anderen Menschen von hoher Geburt aufgezählt werden, und

anderes ist in alten Liedern und Balladen niedergeschrieben worden, die unsere Vor-
väter zu ihrem Vergnügen hatten.

Auch wenn wir nicht sagen können, wieviel Wahrheit in ihnen liegt, so haben wir
doch die Gewißheit, daß alte und weise Leute sie für wahr gehalten haben.

Thjodolf von Hvini war der Skalde des Harald Haarschön und er verfaßte ein Lied
für Rognvald den Berghohen, das „Ynglinga-Saga" genannt wird. Dieser Rognvald
war ein Sohn von Olaf dem Schnellspeer-Alfen, einem Bruder von Halfdan dem
Schwarzen. In diesem Lied werden dreißig seiner Vorväter aufgezählt und von jedem
wird der Tod und der Bestattungsort genannt.

Er beginnt mit Fjolner, einem Sohn des Yngvi-Freyr, den die Schweden lange nach
seiner Zeit verehrten und dem sie Opfer darbrachten und von dem die Sippe oder
Familie der Ynglinge ihren Namen erhalten haben.

Eyvind der Skalden-Verderber zählte ebenfalls die Vorfahren von Graf Hakon dem
Großen in einem Gedicht, das er für Hakon verfaßte, auf, daß „Haleygjatal" genannt
wurde, und in ihm erwähnt er Saeming, einen Sohn des Yngvi-Freyr, und auch er be-
richtet über den Tod und die Bestattungsriten eines jeden von ihnen.

Die Leben und die Ereignisse in der Sippe der Ynglinge wurden nach Thjodolfrs
Bericht, ergänzt durch die Erzählungen von klugen Leuten, niedergeschrieben.

Was die Bestattungsbräuche betrifft, so wird die früheste Epoche das Zeitalter der
Brandbestattungen genannt, denn alle Toten wurden im Feuer verbrannt und über
ihrer Asche wurden stehende Steine aufgestellt.

Aber nachdem Freyr in Uppsala unter einem Hügelgrab bestattet worden ist, ließen
viele Könige Hügelgräber als Erinnerung für ihre Verwandten für sich errichten –
dies war genauso üblich wie die stehenden Steine.

Der Bericht des Arabers Ibn Fadlan um 922 n.Chr. zeigt, daß manchmal auch diejenigen, die unter einem Hügelgrab bestattet worden sind, verbrannt wurden.

Trotzdem scheint mit Yngvi-Freyr eine besondere Form der Bestattung oder zumindestens eine Veränderung der Bestattungsbräuche verbunden gewesen zu sein. Dieser
Umstand paßt dazu, daß in der Edda die Asen von den Wanen unterschieden werden –
beide hatten anscheinend auch verschiedene Arten, die Toten zu bestatten.

15. p) Heimskringla

(12. Kapitel) Auf diese einleitenden Worte folgt dann einige Seiten später die bereits
berichtete Erzählung über den Frodi-Frieden und den Tod des Freyr:

Damals wurde die Ländereien des Uppsala-Tempels begründet, die seither immer

Bestand hatten. Damals begann in seinen Tagen auch der Frodi-Frieden. Und damals gab es in allen Ländern gute Ernten, die die Schweden dem Freyr zuschrieben, sodaß sie ihn wie mehr als alle anderen Götter verehrten, weil die Menschen in seinen Tagen wegen dem Frieden und den guten Ernten sehr viel reicher wurden.

Seine Frau war Gerdr, die Tochter des Gymir, und ihr Sohn wurde Fjlone genannt. Freyr wurde auch mit noch einem anderen Namen gerufen: Yngvi. Und dieser Name Yngvi wurde noch lange Zeit danach in seiner Sippe als ein Ehren-Name betrachtet, sodaß sich seine Nachkommen als Ynglinge bezeichnet haben.

Freyr wurde von einer Krankheit befallen und als die Krankheit die Oberhand gewann, faßten seine Männer den Plan, nur wenig zu ihm zu lassen.

In der Zwischenzeit errichteten sie ein großes Hügelgrab, in das sie eine Tür einfügten, die drei Löcher hatte. Als Freyr gestorben war, brachten sie ihn heimlich in dieses Hügelgrab, aber erzählten den Schweden, daß er noch lebe, und hielten drei Jahre lang Wache über ihm.

Sie brachten alle Abgaben zu ihm und warfen durch das eine Loch das Gold, durch das andere das Silber und durch das dritte die Kupfermünzen, die entrichtet wurden. So dauerten der Frieden und die guten Ernten fort.

... ...

Als die Schweden erfuhren, daß Freyr tot war und trotzdem der Frieden erhalten blieb und es weiterhin gute Ernten gab, glaubten sie, daß dies solange so bleiben würde, wie Freyr in Schweden blieb. Daher verbrannten sich seine Überreste nicht, sondern nannten ihn den Gott dieser Welt und brachten ihm ab da blutige Opfer dar – vor allem für Frieden und gute Ernten.

15. q) Heimskringla

(14. Kapitel) *Fjolne, Yngvi-Freyrs Sohn, herrschte danach über die Schweden und die zu Uppsala gehörenden Ländereien. Er war mächtig und hatte gute Ernten und bewahrte den Frieden.*

Fredfrode herrschte in Leidre und zwischen den beiden gab es eine große Freundschaft und Besuche. Als Fjolne einst zu Frode nach Seeland fuhr, wurde ihm ein großes Fest bereitet und Einladungen zu diesem Fest wurden in das ganze Land versandt.

Der Ort Leidre liegt auf der Insel Seeland in Dänemark.

15. r)   Heimskringla

(19. Kapitel) Die Regierungszeit des Königs Domar stand offenbar unter dem Segen des Yngvi-Freyr, der das Vorbild des Domar gewesen zu sein scheint:

Domalds Sohn, der Domar genannt wurde, herrschte als nächster über das Land. Er herrschte lange und in seinen Tagen gab es gute Ernten und Frieden. Nichts wird über ihn berichtet, als daß er in seinem Bett in Uppsala starb und daß sein Leichnam nach Frisvold gebracht wurde, wo sein Leib am Flußufer verbrannt wurde und wo sein Hügelgrab noch immer zu sehen ist.
So sang Thjodolfr:

„Ich habe die weisen Männer gefragt,
wo Domar ruht, und sie wußten es genau.
Domar wurde auf Fyries weiter Ebene verbrannt
und in Yngvis Hügelgrab gelegt."

15. s)   Heimskringla

(20. Kapitel) Domars Sohn Dygve scheint die Tradition seines Vaters fortgeführt zu haben:

Dygve war der Name seines Sohnes, der ihm in der Landherrschaft folgte und über ihn wird nichts berichtet, als daß er in seinem Bett starb.
Thjodolfr berichtet über ihn wie folgt:

„Dygve der Tapfere, der mächtige König,
– es ist kein Geheimnis –
ist fortgezogen, um eine königliche Braut zu treffen
... er ritt auf dem Pferd der Wyrd,
denn Lokis Tochter in ihrem Haus
will einen Gemahl aus Yngves Sippe haben,
deshalb riß die Hartherzige
den tapferen Dygve von dem Licht des Tages fort."

In diesem Lied ist das Motiv der Vereinigung des Toten mit der Göttin im Jenseits noch deutlich zu erkennen. Diese „Jenseits-Hochzeit" war die der Wiedergeburt vorausgehende Wiederzeugung.

„Lokis Tochter" ist die Jenseitsherrin Hel, die hier offenbar noch nicht als gefürchtete Riesin, sondern noch als ein Aspekt der Göttin Freya angesehen wird, in deren Mythen und in deren Beschreibung sich das Motiv der Wiederzeugung zu dem Motiv der Liebesgöttin gewandelt hat.

Das „Pferd der Wyrd" ist das Roß der Hel, das manchmal als dreibeinig geschildert wird – vermutlich weil die „3" den Sonnenzyklus symbolisiert hat.

Dygves Mutter ist Drott gewesen, eine Tochter des Königs Danp, dem Sohn des Rig, der als erster in der dänischen Sprache „König" genannt wurde. Seine Nachfahren hielten den Titel „König" für die höchste Ehre. Dygve war der erste in seiner Familie, der „König" genannt wurde, denn alle seine Vorgänger waren „Drottnar" genannt worden und ihre Frauen „Drottningar" und ihre Höfe „Drott".

Jeder von ihrer Sippe wurde „Yngvi" oder „Yngunar" genannt und die ganze Sippe zusammen „Ynglinge".

Die Königin Drott wat eine Schwester von König Dan Mikillati, von dem Dänemark seinen Namen erhalten hat.

Der Name „Yngvi" hat für die Schwedenkönige dieselbe Funktion gehabt wie für die europäischen Herrscher der Name „Cäsar", von dem sich die Titel „Kaiser", „César" und „Zar" abgeleitet haben. In derselben Weise, wie sich die Herrscher „Kaiser" nannten, nannten sich die schwedischen Könige „Yngvi".

Aus dem Namen des Stammvaters der Ingväonen wurde somit über die Auffassung des Yngvi-Freyr als Urahn schließlich der Herrschertitel der Schwedenkönige.

„Rig" bedeutet „König" und ist einer der Titel des Tyr.

15. t) Heimskringla

(24. Kapitel) Der Yngvi, über den in diesem Kapitel berichtet wird, ist nicht Yngvi-Freyr selber, sondern ein späterer König, der den Namen Yngvi trug.

Falls die hier berichtete Geschichte eines gegenseitigen Brudermordes auf eine Mythe des Yngvi-Freyr zurückgehen sollte, dann ist diese Mythe leider nicht erhalten geblieben. Die Geschichte hat eine entfernte Ähnlichkeit mit dem zyklischen Herrschafts-Wechsel von Baldur und Hödur bzw. vor 500 n.Chr. von Tyr und Loki. Zu dem „Landwirtschafts-Gott" Freyr würde eine solche Jahreszeiten-Mythe durchaus passen – aber diese Deutung ist nur ein Anfangsverdacht.

Sowohl der Brudermord als auch die fälschlicherweise vermutete Untreue als Anlaß oder der versuchte Ehebruch sind in den Mythen und Sagen der Indogermanen ein häufiges Motiv.

Diese Vermutung wird von den Personennamen bestätigt: „Alrik" bedeutet „Allkönig" und könnte einst wie „Iwaldi" ein Titel des ehemaligen Sonnengott-Göttervaters Tyr gewesen sein. Der Name seines Sohnes „Alf" ist auch die Bzeichnung für die Totengeister – mit denen sowohl Tyr („Alberich") als auch Freyr („Alfheim") eng verbunden gewesen sind. „Yngvi" bedeutet schließlich „heiliger Jüngling" und könnte die wiedergeborene Sonne (Tyr) sein.

Alrics Söhne Yngvi und Alf folgten in Schweden auf den Königsthron. Yngvi war ein großer Krieger und immer siegreich, gutaussehend, geschickt in allen kriegerischen Dingen, stark und sehr durchsetzungsstark in der Schlacht, großzügig und voller Fröhlichkeit, sodaß er sowohl berühmt als auch beliebt war. Alf war ein schweigsamer, barscher und unfreundlicher Mann und saß zu Hause im Land und ging niemals auf Kriegszüge. Ihre Mutter war Dageid, eine Tochter von König Dag dem Großen, von dem die Daglinge-Sippe abstammt. König Alf hatte eine Frau mit Namen Bera, eine sehr angenehme Frau, forsch und fröhlich.

In einem Herbst kam Yngvi Alric-Sohn von einer Wikinger-Fahrt, für die er sehr gefeiert wurde, in Uppasala an. Er saß des Abends oft sehr lange an der Trink-Tafel; Alf jedoch ging sehr früh zu Bett. Königin Bersa saß oft noch bis spät in den Abend dabei und sie und Yngvi unterhielten sich zu ihrem Vergnügen.

Alf sagte ihr schon bald, daß sie am Abend nicht so lange aufbleiben solle, sondern als erste zu Bett gehen sollte, damit sie ihn nicht aufwecke. Sie erwiderte, daß die Frau glücklich wäre, die Yngve statt Alf als ihren Mann habe und sie wiederholte dies sehr oft und er wurde sehr wütend.

Eines Abends kam Alf in die Halle, in der Yngvi und Bera auf dem Hochsitz saßen und miteinander sprachen. Yngvi hatte ein kurzes Schwert auf seinen Knien und die Gäste waren so trunken, daß sie nicht bemerkten, daß der König hereingekommen war.

König Alf ging geradewegs zu dem Hochsitz, zog das Schwert unter seinem Umhang und stach es sofort durch seinen Bruder.

Yngvi sprang auf, ergriff sein kurzes Schwert und gab seinem Bruder die Todeswunde, so daß beide tot zu Boden fielen. Alf und Yngvi wurden unter Hügelgräbern in Fyrisvold bestattet.

Dies singt Thjodolf darüber:

„Ich berichte euch von etwas Schrecklichem,
über eine fürchterliche Tat singe ich:
darüber, wie wegen Königin Bera, der boshaften Königin,
sich die mordenden Hände der Brüder
gegen das Leben des anderen Bruders erhoben;
wie der elende Alf mit blutigem Messer

173

Yngvis Herz durchbohrte und Yngvis Messer
Alf auf den blutigen Boden niederwarf.
Können Menschen den eisernen Krallen des Schicksals widerstehen?
Sie töten sich gegenseitig ohne Grund ..."

15. u) Heimskringla

(36. Kapitel) Thjodolfr berichtet auch über König Yngvis Tod:

So singt Thjodolf darüber:

„Gewiß warfen die Feinde aus Estland
den blonden schwedischen König nieder.
An Estlands Strand, über den Schweden-Gräbern,
singt die Ostsee ihre Wellen-Lieder;
König Yngvars Klagelied ist das Tosen der Wogen,
die an den Fels-bedeckten Küsten brausen."

15. v) Heimskringla

(19. Kapitel) Der Beiname „Hart-Rat" bedeutet, daß König Harald Hardrada harten Rat, strenge Befehle und strikte Anweisungen gab und rücksichtslos in seinen Worten war. Aus diesem Grund wird „Hardrada" manchmal auch mit „Tyrann" übersetzt.
   Auch König Harald wird in den Liedern mit *„ Yngvi"* angeredet.

So sang Valgard:

„Tapferer Yngve! Zu dem Land, daß Dir
von Wyrd bestimmt ist, eilen die Winde mit Dir
schnell wie ein Sturm über das Meer –
zu Deinem Dir eigenen Land.
Als sie an den Ebenen von Scanlan vorüberfliegen,
glänzen die Schiffe zwischen See und Himmel,
und die Bräute von Scanlan blicken auf sie
und fürchten Unheil für die, die sie am meisten lieben."

15. w) Das erste Lied über Helgi Hunding-Töter

Auch in diesen Versen wird der Schweden-König „Ingvis Nachkomme" genannt:

Heil sollst Du, Held, der Herrschaft walten,
Ingwis Nachkomme, und das Leben genießen.

15. x) Das andere Lied über Sigurd Fafnir-Töter

Diese Dinge erzählte Regin dem Sigurd. Jenes Tages, da er zu Regins Hause kam,
wurde er wohl empfangen.
Regin sprach:

„Nun ist Sigmunds Sohn gekommen,
Der hurtige Held, zu unserm Haus;
Mut hat er mehr als ich alter Mann:
Bald kommt mir Kampf von dem kühnen Wolf.

Ich habe für den heerkühnen Helden zu sorgen,
Der als ein Enkel Yngwis zu uns kam.
Er wird der Männer Mächtigster werden.
Laut umkreist die Welt des Schicksals Gewebe."

15. y) Edda-Prolog

Bei ihm ließ Odin seinen Sohn, der Yngvi genannt wird und der nach ihm König der
Schweden geworden ist und von dem die Familien, die Ynglinge genannt werden,
abstammen.

15. z) Vers des Skalden Ottar der Schwarze

Im Osten fiel kein mächtiger Yngling.

Yngling = Schweden-König

15. aa)   Verse des Skalden Markus

Du hast, Yngvi,
den Königs-Sitz mit dauerhaftem Ruhm besessen!

Yngvi = Schweden-König

15. ab)   Zusammenfassung

Yngvi ist einst ein Stammesgott gewesen.

Die Götter wurden auch „Yngvis Sippe" genannt.

Freyr wurde „Herrscher der Götter" genannt.

Es gab auch die Genealogie „Yngvi – Niödr – Freyr – Fiölnir".

Ing besaß einen (Streit-)Wagen und ist von Dänemark aus ostwärts über das Meer nach Schweden gezogen. Sein Wagen könnte dem Sonnen-Streitwagen des Tyr entsprechen.

Freyr wurde auch als Sohn des Halfdan angesehen, der evtl. eine Saga-Variante des Tyr ist.

Yngvi wurde als der erste König von Schweden betrachtet.

Yngvi-Freyr wurde als ein König der Schweden angesehen, der vor sehr langer Zeit gelebt hat.

Die Schweden-Könige wurden „Nachkomme des Yngi", „Yngvis Enkel", und „Yngvis Sippe" genannt. Die Schwedenkönige konnten mit „Yngvi" angeredet werden.

Die Schweden sind die „Männer des Freyr" oder „Yngvis Volk".

Yngvi ist einst der Stammesgott der Schweden und ihr Götterkönig gewesen und er ist der Urahn der Schwedenkönige.

16.   Der Tod des Freyr

Über den Tod des Freyr gibt es in der „Heimskringla" und in „Die Vision der Seherin" zwei ganz verschiedene Versionen, die jedoch bei näherer Betrachtung lediglich zwei Varianten desselben Themas sind.

Es ist zunächst einmal beachtenswert, daß überhaupt über einen Tod des Gottes Freyr berichtet wird, da Götter eigentlich unsterblich sind. Für den Tod eines Gottes gibt es zwei Erklärungen:

1. Der Gott wurde zu einem König oder Helden in längst vergangener Zeit umgedeutet.
2. Der Gott hat eine Jenseitsreise-Mythe, d.h. er ist entweder
   a) ein Schamanengott,
   b) ein Sonnengott oder
   c) ein Korngott.

Göttinnen sterben in den Mythen so gut wie nie.

16. a)   Ynglinga-Saga

In der Ynglinga-Saga wird Freyrs Tod (wie bereits dargestellt) durch eine Krankheit verursacht. Seine Priester beschließen, seinen Tod zu verheimlichen, damit die guten Ernten weiterhin andauern.

Freyr wurde von einer Krankheit befallen und als die Krankheit die Oberhand gewann, faßten seine Männer den Plan, nur wenig zu ihm zu lassen.

In der Zwischenzeit errichteten sie ein großes Hügelgrab, in das sie eine Tür einfügten, die drei Löcher hatte. Als Freyr gestorben war, brachten sie ihn heimlich in dieses Hügelgrab, aber erzählten den Schweden, daß er noch lebe, und hielten drei Jahre lang Wache über ihm.

Sie brachten alle Abgaben zu ihm und warfen durch das eine Loch das Gold, durch das andere das Silber und durch das dritte die Kupfermünzen, die entrichtet wurden. So dauerten der Frieden und die guten Ernten fort.

... ...

Als die Schweden erfuhren, daß Freyr tot war und trotzdem der Frieden erhalten blieb und es weiterhin gute Ernten gab, glaubten sie, daß dies solange so bleiben würde, wie Freyr in Schweden blieb. Daher verbrannten sich seine Überreste nicht, sondern nannten ihn den Gott dieser Welt und brachten ihm ab da blutige Opfer dar – vor allem für Frieden und gute Ernten.

16. b)   Die Vision der Seherin

In diesem Lied stirbt Freyr nicht an einer Krankheit, sondern wird von dem Riesen Surtur getötet.

Surtr kam aus dem Süden
mit der Geißel der Zweige:
von seinem Schwert erstrahlt
die Sonne des Gottes der Gefallenen.
Felsengipfel zerbersten
und Trollfrauen machen sich auf den Weg.
Krieger betreten den Weg zur Hel
und der Himmel bricht auseinander.

Der Riese Surtur, der aus dem Süden kommt, ist der Göttervater Tyr aus dem Muspelheim-Jenseits im Süden, in dem auch Freyr seinen Saal „Alfheim" stehen hat, der ursprünglich Tyrs Halle gewesen sein wird.

Die „Geißel der Zweige" ist das Feuer. Das „Feuer" ist wiederum eine häufige Umschreibung für „Schwert".

Der „Gott der Gefallenen" ist Odin – in früherer Zeit hatte diese Funktion jedoch der ehemalige Göttervater Tyr inne. Der enge Zusammenhang an dieser Stelle zwischen „Schwert", „Sonne" und „Gott der Gefallenen" klingt wie eine Umschreibung des ehemaligen Göttervaters, Sonnengottes und Schwertgottes Tyr.

Die „Sonne des Totengottes" ist ein deutlicher Hinweis auf Tyr. Da sein Schwert wie diese Sonne leuchtet, ist dieses Schwert ein Sonnenschwert. Dieses Leuchten des Tyr-Schwertes wird auch in einigen Sagas über die Saga-Varianten des Tyr wie z.B. den König Sigrlami in der „Saga über Hervor und König Heidrek den Weisen" berichtet.

In den ersten vier Zeilen wird somit beschrieben, daß Surtur-Tyr von Süden her kommt. Dies ist der eigentliche Beginn des Ragnarök. Angesichts der Sonnen- und Schwertsymbolik des Tyr wird der nun folgende Kampf eine Ausweitung des abendlichen Zerbrechens von Tyrs Schwert sein. Diese Symbolik ist auch auf Freyr übertragen worden ist, wo das Zerbrechen des Schwertes zu einem Verschenken des Schwertes durch Freyr an Skirnir geworden ist. Durch dieses Verschenken kann Skirnir in das Jenseits zu der Riesin Gerdr reisen und sie für Freyr werben, was eine Umdeutung der Wiederzeugung des Tyr im Jenseits ist.

Die nächsten vier Zeilen sind wieder ein Beispiel für die beeindruckende Dichte der Bilder in diesem Lied. Die Szenerie ist zunächst einmal sehr dramatisch: Felsen, bersten, Trollfrauen kommen, Krieger gehen in die Unterwelt und der Himmel zerbricht.

Zwischen diesen vier Bildern gibt es viele Querverbindungen und zu ihnen gibt es zudem einige zusätzliche Assoziationen:

Die hier als bedrohlich geschilderten Trollfrauen, also die Riesinnen, sind eine Vervielfältigung der Riesin Hel, der Herrin der Unterwelt. Diese Riesinnen sind aber auch die Riesinnen im Jenseits, mit denen sich die Götter vereinen: Gerdr, Rindr, Jörd, Menglöd usw. Sie sind letztlich die Jenseitsgöttin bei der Wiederzeugung der Toten, also die Totengöttin Frigg-Freya, deren gefürchtete „Schattenseite" die Riesin Hel ist.

Die Krieger auf dem Weg zur Hel sind die gefallenen Krieger. Hel selber erscheint wie gesagt als die nahenden Trollfrauen.

Die „berstenden Felsengipfel" sind zum einen ein Bild für den Verlust des Haltes in der Welt, aber zum anderen gibt es auch eine Assoziation zu den Riesen (Surtur) und den Riesinnen („Trollfrauen"), die in den Gebirgen von Utgard wohnen. Es könnte außerdem ein sich-Öffnen der Hügelgräber gemeint sein, aus denen dann all die Toten hervorkommen.

Der auseinanderbrechende Himmel ist schließlich nicht nur ein Bild für das Ende der Welt, sondern auch ein Bild für den Tod der Krieger, da der Himmel aus dem Schädel des Urriesen Ymir besteht und somit das „Brechen des Himmels" dem Spalten des Schädels der Krieger in der Schlacht entspricht.

In der heutigen Zeit erfordert es meist eine längere Betrachtung, um all diese Assoziationen zu erfassen. Für die damaligen Germanen werden diese Assoziationen jedoch offensichtlich gewesen sein, da sie schließlich aus ihrem eigenen Weltbild stammten und Anspielungen auf ihnen gut bekannte Motive waren.

Diese Strophe beschreibt, daß das Ende naht – Tyr kommt von Süden und die gefallenen Krieger gehen in die Unterwelt zu der Göttin der Wiedergeburt (Trollfrauen, Hel, Frigg-Freya).

Da erfüllt sich Hlins
zweiter Schmerz,
als Odin geht,
um mit dem Wolf zu kämpfen,
und Belis strahlender Töter
gegen Surtr.
Da wird Friggs
süßer Freund fallen.

„Hlin" ist die Göttin Frigg in ihrer Funktion als Beschützerin. Ihr erster Schmerz wird vermutlich der Tod ihres Sohnes Thor sein, der im Kampf mit der Midgardschlange fällt. Diese Szene folgt in der „Vision der Seherin" zwar erst noch, aber es könnte trotzdem sein, daß Thors Sohn generell als „erster Schmerz der Frigg" und „Odins Tod" als „zweiter Schmerz der Frigg" umschrieben wurde.

Der Wolf, mit dem der Göttervater Odin kämpft, ist der Fenriswolf, der auch schon dem ehemaligen Göttervater Tyr die Hand abgebissen hat. Diese Szene hängt auch mit dem Verlust des Schwertes zusammen, da Tyr nach seinem Handopfer die rechte Hand fehlt, mit der er sein Schwert gehalten hat.

„Belis strahlender Töter" ist Freyr, der den Riesen Beli mit einem Hirschgeweih erschlagen hat. Hier finden sich gleich drei Zusammenhänge mit der Sonne: 1. Beli (Tyr) ist ein sehr alter Name für den Sonnengott, 2. Freyr wird als „strahlend" beschrieben, und 3. Freyr fällt im Kampf gegen Surtur, der der ehemalige Sonnengott-Göttervater Tyr ist. Die Wahrscheinlichkeit, daß der Ragnarök und insbesondere der Gott Freyr mit dem Sonnenzyklus assoziiert worden ist, ist folglich sehr groß.

Es ist auch interessant, daß sich in dieser Strophe fast alle versammelt haben, die den Charakter eines Göttervaters haben: 1. der aktuelle Göttervater Odin, 2. der ehemalige Göttervater Tyr (Surtur), 3. der ehemalige Sonnengott Beli („Bel" = „Sonne, Herr"), 4. Freyr („Gott der Welt") und Thor (der in Uppsala und in Schweden der wichtigste Gott gewesen ist).

Die Vorgänge in dieser Strophe werden daher letztlich der Sonnenuntergang und der Herbst sein, bei dem auch der Göttervater stirbt. Diese Szenerie ist zwar mehrfach umgedeutet worden (Freyr tötet Beli, Surtur tötet Freyr u.a.) und der Göttervater ist auch teilweise schon zu einem Riesen geworden (Beli, Surtur), aber die Grundsymbolik ist noch deutlich erkennbar.

Wenn man diese Szene mit dem Krankheits-Tod des Freyr aus der Heimskringla vergleicht, ist als erstes deutlich, daß Freyr einen „besonderen Tod" stirbt: In der Heimskringla stirbt er durch eine Krankheit und sein Tod wird lange Zeit verheimlicht, sodaß es weiterhin gute Ernten gibt, und in der „Vision der Seherin" wird er durch den Sonnengott-Göttervater Tyr getötet, während er selber vorher den Sonnenriesen Beli getötet hat.

In der Heimskringla versuchen die Priester des Freyr im Grunde, den Zyklus der Jahreszeiten zu verhindern – wenn man einmal davon ausgeht, daß die durch Freyr verursachte „gute Ernte" ursprünglich der Sommer gewesen ist. In derselben Weise ist auch der Tod des Beli durch Freyr und der Tod des Freyr durch Surtur ein solcher Zyklus, wenn man das Motiv der Wiedergeburt hinzunimmt: Im Frühling tötet Freyr den Beli/Surtur und erlangt die Herrschaft, während im Herbst Freyr durch Surtur/Beli getötet wird – wobei natürlich auch schon der Sonnengott/Göttervater als der Mörder des Fruchtbarkeitsgottes Freyr eine Umdeutung ist, da ursprünglich der Wintergott Loki (später Hödur) und der Sommergott Tyr (später Baldur) einen endlosen, zyklischen Kampf miteinander geführt haben, der die Jahreszeiten entstehen läßt.

Die Krankheit des Freyr könnte aus einer Verharmlosung des herbstlichen Todes des Freyr entstanden sein, die u.a. auch eine Rationalisierung des Todes im Herbst und der anschließenden Wiedergeburt des Gottes im Frühling gewesen sein könnte: Es paßte in eine Saga weit besser, wenn „König Freyr" nicht wie in seiner Mythe im Herbst starb und dann im Frühling wiedergeboren worden, sondern wenn er im Herbst nur krank wurde und dann im Frühling wieder gesundete. Die Variante der Krankheit und des verheimlichten Todes in der Heimskringla liegt offenbar zwischen der Mythe eines Gottes und der Saga eines Königs.

Die Symbolik des Todes des Freyr					
Zyklus	*Ernten*	*Die Vision der Seherin*	*Heimskringla*	*Ursprung*	
Frühling: *Aussaat*	-	Freyr tötet Beli/Surtur	Freyrs Geburt	Wiedergeburt	Tyr tötet Loki
Sommer: *Wachstum*	-	Freyr lebt	Freyr lebt	Diesseits	Tyr herrscht
Herbst: *Ernte*	gut	Surtur/Beli tötet Freyr	Freyr krank	Tod	Loki tötet Tyr
Winter: *Ruhe*	schlecht/ keine	Freyr ist tot	Freyrs verheimlichter Tod	Jenseits	Loki herrscht

Der Tod des Freyr könnte der hier betrachteten Symbolik zufolge entweder auf den Tod der Sonne am Abend bzw. im Herbst oder auf die Vegetations-Symbolik zurückgehen.

16. c)   Gylfis Vision

Freyr streitet wider Surtur und kämpfen sie ein hartes Treffen bis Freyr erliegt, und das wird sein Tod, daß er sein gutes Schwert vermißt, das er dem Skirnir gab.

Surtur = der ehemalige Göttervater Tyr, dessen Symbol das Schwert ist (Freyr ist hier der Nachfolger des Tyr.)

16. d) Gesta danorum

Über König Hadding wird berichtet, daß er dem Freyr ein Opfer brachte, um einen unwissentlichen Mord an einem Gott zu sühnen. Vermutlich ist diese Erzählung aus dem Leben des Königs Hadding schon stark umgedeutet worden, da der Mord eines Gottes durch einen König doch sehr unwahrscheinlich scheint. Auch die Vorgeschichte dieses Mordes spricht dafür, daß es sich bei dieser Erzählung um die Umdeutung einer ehemaligen Mythe handelt.

Auch in dieser Erzählung ist die Weltsicht und der Sprachduktus des christlichen Mönches, der diese Geschichte der Dänen niedergeschrieben hat, an vielen Stellen des Textes deutlich herauszuhören.

Danach verbrachte Hadding die ganze Winterzeit mit den intensivsten Vorbereitungen für die Weiterführung des Krieges.

Als der Frost von der Frühlingssonne geschmolzen worden war, fuhr er zurück nach Schweden und verbrachte dort fünf Jahre mit dem Führen des Krieges.

Aufgrund seiner langen Kriegsführung hatten seine Krieger all ihren Proviant verbraucht und waren bis in das Extrem der Abmagerung gelangt und begannen ihren Hunger mit Pilzen aus dem Wald zu stillen. Später schlachteten sie dann unter dem großen Druck des Hungers ihre Pferde und aßen schließlich sogar Hunde, um ihren Hunger zu stillen. Noch schlimmer war es, daß sie auch keine Bedenken mehr hatten, auch menschliche Glieder zu essen.

Als die Dänen auf diese Weise in die verzweifeltste Lage geraten waren, erklang während des ersten Schlafes der Nacht in ihrem Lager ohne das irgendein Mensch ihn sang, das folgende Lied:

„Durch schlechte Vorhersagungen habt ihr das Heim eures Landes verlassen und gedachtet, diese Felder im Krieg zu plündern.

Welche unsinnigen Vorstellungen haben euren Geist verspottet?

Welches blinde Selbstvertrauen hat eure Sinne ergriffen, daß ihr glaubt, diese Erde könne so erobert werden?

Die Macht der Schweden kann nicht vor einem Fremden im Krieg nachgeben oder zittern – sondern euer ganzes Heer wird dahinschmelzen, wenn es unser Volk im Krieg angreift. Denn wenn die Flucht den stürmischen Angriff aufgebrochen hat und der kämpfende Teil des Heeres wankt, dann wird denen, die im Krieg die Oberhand erhalten, freie Hand gegeben werden, die abzuschlachten, die ihnen die Rücken zuwenden.

Und sie haben die Macht verliehen bekommen, um so härter zuzuschlagen, wenn Wyrd den Erneuerer des Krieges vor sich hertreibt.

Und man soll nicht diejenigen mit den Speeren zielen lassen, die die Feigheit ablenkt."

Dieses Lied, das ohne einen sichtbaren Sänger in dem Dänen-Lager erklang, ist offenbar ein Walküren-Lied, das das drohende Ende von König Hadding und seinem Heer verkündet.

Auch die Erwähnung des „Wyrd", also des Schicksals spricht für diese Deutung, da das Wort „Wyrd" mit dem Namen der Norne „Urd", deren Botinnen die Walküren ursprünglich gewesen sind, identisch ist.

Diese Prophezeiung erfüllte sich in der Dämmerung des nächsten Tages durch ein großes Gemetzel an den Dänen.

In der nächsten Nacht hörten die Krieger der Schweden genauso einen Ausruf, ohne das jemand erkennen konnte, wer da sprach:

„Warum lehnt sich Uffe mit einem solch leidvollen Aufstand gegen mich auf?

Er wird die größte Strafe zahlen müssen! Denn er wird unter Schauern von Speeren durchbohrt und begraben werden und er wird fallen zur Sühne für seinen unverschämten Versuch!

Und auch die Schuld seiner mutwilligen Rachsucht wird nicht unbestraft bleiben: So wie ich es vorhergesagt habe, wird sein Leib, sobald er in die Schlacht eingreift und zu kämpfen beginnt, an jeder Stelle von den Spitzen der Speere getroffen werden und seine offenen Wunden werden von keinem Verband geschützt werden können und kein Heilmittel wird Deine großen Kampfeswunden heilen können!"

Der teilweise recht christliche Klang dieser Prophezeiungen und der merkwürdige Umstand, daß beiden Heere eine Niederlage prophezeit wird, zeigt, daß auch diese Szene eine Weiterentwicklung einer früheren Mythe sein könnte. Sie erinnert ein wenig an die ewige Schlacht zwischen den Heeren des Hedin (Tyr) und des Högni (Loki).

In derselben Nacht kämpften die beiden Heere gegeneinander. Da erschienen zwei haarlose alte Männer, die von ihrem Aussehen garstiger als Menschen aussahen. Alle konnten ihre schreckliche Kahlköpfigkeit im blinkenden Sternenlicht sehen. Sie verteilten ihr ungeheuerliches Streben auf einen gegensätzlichen Feuereifer: Einer von ihnen feuerte die dänische Seite an und der andere trieb die Schweden zum Kampf.

Die Kahlköpfigkeit ist im nicht nur ein Zeichen für ein hohes Alter, sondern oft auch ein Zeichen von Schamanen, deren Kontakt zu den Toten ein Sinnbild in ihrem Totenkopf-kahlen Schädel findet. Diese Symbolik findet sich bei verschiedenen

Völkern – man kann möglicherweise auch die christliche Tonsur zu dieser Symbolik zählen. Die keltischen Druiden scherten sich einen Steifen von dem einen zu dem anderen Ohr kahl – möglicherweise hat es auch bei den Goden einst einen derartigen Brauch gegeben. Falls dies zutreffen sollte, wären die beiden alten Männer ursprünglich einmal die Goden gewesen, die die beiden Heere durch ihre Magie unterstützt haben.

Hadding wurde besiegt und floh nach Helsingland. Als er dort er seinen Leib, der von Feuer verbrannt worden war, in dem kalten Meereswasser wusch, griff er ein Ungeheuer von ihm unbekannter Art an und schlug es mit vielen Hieben nieder. Nachdem er es getötet hatte, trug er es in sein Lager.

Es stellt sich die Frage, welcher Gott sich wohl in die Gestalt dieses Meeresungeheuers verwandelt haben mag – und welche Art von Meeresungeheuer dies gewesen sein könnte.

Ein Drache wäre denkbar, aber ebenso ein im Meer lebendes Troll-Ungeheuer wie Grendel aus dem Beowulf-Epos, das zwar von den Angelsachsen um 750 n.Chr. in England niedergeschrieben wurde, aber ursprünglich aus Dänemark stammt. Während Grendel als Ungeheuer dargestellt wird, wird das von Hadding getötete Monster in der folgenden Strophe als ein Gott bezeichnet. Dies ist kein Widerspruch, da Grendel und seine Mutter in der Tiefe ihres Sumpfes ursprünglich die Jenseitsgöttin (Hel, Freya) und der von ihr wiedergeborene Tote (ihr Sohn Tyr-Grendel) gewesen sind.

Falls diese Deutung zutreffen sollte, müßte sich in Dänemark die Erinnerung an die eigentliche Bedeutung des „Ungeheuers im Meer" als des ehemaligen Sonnengott-Göttervaters Tyr in der Gestalt eines Drachen in der Wasserunterwelt recht lange gehalten haben.

Als er sich seiner Tat brüstete, traf ihn eine Frau (Walküre) *und sprach ihn mit folgenden Worten an:*

„Ob Du zu Fuß über die Felder schreitest
oder ob Du das Segeltuch über der See spannst:
Du wirst den Haß der Götter erleiden
und in der gesamten Welt wirst Du erleben,
wie die Elemente Deinem Willen widerstreben!
Auf dem Fels sollst Du fallen,
auf der See sollst Du umhergeworfen werden,
ein ewiger Sturm soll die Schritte Deiner Wanderung begleiten!
Niemals soll die Frost-Steife Deine Segel verlassen,
niemals soll Dein Dach-Baum Dir Schutz geben

– und wenn Du nach ihm suchst, soll es vom Sturm zerschmettert werden!
Deine Herde soll in bitterer Kälte umkommen,
alle Deine Dinge sollen verderben
und sie sollen Dein Los beklagen!
Du sollst ausgestoßen werden wie ein Pest-Krüppel
und keine Krankheit soll schlimmer sein wie Du!
Diese Strafe hat die Macht des Himmels über Dich verhängt,
denn wahrlich,
Deine frevlerischen Hände haben einen von den Bewohnern der oberen Welt getötet,
als er sich in einer Gestalt verborgen hatte, die nicht seine eigene war:
Hier stehst Du, der Mörder des wohltätigen Gottes!
Wenn Dich jedoch die See empfängt,
wird der Zorn des Kerkers des Windgottes auf Dein Haupt losgelassen werden!
Der Westwind und der wütende Nordwind
und der Südwind sollen Dich niederschlagen,
sie sollen sich vereinen und ihre Böen einander übertreffend aussenden,
bis Du mit guten Gebeten die Härte des Himmels erweicht hast,
und mit Besänftigungen die verdiente Strafe aufgehoben hast!"

Der Windgott wird von Saxo grammaticus mit dem Namen des griechischen Wind-gottes „Eolus" benannt – es wird aber wohl der germanische Windgott Kari gemeint sein.

Wenn es sich bei dem Ungeheuer-Gott wirklich um Tyr als Drache handeln sollte, dann würde der Mord des Tyr-Drachen dem Mord des Tyr-Beli durch Freyr und dem Mord des Sommergottes Tyr durch den Wintergott Loki entsprechen.

Diese Deutung wird dadurch bestätigt, daß König Hadding der Vater des Königs Frode (Freyr) ist.

Der Name „Hadding" bedeutet „Langhaariger" und ist ursprünglich ein Beiname der beiden Alcis-Pferdesöhne des Tyr gewesen und bezieht sich auf deren lange Mähne und deren langen Schweif. Hadding könnte daher auch eine Saga-Variante des Tyr sein.

Die enge Verbindung des Freyr mit dem ehemaligen Sonnengott-Göttervater Tyr ist in den Mythen des Yngvi-Freyr sehr ausgeprägt.

Als König Hadding zurückkehrte, erlitt er alle Dinge in der genannten Weise und sein Kommen brachte Unruhe zu allen friedlichen Orten. Denn wenn er zur See war, erhob sich ein mächtiger Sturm und zerstörte seine Flotte in einem großen Gewitter-sturm, und als er als schiffbrüchiger Mann Schutz und Hilfe suchte, sah er, wie das Haus plötzlich zusammenstürzte.

Und es gab keine Heilung für seine Leiden, bevor er Buße für sein Verbrechen tat und in der Lage war, in die Gunst des Himmels zurückzukehren.

Um den Frieden der Götter wiederzuerlangen, brachte er dem Gott Freyr finstere Opfer dar. Diese Weise der Versöhnung wiederholte er als ein jährliches Fest und seine Nachwelt folgte ihm darin. Dieses Fest nennen die Schweden das „Froblot" – das Opfer oder das Fest des Freyr.

Diese Erzählung soll offenbar die Entstehung des jährlichen Festes des Freyr erklären.

In dieser Sage kommen mehrere Elemente vor, die einen mythologischen Ursprung haben könnten und möglicherweise auf die Teile eines Krönungsrituals zurückgehen. Diese Deutung ist zwar für sich genommen recht unsicher, aber sie gewinnt im Zusammenhang mit dem, was ansonsten über die Religion und die Rituale der Germanen bekannt ist, doch einige Wahrscheinlichkeit.

Wenn diese Auffassung des Ursprunges dieser Sage zutrifft, müßte Yngvi-Freyr einmal ein Göttervater gewesen sein, wozu sein hohes Ansehen, seine frühere Stellung als Hauptgott von Uppsala, seine Auffassung als Ahnherr der Schwedenkönige und auch sein Titel „Gott der Welt" gut passen würden. Freyr wäre dann die Wanen-Entsprechung zu Tyr/Odin bei den Asen gewesen.

Diese Deutung soll jedoch nicht bedeuten, daß das jährliche Fest des Freyr eigentlich das Krönungsjubiläum des schwedischen Königs gewesen ist, sondern nur, daß die Krönung der schwedischen Könige mit dem Fest des Freyr verbunden gewesen ist, dessen Hauptthema vermutlich die Wiedergeburt der Sonne und des Getreides im Diesseits und die Wiedergeburt der Toten im Jenseits gewesen ist. Da diese beiden Themen wie die Krönung die Jenseitsreise als Hauptmotiv haben, haben sich alle drei Themen zu einem einzigen Fest zusammengefügt.

Das zyklische Element des Festes stammt aus der Sonnen-Symbolik und aus der Korn-Symbolik.

vermutete Ursprünge der Motive der Hadding-Sage						
Mythe				*Krönungs-Ritual*	*Saga*	
Tyr und Loki	*Baldur und Hödur*	*Freyr und Beli*	*Surtur und Freyr*		*Hedin und Högni*	*Hadding-Saga*
Wyrd	Wyrd	Wyrd	Wyrd	Verkündung des Beginns des Krönugsrituals durch eine Priesterin	Verursachung des Kampfes durch die Göttin /Walküre Freya-Göndul	Verkündung der Niederlage des Heeres bzw. des Todes des Königs durch eine Stimme
Tod des Tyr durch Loki	Tod des Baldur durch Loki /Hödur	Tod des Tyr-Beli durch Freyr	Tod des Freyr durch Tyr-Surtur	der rituelle Tod des Königs	der ewige Kampf zwischen Tyr-Hedin und Loki-Högni	zwei kahlköpfige alte Männer als Kriegstreiber
Tyr als Drache in der Wasserunterwelt	Baldur bei Hel			Begegnung des Königs mit Tyr/Odin	Versteinerung der Toten	Meeresungeheuer
Wiedergeburt des Tyr	Tod des Hödur durch Wali; Wiedergeburt des Baldur nach dem Ragnarök			Rückkehr von der Jenseitsreise	Freya-Göndul erweckt die Toten wieder zum Leben; König Olaf erlöst die beiden Heere	Buße
				Krönungs-Fest		Freyr-Ritual

187

16. e)   Gesta danorum

König Frode, der Sohn des Königs Hadding, ist mit Freyr identisch: In seiner Saga sind einige Elemente der Mythen des Freyr bewahrt worden.

Auf Hadding folgte sein Sohn Frode, der viele und sehr verschiedene Geschicke erlebte. Als seine Jugendjahre vorüber waren, zeigte er alle Kühnheit eines Kriegers und weil er es verabscheute, daß diese durch Müßiggang vergeudet werden würde, wandte er seinen Geist von allen Vergnügungen fort und richtete ihn beharrlich auf die Waffen.

Weil die Kriegsführung die Schatzkammer seines Vaters geleert hatte, fehlte es ihm an einem Vorrat an Geld, mit dem er seine Truppen unterhalten konnte. Daher suchte er überall nach Möglichkeiten, wieder zu den benötigten Reichtümern zu gelangen. Während er damit beschäftigt war, traf er einen Bauern, der seine Hoffnungen durch die folgende Worte weckte:

„Nicht fern von hier liegt eine Insel, die sich in sanften Wellen erhebt, die in ihren Hügeln Schätze verbirgt, die eine reiche Beute wären. Dort wird ein stattlicher Hort von dem Besitzer des Hügels bewahrt, der eine Schlange ist, die sich in vielen Windungen schlängelt, oft über sich selber liegend, mit einem Schwanz, der sich in vielen Bögen erstreckt, und die die vielen Spiralen ihres Leibes kreisen läßt und Gift ausspuckt.

Wenn Du sie besiegen willst, mußt Du einen Schild benutzen und ihn mit einem Stierfell beziehen und Du mußt Deinen Körper mit einem Kuhfell bedecken und darauf achten, daß Deine Glieder nicht mit dem Gift in Berührung kommen, denn sein Speichel verbrennt alles, was er berührt. Auch wenn ihre dreigespaltene Zunge umherzüngelt, sie ihr Maul weit aufreißt und sie Dich mit schrecklichen Wunden bedroht, mußt Du Dir immer Deinen furchtlosen Geist bewahren. Laß Dich weder durch ihre gezackten Zähne beunruhigen noch durch die Ungeheuerlichkeit ihres Leibes und auch nicht durch das Gift, daß sie schnell aus ihrem Hals spuckt.

Auch wenn die Härte ihrer Schuppen Deine Speere wirkungslos abprallen läßt, so gibt es doch eine Stelle unter ihrem Bauch, die Du mit Deinem Schwert durchdringen kannst. Ziele mit Deinem Schwert dorthin und Du wirst die Schlange bis in ihre Mitte treffen. Dann gehe furchtlos den Hügel hinauf, nimm die Hacke, grabe und plündere die Höhle. Schon bald werden Deine Taschen voller Schätze sein, mit denen Du dann Dein Schiff beladen kannst.“

Frode glaubte ihm und ging alleine zu der Insel, da er das Ungeheuer nicht mit einer stärkeren Begleitung angreifen wollte als mit der, mit der es für Helden üblich war, ein solches Ungeheuer anzugreifen.

Nachdem die Schlange Wasser getrunken hatte und zu ihrem Lager zurückkehrte, wies ihre rauhe und harte Haut Frodes Stahl ab. Auch die Speere, die er gegen sie warf, prallten wirkungslos ab – die Kraft des Werfers war vergeudet. Nachdem der harte Rücken der Schlange kein bißchen nachgab, achtete er genau auf ihren Bauch, dessen Weichheit seinem Stahl nicht widerstehen konnte.

Das Ungeheuer versuchte sich durch Bisse zu verteidigen, aber traf mit den scharfen Zähnen ihres Maules nur den Schild. Dann ließ es wieder und wieder seine zuckende Zunge vorschnellen und atmete zugleich ihr Gift und ihr Leben aus.

Die Beschreibung des Schatzes als in einer Höhle in einem Hügel auf einer Insel liegend zeigt deutlich, daß es sich hier um die Grabbeigaben in einem Hügelgrab handelt. Der Drache könnte der ehemalige Sonnengott-Göttervater Tyr in der Unterwelt sein – dieser Drachenkampf würde dann Haddings Töten des Meeresungeheuers, Freyrs Töten des Tyr-Beli, Beowulfs Töten des Grendel, Sigmunds Töten des Drachens, Sigurd Sigmund-Sohns Töten des Drachens usw. entsprechen.

Das Stierfell und das Kuhfell könnten eine Erinnerung daran sein, daß bei den Bestattungen ein Herdentier geopfert wurde und der Tote dann in das Fell dieses Tieres eingewickelt wurde. Ein solches Fell wurde auch beim Utiseta, also bei den Beschwörungen der Ahnen als „fliegender Teppich" für die Jenseitsreise benutzt.

Die verbrennende Wirkung des Giftes der Schlange ist eine Mischform aus dem Gift der Schlangen und dem Feuer der Drachen, das sich auch in anderen Sagas findet.

Das Motiv des ungeschützten Bauches des Drachen ist in den germanischen Drachenerzählungen weit verbreitet und hat eine längere Entstehungsgeschichte:

> 1. Ein Drache ist ein Totengeist in der Grabkammer eines Hügelgrabes, also in einer „Grube".
>
> 2. Wer den Grabschatz haben will, muß sich einen Tunnel in die Grube graben und in sie hinuntersteigen und mit dem Drachen kämpfen.
>
> 3. Der Drache wird aus einer Grube heraus erstochen.
>
> 4. Der Bauch des Drachen ist verletzbar, da aus der Grube heraus nur der Bauch des Drachen erreicht werden kann.

Das häufige Motiv des Auflauerns auf den Drachen an seinem Weg zur Wasserstelle ist eine übliche Jagdtechnik, da man an Wasserstellen am sichersten das Jagdwild finden kann. Diese Jagdtechnik wurde auch auf das Töten eines Drachen übertragen.

Eine Deutung des Wassers als Wasserunterwelt wäre zwar auch denkbar, aber die Deutung als übliche Jagdmethode reicht zunächst einmal zur Erklärung aus.

Vielleicht ist die dreigespaltene Zunge ein Hinweis auf Tyr – die Symbolik der „3" als Zahl des Sonnenzyklus (und somit auch des Tyr) war bei den Germanen und auch allgemein bei den Indogermanen fest verankert.

Dieses Rauben eines von einem Drachen gehüteten Schatzes könnte evtl. auf die

Krönung eines Königs zurückgehen, in deren Verlauf der angehende König in der Gestalt einer Schlange (Drache) in die Unterwelt (Hügelgrab) reist.

... ...

Nach den Triumphen in Britannien und dem Plündern der Iren zogen sie nach Dänemark zurück und es gab eine dreißigjährige Pause in der Kriegsführung. In dieser Zeit wurde der Name der Dänen in der ganzen Welt vor allem für deren außergewöhnliche Kraft berühmt.

Daher begehrte Frode, das Strahlen seines Reiches für immer zu verlängern und zu sichern. Als erstes machte er es sich zur Aufgabe, allen Diebstahl und alle Räuberei zu beenden, da er spürte, daß diese etwas Böses in der Heimat und eine innere Krankheit waren und daß dann, wenn alle Völker sie loswerden würden, sie ein friedlicheres Leben genießen könnten und kein böser Wille mehr die dauerhafte Ausdehnung des Friedens verletzen und behindern würde.

Er achtete ebenfalls darauf, daß das Land nicht von irgendeiner heimischen Plage verwüstet wurde während die Feinde ruhten, und daß sich die innere Verkommenheit nicht vermehrte, während außen Frieden herrschte.

Zuletzt ordnete er an, daß in Jütland, dem Hauptbezirk seines Reiches, ein sehr schwerer goldener Armreif auf den Straßen zur Schau gestellt werden sollte (so wie er es zuvor in dem Bezirk Wik getan hatte), denn er wünschte durch diesen herrlichen Schatz die Ehrlichkeit zu prüfen, die er erschaffen hatte.

Nun, obwohl der Geist der Unehrlichen durch die Provokation, die dieser Schatz ihnen bereitete, verwirrt waren, und die Seelen der Bösen durch ihn versucht wurden, obsiegte die Furcht vor der unzweifelhaften Gefahr. Denn so gewaltig war die Herrlichkeit des Frode, daß sie sogar Gold bewachte, das auf diese Weise der Plünderung ausgesetzt war, als ob es mit Schloß und Riegel behütet sei. Diese seltsame Anordnung brachte seinem Erfinder großen Ruhm.

Nachdem er überall hin Vernichtung gebracht hatte und fern und weit ruhmreiche Siege errungen hatte, hatte er sich entschlossen, allen Menschen ein ruhigeres Leben zu schenken, damit die Freude des Friedens den Schrecken des Krieges folgen sollte und das Ende der Schlachten der Beginn sein Sicherheit werden würde. Er beschloß weiterhin, daß aus demselben Grund der Besitz aller Menschen durch einen schützenden Erlaß gesichert werden sollte, damit das, was vor einem äußeren Feind geschützt worden war, nicht einem inneren Plünderer zum Opfer fiel.

Dieser „Frodi-Friede", der hier aus einer mehr politischen Perspektive beschrieben wird, ist eine der grundlegenden Qualitäten des Gottes Freyr. Es beachtenswert, daß hier auch die einfachen Leute, d.h. vor allem die Bauern, sowie der Besitz durch Frode geschützt worden sind. Dies paßt gut zu dem „Bauern-Gott" Freyr.

Astrologisch gesehen scheint Freyr-Frode ein „Stier" zu sein – zumindestens erscheinen hier sehr viele Eigenschaften dieses Sternzeichens …

… … …

Inzwischen kam eine gewisse alte Frau (Freya), *die in der Zauberkunst erfahren war und die mehr in ihre Künste vertraute als daß sie die Strenge des Königs fürchtete und stachelte die Begierde ihres Sohnes nach dem Schatz an. Sie versicherte ihm Straflosigkeit, da der König fast schon an dem Tor des Todes stand, sein Leib schwach und die Überreste seines altersschwachen Geistes kraftlos waren.*

Er stellte dem Rat seiner Mutter die Größe der Gefahr gegenüber, aber sie gebot ihm, Hoffnung zu fassen und erklärte, daß entweder eine Seekuh ein Kalb haben sollte oder daß die Rache des Königs durch irgendeine andere Fügung vereitelt werden solle. Durch diese Rede vertrieb sie die Ängste ihres Sohnes und ließ ihn ihr gehorsam sein.

Als die Tat getan war, wurde Frode, von dem Angriff getroffen, von der größten Hitze und Wut erfüllt und ließ das Haus der alten Frau niederreißen und sandte Männer aus, um sie gefangen zu nehmen und sie mit ihren Kindern herbeizubringen.

Dies hatte die Frau vorhergesehen und täuschte ihre Feinde mit einer List, indem sie von der Gestalt einer Frau zu der einer Stute wechselte.

Als Frode herbeikam, nahm sie die Gestalt einer Seekuh an, die an der Küste umherzurobben und zu grasen schien. Und sie ließ ihre Söhne wie Kälber von geringerer Größe aussehen. Dieses Omen erstaunte den König und er befahl, daß sie umringt und von ihrem Rückweg ins Wasser abgeschnitten würden. Dann verließ er den Karren, den er wegen der Schwäche seines alten Körpers benutzte und setzte sich verwundert auf den Erdboden.

Aber die Mutter, die die Gestalt des größeren Tieres angenommen hatte, griff den König mit ausgestreckten Hauern an und durchstach eine seiner Seiten. Diese Wunde tötet ihn und sein Ende war einer Majestät wie der seinen unwürdig.

Seine Krieger, die nach Rache für seinen Tod dürsteten, warfen ihre Speere und durchstachen die Ungeheuer. Als sie getötet worden waren, sahen sie, daß es Leichen von menschlichen Wesen mit den Köpfen von wilden Tieren waren: ein Umstand, der die List mehr als alles andere offenbarte.

So endete Frode, der berühmteste König der Welt.

Die Edelleute hatten seinen Körper, nachdem er ausgeweidet worden war, drei Jahre lang einbalsamiert, denn sie fürchteten, daß sich die Provinzen erheben würden, wenn der Tod des Königs bekannt würde.

Das Verheimlichen des Todes des Freyr durch die Edelleute zeigt deutlich, daß es sich bei König Frode um die Sagen-Variante des Gottes Freyr handelt, dessen Tod ebenfalls lange geheimgehalten worden ist.

Sie wollten, daß Frodes Tod insbesondere vor allen Ausländern verborgen bleibt, damit sie durch die Vortäuschung, daß er noch lebte, die Grenzen des Reiches bewahren konnten, die für so lange Zeit so weit ausgedehnt gewesen waren, und daß sie durch die alte Autorität ihres Heerführers weiterhin die Abgaben von ihren Unterworfenen erhielten.

Daher wurde die leblose Leiche von ihren fortgetragen, aber so, daß es schien, daß es keine Totenbahre, sondern ein königlicher Wagen war – so als sei dieser Wagen die rechtmäßige und passende Hilfe der Krieger für einen alten und schwachen Mann, der nicht mit im Vollbesitz seiner Kräfte war. Solch eine Pracht gaben ihm seine Freunde sogar noch in seinem Tod.

Als jedoch seine Glieder verfaulten und von starker Verwesung ergriffen worden waren und als der Verfall nicht mehr aufgehalten werden konnte, begruben sie seinen Leichnam mit einer königlichen Bestattung in einem Hügelgrab in der Nähe von Waere, das eine Brücke nach Seeland bildete. Sie erklärten, daß es Frodes Wunsch gewesen sei, an dem Ort, der für die Hauptprovinz seines Königreiches gehalten wurde, bestattet zu werden.

16. f) Zusammenfassung

Der Beschreibung des Todes des Königs Frode enthält so viele mythologische Elemente, daß er nicht nur dadurch erklärt werden kann, daß Frode als Saga-Variante des Freyr ein Mensch und somit sterblich ist. Freyr muß somit entweder ein Schamanengott oder ein Korngott oder ein Sonnengott gewesen sein, da nur diese drei Arten von Göttern sterben.

Da zum einen Freyr den Tyr-Beli tötet und zum anderen Tyr-Surtur den Freyr tötet, liegt offenbar eine zyklische Mythe vor, was die Möglichkeit des Schamanengottes, für den es in den übrigen Freyr-Mythen auch keinerlei Hinweise gibt, ausschließt. Yngvi-Freyr muß also ein Sonnen- und/oder Korngott gewesen sein.

Als Fruchtbarkeitsgott liegt die Deutung als Korngott nahe – als Reiter auf einem goldleuchtenden Eber ist aber auch ein Element des Sonnengottes vorhanden. Die Verbindung zwischen beiden Möglichkeiten ist die Betonung der Wiederzeugung in der Darstellung des Freyr, da sich sowohl der Sonnengott als auch der Korngott im Jenseits wiederzeugen muß, um wiedergeboren zu werden.

Freyr-Frode tötet einen Drachen in einem Hügelgrab auf einer Insel. Dieser Drache könnte Tyr auf der Jenseitsinsel Walaskialf („Toteninsel") im Westen, wo die Sonne im Meer untergeht, sein. Diese Saga entspricht dem Töten des Tyr-Beli durch Freyr.

Dieses Motiv muß wichtig gewesen sein, da auch Frodes Vater Hadding (Tyr) ein Meeresungeheuer tötet, das eigentlich ein Gott ist und daraufhin von einer Frau mit einem Fluch belegt wird. Auch dieser Meeresungeheuer-Gott wird Tyr als Drache in der Wasserunterwelt sein.

Der Kampf des Heeres des Hadding gegen das Heer der Schweden, in dem es nur zwei Verlierer gab und der vor dem Kampf des Hadding mit dem Ungeheuer stattgefunden hat, erinnert an den endlosen Kampf zwischen Tyr-Hedin und Loki-Högni.

Aus dem Fest nach der erfolgreichen Buße des Hadding für sein Töten des Meeresungeheuers ist das Fest des Freyr entstanden. Dieses Fest könnte daher die Wiedergeburt dieses Tyr-Drachens, also den Beginn des Sommers zum Thema gehabt haben.

Die Auffassung des Freyr-Frode als Sohn des Tyr-Hadding bestätigt noch ein weiteres Mal die enge Verbindung von Freyr mit Tyr.

Der Ring, den der Sohn der Freya dem Freyr-Frode raubt, ist recht sicher eine Umdeutung des Sonnen-Ringes, der die Wiedergeburt symbolisiert. Diesen Ring tragen die Statuetten des Freyr an ihrem rechten Handgelenk.

Das Töten des Freyr-Frode durch eine Zauberin, die seine Schwester Freya ist und die die Gestalt einer Seekuh angenommen hat, ist durch den gefürchtete Hel-Aspekt der Jenseitsgöttin entstanden.

Der Leib des Frode-Freyr wird nach seinem Tod mumifiziert, was ansonsten nur noch von dem Kopf des Tyr-Mimir bekannt ist. Auch hier findet sich wieder eine Verbindung zwischen Tyr und Freyr.

Die Schilderung des Todes des Freyr läßt sich am einfachsten dadurch erklären, daß Freyr der Wiederzeugungs-Aspekt sowohl des ehemaligen Sonnengott-Göttervaters Tyr und des Getreides ist sowie vermutlich auch des Stammesgottes Yngvi.

17. Kenningar

In den Kenningarn, die einen Bezug zu Freyr oder Yngvi haben, lassen sich mehrere Gruppen unterscheiden.

1. die Umschreibung eines beliebigen Asen als „Frey" oder „Yngvi":

Ase	Freyr		Einarr Klingel-Waage Helga-Sohn	Vellekla
			Eindridi Einar-Sohn	Lausavisur
			Einarr Skularson	Oxarflokkr
			Eyvindr Skalden-Verderber Finn-Sohn	Haleygjatal
			Ormr Steinthor-Sohn	Frauen-Gedicht
			Hallvardr Weiß-Strähne	Knutsdrapa
			Hallar-Steinn	Rekstefja
			Hofgarda-Refr Gest-Sohn	Gedicht über Gizurr Goldbrauen-Skalde
				Fragment
			Glumr Geira-Sohn	Grafeldardrapa
			Ottar der Schwarze	Drapa über Olaf den Schweden
			Rögnvald-Jarl und Hallr Thorain-Sohn	Hattalykill
			Rögnvald-Jarl Kali Kols-Sohn	Lausavisur
			anonym	Brudkaupsvisur
			Thordr Kolbein-Sohn	Eiriksdrapa
			Thjodolfr Arnor-Sohn	Magnus-Stanzas
			Thorbjörn Hornklaue	Rabenlied
Ase	*Ingvi-Freyr*		Snorri Sturluson	Thulur

2. Die Umschreibung des Schweden-Königs als Freyr oder Yngvi:

Schweden-König	*Sohn des Freyr*		Thjodolfr von Hvini	Ynglingatal
Schweden-König	*Freyrs Freund*		anonym	3. Sigurd-Lied
Schweden-König	*Edler des Feindes des Beli*	Beli = Tyr-Riese; sein Feind = Freyr; Edler des Freyr = Nachkomme des Freyr = Schweden-König	Eyvindr Skalden-Verderber	Haleygjatal
Schweden-König	*Helm-Freyr*		Kormak	Kormak-Saga
Schweden-König	*Eber*	Eber = Krieger = Freyr; Eber = Gullinborsti?	anonym	Ragnar Lodenhose
Schweden-König	*Yngvi*	Repräsentant des Stammesgottes Yngvi	Valgard	Heimskringla
			Einarr Skula-Sohn	Geisli
Schweden-König	*Inga*	Yngvi	Einarr Skula-Sohn	Geisli
Schweden-König	*Yngvis Sohn*		anonym	Norna-Gest
Schweden-König	*junger Sproß des Yngvi*	(König Harald)	Thorbjörn Hornklaue	Hrafnsmal
Schweden-König	*Ynglingen-Sohn*	Yngvi = Ahnherr der schwedischen Könige	anonym	Egil-Saga
Schweden-König	*Yngvis Sippe*	Yngvi = Ahnherr der Schweden	Eyvindr	(Skaldska-parmal)
Schweden-König	*Zufluchtsort der Männer des Yngvi*	Yngvi-Freyr = Urahn der Skandinavier	anonym	Beowulf
Schweden-König	*geschätzter Herrscher von Yngvis Volk*		Kormakr	Kormakrs-Saga
Schweden-König	*Yngvi-Freyr der Unheil-Bewirker*	Unheil-Bewirker = Krieger	Eyvindr Skalden-Verderber Finnsson	Haleygjatal

3. Die Umschreibung eines schwedischen Kriegers als Freyr oder Yngvi:

Krieger	*Schlachten-Freyr*		Thjodolfr Arnorsson	Stanzas über Magnus Olafsson in Danaveldi
Krieger	*Schlachten-Freyr*		anonym	Brudkaupsvisur
Krieger	*altehrwürdiger Kampf-Freyr*		Rögnvald-Jarl Kali Kolsson	Lausavisur
Krieger	*Freyr der Flammen der Hand*		Einarr Skulason	Lausavisur
Krieger	*tapferer Freyr des Schlachten-Stabes*	Schlachten-Stab = Schwert	Thordr Kolbeinsson	Eiriksdrapa
Krieger	*Freyr des Schlachten-Skis*	Schlachten-Ski = Schwert	Einarr Schreihals Helgason	Vellekla
Krieger	*Freyr des Landes der Klinge des Schwertes*	Land der Klinge des Schwertes = Schild	Glumr Geirason	Grafeldardrapa
Krieger	*Freyr des Windes des Hedinn*	Hedinn = Held; sein Sturm = Kampf	Einarr Schreihals Helgason	Vellekla
Seefahrer	*Freyr des Mähnen-Tragenden des Fjordes*	Mähnen-Tragender = Pferd; Fjord-Pferd = Schiff;	anonym	Brudkaupsvisur

4. Umschreibung eines Kampfes mithilfe von Freyr oder Yngvi:

Kampf	*Freyrs Spiel*		anonym	Ragnar Lodenhose
			Thorbjörn Hornklaue	Hrafnsmal

Sigurd	*Freyrs Freund*		Freyrs Freund = Krieger	anonym	3. Sigurd-Lied
Dänen	*Männer des Yngvi*			anonym	Beowulf
Dänen	*Feinde des Yngvi-Freyr*			Snorri Sturluson	Hattatal
Stier	*Freyr*	Wiederzeugungs-Symbolik		Snorri Sturluson	Thulur
Keiler	*Wanen-Verwandter*		Freyr auf/als Eber	Snorri Sturluson	Thulur
Gold	*Freyrs Nichte*	die Tochter von Freyrs Schwester Freya ist das Sinnbild von Gold und Edelsteinen		Einarr	Skaldskaparmal

17. a) Zusammenfassung

Freyr ist der Ahnherr der schwedischen Könige und in erweitertem Sinne auch der Ahnherr aller schwedischen Krieger.

18. Der Kult des Freyr: Der Tempel

Über den Kult des Freyr ist im Vergleich zu den anderen Göttern relativ viel bekannt.

18. a) Die Saga über Hedin und Hogni

Freyr und sein Vater Niörd waren die Hohenpriester von Asgard – was vermutlich die Stellung des Gottes Freyr in dem Tempel von Uppsala vor 500 n.Chr. widerspiegelt:

Odin war der Name des Königs, der in Asgard herrschte. Dort gab es einen großen Tempel. Odin ernannte Njörd und Freyr zu Hohepriestern.

18. b) Die Saga über Kampf-Glum

In dieser Saga spielt der Gott Freyr und einer seiner Tempel auf Island eine wichtige Rolle. Im Folgenden sind nur die Textstellen aus der Saga aufgeführt, an denen etwas über Freyr gesagt wird.

Thorir war der Name eines Mannes, der in Espihole lebte, der Sohn von Hamund dem Dunkelhäutigen und von Ingunna, der Tochter von Helgi dem Dünnen. Er hatte Thordis geheiratet, die Tochter des Kadal, und ihre Kinder waren Thorarin und Thorvald der Krumme, der in Eyja-Bucht lebte, Thorgrim, der bei Mödrufell lebte, Ingunna, die Frau von Thord, dem Priester des Freyr, und Vigdis, die Sigmund geheiratet hatte.

Diese Textstelle zeigt, daß „Priester" ein so wesentliches Merkmal eines Menschen sein konnte, daß man ihn, um ihn von anderen Personen mit demselben Namen zu unterscheiden, ihm den Beinamen „Priester des Freyr" geben konnte.

Der Tempel des Freyr lag auf der Südseite des Flusses bei Hripkelstad.

Leider wird die Lage dieses Tempels nicht genauer beschrieben. Er stand in der Nähe der Siedlung Hripkelstad und in der Nähe eines Flusses. Ob der Fluß für den Tempel wichtig gewesen ist und ob es bestimmte Vorstellungen über das räumliche

Verhältnis zwischen Tempel und Siedlung gegeben hat, wird leider nicht deutlich. Immerhin läßt sich erkennen, daß der Tempel nicht in der Siedlung selber gestanden hat, so wie dies bei christlichen Kirchen üblich ist.

Und wirklich, bevor Thorkel Thvera verließ, ging er zu dem Tempel des Freyr und nahm einen alten Stier mit dorthin und sprach wie folgt:

„Du, Freyr," sprach er, *„bist lange Zeit mein Beschützer gewesen und Du hast von meinen Händen viele Opfergaben erhalten, die mir gute Früchte gebracht haben. Nun bringe ich Dir diesen Stier und ich hoffe, daß Glum danach mit Gewalt aus diesem Land vertrieben wird, so wie ich vertrieben werde; und ich bitte Dich, gib mir ein Zeichen, ob Du dieses Opfer annimmst oder nicht."*

Da traf den Stier solch ein Schlag, daß er laut aufbrüllte und tot niederfiel und Thorkell hielt dies für ein gutes Zeichen. Danach war er besserer Dinge, weil er glaubte, daß sein Wunsch von dem Gott angenommen worden war und erfüllt werden würde.

Diese Szene zeigt, daß man auch ohne die Vermittlung eines Priesters zu einem Tempel gehen und dort opfern und die Gottheit dieses Tempels um etwas bitten konnte. Die Priester hatten demnach zumindestens auf Island kein „Monopol" auf die Verbindung zu den Göttern wie im Christentum und es gab offenbar auch ein ausgeprägtes persönliches Verhältnis zu den Göttern. Auch das Deuten von Omen scheint auch den Nicht-Priestern geläufig gewesen zu sein.

Die Priester scheinen vor diesem Hintergrund zwar religiöse Spezialisten gewesen zu sein, aber das, was sie taten, stand im Prinzip jedem offen.

Vigfuss mußte drei Sommer fortbleiben und er erhielt drei Rückzugsorte für jedes Jahr bestimmt, aber er war ein vogelfreier Ausgestoßener an jedem anderen Ort, und es war ihm nicht erlaubt, heimzukehren wegen der Heiligkeit des Ortes.

Er blieb jedoch lange Zeit in Upsal, auch wenn die Leute glaubten, daß er in anderen Gegenden der Insel sei, und er zog nicht zu den festgelegten Zeiten weiter. Da wurde er für völlig vogelfrei erklärt und Glum hielt ihn verborgen, obwohl für vogelfrei erklärte Menschen dort nicht leben durften, weil Freyr, dem der Tempel gehörte, dies nicht erlaubte.

So ging es sechs Winter lang.

Es gab offenbar bestimmte Regeln für das Verhältnis zwischen einem Tempel bzw. dem Gott in dem Tempel und den für vogelfrei erklärten Ausgestoßenen. Ob dieses Verhältnis immer und überall und bei allen Gottheiten dasselbe war, oder ob sich dies von Fall zu Fall unterschied, wird an dieser Stelle nicht deutlich.

Es ist lediglich sicher, daß ein Gott einen differenzierten Willen bezüglich einer

Situation haben konnte. Vermutlich wurde dieser Wille durch Omen, Orakel und durch Visionen bzw. Träume des Priesters des betreffenden Tempels offenkundig. Wahrscheinlich wird es auch einige allgemeingültige Regeln gegeben haben.

Einar ließ den Fall nun aufs Neue auf dem All-Thing verhandeln und beide Seiten versammelten ihre Leute, aber bevor Glum sein Haus verließ, träumte er, daß viele Menschen nach Thvera kamen, um den Gott Freyr zu besuchen und er meinte eine große Versammlung auf den Sandbänken des Flusses zu sehen zusammen mit Freyr, der auf einem Stuhl saß.

Er frug sie, wer sie seinen und sie antworteten: „Wir sind Deine verstorbenen Verwandten und wir bitten nun Freyr, daß Du nicht aus Thvera vertrieben wirst, aber es hilft nichts, denn er antwortet kurz und ärgerlich und er ruft uns das Geschenk des Stieres von Thorkell dem Langen in Erinnerung."

An dieser Stelle wachte Glum auf und ab diesem Erlebnis versicherte er allen, daß er kein gutes Verhältnis mehr zu Freyr habe.

Diese Szene ist recht aufschlußreich und zeigt mindestens fünf verschiedene Dinge über das Verhältnis der Germanen zu ihren Göttern:

1. Man nahm Träume ernst und sah sie als eine mögliche Gesprächsform sowohl mit den Göttern als auch mit den Ahnen an.

2. Das Verhältnis eines Menschen zu einem Gott konnte sich im Laufe der Zeit und durch bestimmte Ereignisse verändern. Das Verhältnis zu einem Gott war somit dem Verhältnis zu einem anderen Menschen recht ähnlich.

3. Eine von einem Gott einem Menschen gewährte Bitte verhindert die Erfüllung von Bitten anderer Menschen, die diesem gewährten Wunsch entgegengesetzt sind.

4. Der Kontakt zu den Ahnen war offensichtlich wichtig. Die Ahnen griffen auch ungefragt schützend und helfend in das Leben ihrer Nachkommen ein – so wie sie dies wohl auch zu ihren Lebzeiten getan hätten.

5. Es scheint einen normale Situation gewesen zu sein, sich auf Sandbänken im Fluß zu religiösen Zusammenkünften zu treffen und dabei auch die Statue einer Gottheit dabei zu haben. Möglicherweise stellt der Fluß in diesem Zusammenhang die Grenze zwischen Diesseits und Jenseits dar – evtl. die Insel Walaskialf („Toteninsel"). Es wäre daher auch denkbar, daß die Tempel möglichst in der Nähe eines Flusses errichtet wurden.

18. c)   Der Wandteppich von Skog

Auf diesem um ca. 1150 n.Chr. in Schweden hergestellten Wandteppich sind drei Gestalten zu sehen, die die germanische Götterdreiheit in Uppsala, d.h. Odin, Thor und Freyr sind.

Das mit verschiedenfarbigen Wollfäden in einfachem Kreuzstich auf naturfarbenes Leinen gestickte Bild ist ca. 40cm breit und ca. 180 cm lang.

Wandteppich von Skog, 1150 n.Chr., Schweden

In der Mitte ist eine Stabkirche abgebildet, in der sich Menschen versammelt haben. Einige stehen noch vor der Kirche, während im Glockenturm drei „Glöckner" zu sehen sind. Sowohl der Klang der Glocken als auch die beiden Drachenköpfe am Giebel der Stabkirche sollten die „bösen Geister" vertreiben.

Von rechts nahen Pferde, auf denen teilweise Reiter sitzen. Dies können Kirchgänger sein, aber evtl. auch Feinde der Kirche.

Links sind Vierbeiner zu sehen, die evtl. Löwen sein könnten. Diese Tiere sind vermutlich die Boten der drei Gestalten auf der rechten Seite. Die Deutung der Tiere hängt davon ab, ob diese drei Männer als „gut" oder als „böse" angesehen wurden.

Die drei Männer könnten die drei heiliggesprochenen Könige Olaf von Norwegen, Knud von Dänemark und Erik von Schweden sein. Dann wären die Löwen die Symbole der Stärke dieser Könige, die die Kirche beschützt.

Diese drei Männer könnten aber durchaus auch eine Verbindung zu der Götterdreiheit sein, die in der germanischen Religion an vielen Stellen vorkommt: Odin, Wili und We; Odin, Hönir und Loki; Odin, Thor und Freyr u.a. Sie repräsentieren die drei Stände. Vermutlich wird für die Stickerinnen dieses Teppichs die Dreiheit Odin, Thor und Freyr am naheliegendsten gewesen sein, da diese in dem in der Nähe liegenden Uppsala verehrt wurden, wie der Bischof Adam von Bremen berichtet hat.

Diese Götterdreiheit erscheint auch in der Völsi-Saga als der heilige König Olaf und zwei Begleiter. Sie sitzen dort zunächst still im Dunkeln – wie Götterstatuen …

Detail des Wandteppichs aus der Stabkirche von Skog

Die Gestalt auf der linken Seite hat nur ein Auge – ihr linkes Auge fehlt. Sie könnte daher Odin sein. Dazu würde auch der (Welten-)Baum links neben der Gestalt passen.

Da die silberne Axt das Zeichen des St. Olaf ist, weil er angeblich mit einer Axt getötet worden ist, ist die Gestalt auf der linken Seite somit der als St. Olaf „getarnte" Odin.

Die mittlere Gestalt könnte St. Knud sein, der in einer Kirche erschlagen wurde und möglicherweise aus diesem Grund meistens ein Kruzifix in seiner Hand hält. Dem Bericht des Adam von Bremen zufolge war die mittlere der drei Statuen im Tempel von Uppsala die des Gottes Thor. Das Kruzifix des St. Knud könnte somit auch der Hammer des Thor sein.

Es bliebe somit für die rechte Gestalt St. Erik bzw. der Gott Freyr. St. Erik hat kein besonderes Attribut, an dem man ihn erkennen könnte, aber über ihn wird berichtet, daß nach seinem Tod neben seiner Leiche eine Quelle entsprang, die sich heute neben dem neuen Dom von Uppsala befindet. Der Verdacht liegt nahe, daß es sich bei dieser Quelle um die heilige Quelle neben dem Tempel von Uppsala handelt. Dies würde St. Erik dem ehemaligen Hauptgott von Uppsala, also dem Freyr gleichsetzen. Dazu paßt gut, daß St. Erik in für ihn ganz untypischer Weise in seiner rechten Hand eine Kornähre hält – es ist allerdings nicht ganz sicher, ob es sich bei dem länglichen Gegenstand wirklich um einen Halm mit Ähre handelt. Eine solche Ähre würde gut zu dem Fruchtbarkeitsgott Freyr passen.

Es hat somit den Anschein, als ob die drei Heiligen Olaf, Knud und Erik die Kirche von Skog genauso beschützt haben wie die drei Götter Odin, Thor und Freyr den nur 150 km weiter südlich gelegenen Tempel von Uppsala.

Man kann aufgrund dieses Wandteppichs wohl davon ausgehen, daß man im Tempel von Uppsala wie auf dem Wandteppich von Skog Thor in der Mitte, Odin links von ihm und Freyr rechts von ihm gesehen haben wird.

Für die Deutung dieser drei Männer als Heilige oder als Götter spricht auch das Podest, auf dem sie stehen – es wird wohl zugleich das Podest der drei Götter in Uppsala als auch das Podest für die drei Heiligen in Skog darstellen.

Man kann sich natürlich fragen, wie die Germanen das Verhältnis zwischen den drei Göttern und den drei Heiligen gesehen haben werden. Vermutlich wird das Bild der drei Götter Thor, Odin und Freyr so prägend für die damaligen religiösen Vorstellungen der Germanen in der Nähe von Uppsala gewesen sein, daß man bei dem Gedanken an beschützende Heilige zunächst einmal dieses Bild vor Augen hatte und die drei Götter in drei Heilige verwandelte, die dann den einen oder anderen Aspekt der drei Götter bewahrt haben.

Götter und Heilige		

Odin mit Weltenbaum	*Thor mit Hammer*	*Freyr mit Ähre*
St. Olaf mit Axt	*St. Knud mit Axt*	*St. Erik*

18. d) Runenstein von Gotland

Auf einem Runenstein von der Insel Gotland in Schweden findet sich ebenfalls drei Männer dargestellt, die die drei Götter von Uppsala sein könnten.

Die Inschrift ist lediglich eine Widmung und zählt vermutlich die Namen der Männer auf, für die dieser Stein errichtet worden ist: *„Hrodvisl und Frabjorn und Gunnbjorn"*. Diese drei Namen lauten ins Deutsche übersetzt: „Ruhm-Pfeil und Fernreisen-Bär und Kampf-Bär". Die drei Namen sind sehr kriegerisch und zeigen das damalige Männer-Ideal: ein Berserker („Kampf-Bär") zu werden, als Wikinger in die

Ferne zu reisen („Fernreisen-Bär") und dort in Kämpfen Ruhm zu erwerben („Ruhm-Pfeil"). Man kann wohl davon ausgehen, daß diese drei Männer auf einer Raubfahrt gefallen sind.

Runenstein von Sanda auf Gotland (Schweden)

Die drei Männer in der Mitte tragen die typische Wikinger-Kleidung: einen halblangen Umhang („hekla") mit einer an ihn angenähten, spitz zulaufenden Mütze („skott-hufa" = „schmale Mütze"), die manchmal in einem Bommel endet.

Die vordere Gestalt hält einen Speer, die mittlere eine Keule und die hintere eine Sichel. Dies entspricht ganz dem Wandteppich von Skog: links ist Odin mit seinem Speer Gungnir, in der Mitte ist Thor, der seinen Hammer manchmal gegen eine Keule eintauscht, und rechts ist Freyr, der mit einer Sichel für eine reiche Ernte sorgt.

Die Runen stehen auf einer zweiköpfigen Schlange, die sozusagen der „Postbote" ist, der die Botschaft in das Jenseits bringt, da die Jenseitsreisenden die Gestalt einer Schlange bzw. eines Drachen annahmen. Der Kopfe der Schlange ist rechts unten am Rand des Steines unter der Ecke zu sehen. Er ist nur wenig stilisiert worden.

Das Schriftband selber endet in zwei Rauten, die möglicherweise Speerspitzen sind

205

– dann wäre das Spruchband ein Speer. Die beiden Rauten könnten aber auch lediglich Ornamente sein, da ein „Runenspeer" ansonsten nicht bekannt ist.

Die äußere Begrenzungslinie des Runenbandes läuft um den ganzen Stein herum und bildet an den beiden unteren Ecken jeweils ein Hrungnir-Herz, das ursprünglich das Herz und somit die Seele des Sonnengott-Göttervaters Tyr dargestellt hat.

Dieses Symbol findet sich auch noch einmal oben rechts. Oben links ist eine Gans oder ein Schwan zu sehen, der das beliebteste Seelensymbol der Indogermanen gewesen ist. Zum einen ist der Rahmen des Bildes durch zwei Seelensymbole markiert und zum anderen die obere Szene von zwei Seelensymbolen eingerahmt. Das Thema dieses Runensteines sind somit die Seelen der drei toten Männer im Jenseits.

Der Mann in der Mitte der oberen Szene mit dem Speer könnte Odin sein. Der sitzende Mann rechts von ihm stellt vermutlich die drei Toten dar. Die Szene könnte eine Art Willkommensgeste sein, bei der der Gast in Walhalla den Speer des Odin berührt. Diese Deutung ist allerdings recht unsicher, da von solch einem Brauch sonst nichts bekannt ist. Die linke Gestalt könnte dann Odins Frau Frigg, die Göttin Freya oder eine Walküre sein – die letztlich alle die Jenseitsgöttin sind, die den Toten ihre Wiedergeburt schenkt.

Als letztes findet sich noch hinter Freyr eine „Krone", über der ein Kreis schwebt. Der Kreis könnte eine Sonne sein und die „Krone" eine Reihe von spitzen Bergen. Beides zusammen könnte ein Symbol des Sonnenaufganges und somit der Wiedergeburt sein. Vielleicht gehört die Sonne auch zu dem Gott Freyr, hinter dem sie sich befindet, da Freyr u.a. durch seinen golden leuchtenden Eber Gullinborsti eng mit der Sonne verbunden gewesen ist. Zudem ist das Gleichnis zwischen der aufgehenden Sonne, dem keimenden Getreide und der Wiedergeburt der Seelen im Jenseits ein grundlegender Bestandteil der Mythen aller Völker, die Ackerbau betreiben.

Für den Gott Freyr ergibt sich aus dieser Szenerie, daß er als ein Helfer bei der Jenseitsreise und bei der Wiedergeburt angesehen worden ist und daß er ein Erntegott ist.

Odin, Thor und Freyr

*Odin mit Weltenbaum
= St. Olaf mit Axt*

*Thor mit Hammer
= St. Knud mit Axt*

*Freyr mit Ähre
= St. Erik*

Odin mit dem Speer

Thor mit der Keule

*Freyr mit der Sichel und
der Sonne*

18. e) Ögmundar Thattr Dytts

In dieser um ungefähr 1350 n.Chr. niedergeschriebenen Geschichte sind einige Erinnerungen an den Kult des Freyr enthalten. Sie wurde zu einer Zeit niedergeschrieben, in der die Germanen bereits Christen waren, aber die Erinnerung an den alten Glauben noch lebendig war, was sich auch in der Suche nach dem „richtigen Glauben" des Gunnar, der Hauptfigur in dieser Erzählung, zeigt.

Die Geschichte beginnt damit, daß der junge Norweger Gunnar eines Mordes verdächtigt wird und nach Schweden flieht, wo er eine junge Priesterin des Freyr kennenlernt. Ihre Aufgabe war es unter anderem, sich um die Statue des Freyr zu kümmern und ihn bei seinen Umzügen in seinem Wagen zu begleiten.

Große heidnische Opferfeste wurden zu jener Zeit gefeiert, denn Freyr war seit langer Zeit der Gott gewesen, der am meisten verehrt worden war – und Freyrs Statue hatte soviel Kraft erlangt, daß der Teufel oft aus dem Mund des Götterbildes zu den Menschen sprach.
Eine junge und schöne Frau mußte dem Freyr dienen. Die Leute glaubten, daß Freyr leben würde – was bis zu einem bestimmten Grad auch der Fall war – und sie glaubten, daß er eine sexuelle Beziehung zu seiner Frau brauchte. Zusammen mit Freyr hatte die Priesterin die vollständige Kontrolle über die Tempel-Siedlung und über alles, was dazu gehörte.

Gunnar half seiner Geliebten, der Freyr-Priesterin, den Wagen mit der Statue zu fahren, aber der Gott schätzte Gunnar nicht und griff ihn deshalb an und würde Gunnar getötet haben, wenn Gunnar nicht versprochen hätte, daß er nicht wieder nach Norwegen zu dem christlichen Glauben zurückkehren würde, wenn ihm dies nur irgendwie möglich wäre.
Nachdem Gunnar dies versprochen hatte, sprang ein Dämon aus der Götterstatue und danach war Freyr nichts anderes mehr als ein Stück Holz.
Gunnar zerstörte das hölzerne Standbild und kleidete sich selber wie der Gott Freyr. Danach fuhren Gunnar und die Priesterin durch Schweden und die Leute waren glücklich, daß der Gott sie besuchen kam.
Nach einer Weile wurde die Priesterin schwanger, aber dies wurde von den Schweden als Beweis angesehen, daß Freyr wirklich ein Fruchtbarkeitsgott war und sie empfanden dies keineswegs als einen Beweis für den Betrug.
Schließlich mußte Gunnar mit seiner jungen Braut nach Norwegen fliehen, wo er sie am Hofe des Königs Olaf Tryggvason taufen ließ.

Diese Geschichte ist teilweise fast schon ein Schwank – was eine literarische Form ist, die die Germanen sehr schätzten. Dieser teilweise recht derbe Humor findet sich z.B. auch in der Lokasenna oder in Thors Begegnung mit dem Riesen Skrymir.

Es finden sich jedoch viele Erinnerungen und Vorstellungen aus dem alten Kult des Freyr, die zum Teil auch für den Kult der anderen Götter zutreffen werden:

1. Freyr war der am meisten verehrte Gott.
2. Freyr war ein Fruchtbarkeitsgott.
3. Für den Gott Freyr wurden große Opferfeste veranstaltet.
4. Es gab Freyr-Prozessionen in einem Wagen. Dies wird bereits um 100 n.Chr. von Tacitus über die Göttin Nerthus berichtet, die möglicherweise die Mutter des Freyr ist.
5. Der Gott Freyr wohnte in seiner Statue wie in einem materiellen Leib. Es wurde also nicht die Statue selber, sondern der Gott in der Statue verehrt. Diese Vorstellung ist weltweit verbreitet – in Indien gibt es sogar ein Adjektiv, mit dem man eine „leere" Statue von einer geweihten und „bewohnten" Statue unterscheidet.
6. Es gab auch Priesterinnen des Freyr.
7. Eine Priesterin konnte die Leitung des Kultes in einem Tempel innehaben.
8. Die „Dienerin des Freyr", also seine Priesterin, wird vermutlich auch eine Seherin gewesen sein, zu deren Aufgaben es zählte, die „Worte des Freyr" zu „hören" und zu verkünden – so wie dies bei derartigen Orakeln allgemein üblich gewesen ist.
9. Vermutlich wurde die Priesterin des Freyr als dessen Frau angesehen. Auch dies ist eine sehr weit verbreitete Vorstellung. Es ist zwar denkbar, daß es im Kult des Freyr eine rituelle Sexualität gegeben hat, aber es gibt keine direkten Hinweise dafür – wenn man einmal von der schwangeren Freyr-Priesterin in dieser Erzählung absieht. Sexualität im Kult ist jedoch von den Indogermanen bekannt und war ein wesentliches Element einiger alter Kulte im östlichen Mittelmeer-Bereich. Die bekanntes Form bei den Indogermanen ist das Tantra-Yoga. Die Freyr-Priesterinnen könnten mit Freya und Gerda gleichgesetzt worden sein, da diese beiden in den Mythen die Frauen des Freyr sind.

18. f) Landnahme-Buch

In dieser Erzählung über die Besiedlung Islands finden sich mehrere interessante

Berichte über Freyr und den Kult der germanischen Götter im allgemeinen.

Ketillraumr war der Name eines bekannten Hersirs in Raums-Tal in Norwegen. Er war der Sohn des Orm Muschel-Mahl, dem Sohn des Horsebjorn, dem Sohn des Raum, dem Sohn des Riesen-Bjorn aus dem Norden Norwegens.

Ein „Hersir" war in etwa ein Graf oder „Landherr". Dieser Titel war nur bis zu der Zeit von König Harald Haarschön.

Ketill heiratete Mjoll, die Tochter von An Bogen-Bieger. Ihr Sohn wurde Thorstein genannt – er erschlug auf das Drängen seines Vaters hin in dem Wald, der zum Hochland führt, Jokul, den Sohn des Ingimund dem Grafen von Gautland. Jokul gab ihm sein Leben und später heiratete Thorstein Thordis, die Schwester des Jokul. Ihr Sohn war Ingimund der Alte; er wurde in Hefni von Thorir, dem Vater des Grim und des Hromund aufgezogen.

Wie in der Vatns-Tal-Saga berichtet wird, war Jokul zwar zu Tode verletzt, aber er hätte Thorstein noch töten können. Stattdessen schenkte er ihm sein Leben und bat ihn, seine Schwester zu heiraten, damit sein Name (der des Jokul) nicht ausstirbt – wodurch Jokul einen Segen zu erhalten glaubt. Auf diesen Handel geht Thorstein ein.

Heid die Zaubergesang-Frau sagte ihnen allen voraus, daß sie in einem Land im Westen des Meeres, das noch nicht entdeckt worden war, siedeln würden, aber Ingimund sagte, daß er sich davor hüten werde. Die Zaubergesang-Frau sagte jedoch, daß das ihm das nicht möglich sei und daß als Zeichen dafür nun sein Talisman, den er in seiner Tasche trug, verschwinden würde und daß er ihn dort wiederfinden würde, wo er auf jenem Land für das Fundament für die Säule hinter seinem Hochsitz graben würde.

Der hier mit „Zaubergesang-Frau" übersetzte germanische Begriff „Galdrmadr" setzt sich aus „galdr" für „Zaubergesänge, rituelle Gesänge, gesungene Zaubersprüche" und „madr" für „Mensch" zusammen. Ein Galdrmadr konnte somit sowohl eine Mann als auch eine Frau sein. Ursprünglich wird dies der Priester bzw. die Priesterin gewesen sein, die im Kult die traditionellen Texte vortrug bzw. sang. Diese Funktion ist ursprünglich weitgehend identisch mit dem Skalden gewesen.

Die magischen Fähigkeiten der Galdrmadr, über die hier berichtet wird, sind beachtlich.

Die „Säule hinter dem Hochsitz" ist symbolisch der Weltenbaum und er ist der Sitz der Ahnen der Familie. Da Freyr auch ein Totengott ist, ist es nicht nur ein Zufall, daß seine Statuette gerade unter dem Fundament dieser Säule liegen soll. Die Auswan-

210

derer, die nach Island zogen, nahmen diese Säulen aus ihrer Heimat mit dorthin, um weiterhin diese Verbindung zu ihren Ahnen zu haben.

Ingimund war ein großer Wikinger und fuhr immer auf Wikinger-Raubzug in den Westen.

... ...

Ingimund fühlte sich nirgendwo zuhause; daher drängte ihn König Harald, sein Glück in Island zu suchen. Ingimund sagte, daß das sei, was er nie vorgehabt habe, aber er sandte zwei Finnen als Hamfarir auf eine Magier-Reise nach Island, um dort nach seinem Talisman zu suchen, der in der Gestalt des Freyr geformt und aus Silber angefertigt worden war.

Die Finnen kamen zurück und sagten, daß sie den Ort gefunden hatten, an dem sich der Talisman befand, daß sie ihn jedoch nicht ergreifen konnten.

Sie beschrieben jedoch dem Ingimund genau die Lage des Ortes in einem Tal zwischen zwei Hügeln und sie berichteten Ingimund alle Einzelheiten des Landes und wie es geformt war, wo er sich niederlassen sollte.

„Finne" war bei den Germanen ein Synonym für „Zauberer", da bei ihnen die Magie bei den Finnen sehr angesehen war und oft Finnen zur Lösung schwieriger Probleme mithilfe von Magie herangezogen worden – wie hier das Auffinden des Talismanes an dem Ort, wo Ingimund sich niederlassen sollte.

Diese (möglicherweise nicht finnischen) „Finnen" unternahmen eine „Magier-Reise", d.h. eine Astralreise nach Island. Über solch einen „astralen Kundschafter", der nicht körperlich, sondern nur mit seinem Astralkörper („Lebenskraftkörper") auszog, um etwas zu erkunden, wird u.a. auch in der Heimskringla im Zusammenhang mit König Haralds Wunsch, Island zu erobern, berichtet. Im Vorwort zur Heimskringla wird erzählt, daß auch Odin diese Kunst beherrschte: *„Odin konnte seine Gestalt verwandeln: Sein Körper lag dann wie tot oder wie schlafend, aber er hatte dann die Gestalt eines Fisches, einer Schlange, eines Vogels oder Tieres und konnte in einem Augenblick in seinen eigenen Angelegenheiten und denen eines anderen in einem anderem Land sein."*

Die bekannteste Person, die ausgiebig diese „Astral-Spionage" im Krieg benutzt hat, ist vermutlich Geronimo, der Medizinmann und Häuptling der Apachen. Er entkam auf diese Weise, die er seinem Biographen erzählt hat, jahrzehntelang dem ihn verfolgenden Militär.

Der germanische Fachbegriff für die Astralreise ist „hamfarir". Wie oben bei Odin beschrieben, nahm der Astralreise bei einer solchen Reise in der Regel die Gestalt eines Tieres an – vermutlich die seines Krafttieres. Der Vorgang selber wird „hamast" genannt. Das „ham" ist das Fell oder das Gefieder des betreffenden Tieres. So bedeutet z.B. „hamast i arnar" „Gefieder eines Adler" – solch ein „Adler-Gewand" zogen u.a. Odin und der Tyr-Riese Thiazi an, als sie sich in einen Adler verwandelten. „Hamast i arnarliki" ist der Fachbegriff der germanischen Goden und Zauberer für die „Gestalt eines Adlers", die sie bei ihrer Astralreise annehmen konnten.

Mit dem Wort „hamast" wurde auch die Kampfekstase der Berserker bezeichnet, denn auch sie war im Wesentlichen die Identifizierung mit einem Bären – bzw. bei den Ulfhedinn mit einem Wolf. Der Unterschied zu der normalen „hamast" bei der Astralreise ist vor allem, daß der Körper bei der Astralreise wie tot daliegt, während er bei der Berserker-Ekstase äußerst aktiv ist.

Derjenige, der in Tiergestalt (astral-)reiste, wurde „hamhleypa", d.h. „Tier-Läufer" genannt. Das Tier selber, in das man sich bei einer solchen Astralreise oder Kampfekstase verwandelte, nannte man „hamingja". Dieses Tier wurde auch als Schutzgeist aufgefaßt – es ist das, was man heute eher „Krafttier" nennen würde. Dieses Tier war so eng mit mit der eigenen Kraft und daher auch mit dem Erfolg der eigenen Taten verbunden, daß „hamingja" auch die Bedeutung „Glück, gutes Schicksal" hatte.

Schon die Sumerer um 2500 v.Chr. kannten den Zusammenhang zwischen der Bewußtheit über das eigene Krafttier und die eigene Seele, die sie „Me" nannten, mit dem Erfolg im Leben. Sie faßten diese Erkenntnis in einem Sprichwort zusammen: „Ohne das eigene Me gelingt einem nichts – mit dem eigenen Me gelingt einem alles."

Danach brach Ingimund zu seiner Reise nach Island auf. Mit ihm fuhren sein Schwager Jorund Nacken und seine Freunde Eyvindr Sorkvir und Asmund und Hvyti sowie seine Knechte Fridmund, Bodvar, Thorir, Refskegg und Ulfkell.

Sie kamen im südlichen Teil Islands an Land und blieben den ganzen Winter über zusammen mit Grim, dem Ziehbruder des Ingimund, in Hvanneyri, aber im Frühling zogen sie über die Heide nach Norden.

Dann kamen sie zu einem Meeresarm, an dem sie zwei Widder fanden und nannten ihn Widderbucht. Von dort aus wanderten sie weiter durch das Land nach Norden und gaben allen Orten, zu denen sie kamen, passende Namen.

Er blieb einen Winter lang in Vidi-Tal in Ingimunds-Wald. Von dort aus sahen sie schneefreie Berge im Süden und zogen nach Süden dorthin. Dort erkannte Ingimund das Aussehen des Landes, das der Seher als seinen zukünftigen Wohnort beschrieben hatte.

Thordis, seine Tochter, wurde in Thordis-Wald geboren.

Ingimund nahm das ganze Wasser-Tal von Helga-Wasser und Urdar-Wasser hinauf in Besitz und wohnte in Hof und fand dort seinen Talisman an der Stelle, an der er das Fundament für seinen Hochsitz-Pfosten aushob.

Der Seher hat offenbar sein Handwerk verstanden …

… … …

Ein jeder, der dort etwas zu verhandeln hatte, mußte dem Thing-Gesetz zufolge zunächst einen Eid auf diesen Ring schwören und für diesen Zweck zwei oder mehr Zeugen bestimmen.

Dann mußte er sagen: „Ich schwöre auf diesen Ring einen Gesetzes-Eid. Mögen mir Freyr und Niörd und der allmächtige Ase helfen, damit ich bei diesem Thing entsprechend dem, was ich als als das richtigste und wahrste und dem Gesetz am meisten entsprechende kenne, anklage oder verteidige oder eine Zeugenaussage mache oder ein Urteil fälle, und daß ich mit allen rechtlichen Dingen so umgehen werde wie ich es hier auf diesem Thing tue."

… … …

Ein weiterer ihrer Söhne war Thorgils, von dem die Hnappfellungen abstammen; der dritte war Ozur, der Vater von Thord Frey-Godi, von dem viele Menschen abstammen.

Ein „Gode" ist ein Priester.

18. g) Huldarsaga

Götterstatuen scheinen weit verbreitet gewesen zu sein, auch wenn sie archäologisch kaum nachweisbar sind. Dies liegt vermutlich daran, daß sie aus Holz waren und die meisten von ihnen bei der Christianisierung verbrannt worden sind.

Nun bestellte auch Huld ihr Haus, obwohl sie noch ein längeres Leben vor sich zu haben meinte. Sie ermahnte ihre Töchter, sich seinerzeit bei ihrem Vater bestatten zu lassen, damit sie um so länger Verehrung genießen möchten. Für sich begehrte sie keinen Tempel, wohl aber stellte sie ihnen einen solchen in Aussicht und eine Zunahme ihrer Verehrung, selbst auf Kosten der ihres Vaters.

Sie wies ihre Töchter an, sich von dem Hause der Ynglingar möglichst fern zu halten, da dieses einst ihr und ihres Hauses Ansehen vernichten werde. Sie riet ihnen endlich, sich aus Schweden eines der beiden Holzbilder zu holen, welche seinerzeit mit Frey begraben und nun kürzlich wieder ausgegraben worden seien und dieses in ihren Tempel zu setzen, in dem Freyr solchenfalls sie und ihren Tempel so lange schützen werde, als er sich selbst zu schützen vermöge.

Darauf verschwand Huld spurlos. Thorgerdr und Yrpa aber ergriffen die Landesherrschaft und ließen jenes Holzbild holen, wie ihnen geraten worden war.

18. h) Huldarsaga

Eine solche Statuen-Verbrennung wie in diesem Text geschildert, wird es damals während der Christianisierung sehr oft gegeben haben.

Sein Sohn war Bardr, der lange Halogaland beherrschte, der Vater des Hergils, des Vaters Havars, des Vaters Haralds, des Vaters Herlaugs, des Vaters des zweiten Herlaugs, des Vaters Grjotgards, des letzten ans diesem Hause, der Halogaland regierte. Sein Sohn war Hakon Jarl zu Hladir, welcher den Tempel des Freyr und der Thorgerd dahin verlegte, und sein Sohn war Sigurdr Hladajarl, der Vater von Hakon Jarl dem Mächtigen, welcher als der letzte die Thorgerd Holga-Braut verehrte.

Als aber Hakon tot war, verbrannte Olafr Tryggvason die Bilder Freys und der Thorgerd. Der war aber aus dem Hause der Ynglingar.

18. i) Die jüngere Version der Huldar-Saga

Er (Odin) selbst aber ging zu Gylfi hinüber und erbaute sich dort das alte Sigtunir, während Njörd, der Sohn des Türkenhäuptlings Ingi, sich Noatun und dessen Sohn Freyr sich Uppsalir baute.

18. j) Hamburgische Kirchengeschichte

Die ausführlichste Darstellung des Kultes des Freyr findet sich in der „Gesta Hammanburgensis ecclesiae pontificum", also der „hamburgischen Kirchengeschichte", die der Bischof Adam von Bremen um ca. 1085 n.Chr. verfaßt hat.

Jetzt wollen wir von dem Aberglauben der Schweden einiges sagen. Dieses Volk hat einen sehr berühmten Tempel, der Ubsola heißt und nicht weit von der Stadt Sictona liegt.

In diesem Tempel, der ganz mit Gold geschmückt ist, betet das Volk die Bildsäulen dreier Götter an, und zwar so, daß der mächtigste von ihnen, Thor, mitten im Gemache seinen Thron hat; rechts und links sitzen Wodan und Fricco.

Die Deutungen derselben sind folgende: „Thor, sagen sie, hat den Vorsitz in der Luft, er lenkt Donner und Blitz, gibt Winde und Regen, heiteres Wetter und Fruchtbarkeit. Der andere, Wodan, d. h. die Wuth, führt Kriege, und gewährt dem Menschen Tapferkeit gegen seine Feinde. Der dritte ist Fricco; er spendet den Sterblichen

Frieden und Lust.“

Sein Bild stellen sie auch mit einem ungeheuren männlichen Gliede versehen dar.

Den Wodan aber formen sie gewappnet, wie die Unseren den Mars zu bilden pflegen.

Odin war zu dieser Zeit bereits der kriegerische Göttervater und nur noch sekundär auch der Schamanengott. Der Vergleich mit dem römischen Gott Mars ist auch typisch für den ehemaligen Göttervater Tyr, der manchmal „Mars Thingsus“ („der dem Thing vorstehende Gott Mars“) genannt wurde.

Thor aber scheint mit seinem Szepter den Jupiter vorzustellen.

Das „Szepter“ des Thor wird wohl sein Hammer Mjölnir gewesen sein, da ansonsten kein Szepter des Thor bekannt ist – falls man nicht den Stab, den er von der Riesin Grid erhalten hat, als ein solches Szepter auffassen will.

Sie verehren auch vergötterte Menschen, die sie wegen außerordentlicher Taten mit der Unsterblichkeit beschenken, wie sie das nach dem Leben des heiligen Ansgar mit dem Könige Herich gemacht haben.

Das bekannteste germanische Beispiel für die Verehrung von Toten findet sich bei dem Gott Bragi, der möglicherweise aus dem Skalden Bragi Boddason dem Alten entstanden ist. Die Tradition wurde von den Christen beibehalten, die den norwegischen König Olaf Tryggvason, der das Christentum in Norwegen fest verankerte, zum Heiligen erhob – was die christliche Variante des Totenkultes ist.

Allen ihren Göttern nun halten sie besondere Priester, welche die Opfer des Volkes darbringen.

Das Opfern war der zentrale Teil des Kultes der Germanen. Er wurde vor allem durch die Priester in den Tempeln ausgeführt, aber vereinzelt auch in Notsituationen durch Heerführer oder Einzelpersonen.

Wenn Pest und Hungersnoth drohen, wird dem Götzen Thor geopfert, wenn Krieg dem Wodan, wenn eine Hochzeit zu feiern ist, dem Fricco.

Dies entspricht dem hier dargestellten Charakter der drei Götter:

Die drei Götter von Uppsala					
Name	*Stellung im Tempel*	*Merkmal*	*Aussehen*	*Gaben*	*Situationen*
Thor	Mitte	„Szepter" (Hammer)		Herr der Luft; Donner, Blitz, Wind, Regen, heiteres Wetter, Fruchtbarkeit	Pest, Hungersnot
Wodan (Odin)	links/rechts	gerüstet,	„wie Mars"	Kriege, Tapferkeit	Krieg
Fricco (Freyr)	links/rechts	großer Penis		Frieden, Lust	Hochzeit

Die Fruchtbarkeit der Felder ist zu dieser Zeit schon von Freyr auf Thor übertragen worden – zumindestens in dem „offiziellen Tempelkult" von Uppsala.

Auch pflegt alle neun Jahre ein allen schwedischen Landen gemeinsames Fest in Ubsola gefeiert zu werden. In Bezug auf dieses Fest findet keine Befreiung von Leistungen statt. Die Könige und das Volk, alle schicken ihre Gaben nach Ubsola, und – was grausamer ist als jegliche Strafe – diejenigen, die bereits das Christentum angenommen haben, kaufen sich von jenen Zeremonien los.
Das Opfer nun ist folgender Art. Von jeder Gattung männlicher Geschöpfe werden neun dargebracht, mit deren Blut es Brauch ist, die Götter zu sühnen.

Die Zahl „9" ist sicherlich ein Hinweis auf das Jenseits, in das diese Opfer gesandt werden. Der Begriff „sühnen" stammt aus der christlichen Denkweise, in der die Sünde und die Befreiung von ihr im Zentrum steht. Die Opfergaben werden von den Germanen eher als Gaben, Geschenke oder Tauschobjekte gegen die Gaben der Götter angesehen worden sein. Die beiden Wurzeln dieser Tieropfer sind zum einen das gemeinsame Mahl mit den Ahnen und zum anderen das Opfer des männlichen Herdentieres bei der Bestattung zur Absicherung der Wiederzeugung dieser Toten.

Die Körper aber werden in dem Hain aufgehängt, der nahe bei dem Tempel liegt. Dieser Hain ist nämlich den Heiden so heilig, daß jeder einzelne Baum durch den Tod oder die Verwesung der Geopferten geheiligt erachtet wird. Dort hängen auch Hunde und Rosse neben den Menschen, und von solchen vermischt durcheinanderhängenden Körpern habe er, erzählte mir ein Christ, zweiundsiebzig gesehen.

Das „Hängen" am Baum ist auch aus dem „Lied des Hohen" aus der Edda bekannt, in der Odin seine Weisheit findet, indem er neun Nächte am Weltenbaum hängt. Dies wird auf das Hängen am Baum bei der Schamanen/Priester-Weihe zurückgehen.

Dieses indogermanische Ritual ist von den Kelten besser bekannt als von den Germanen: Um ein möglichst echtes Nahtod-Erlebnis herzustellen, wurden die Einzuweihenden an einen Baum gebunden und dann in einen mit Wasser gefüllten Schacht hinabgelassen, in dem sie dann fast ertranken und auf diese eher rustikale weise lernten, mit ihrem Astralkörper ihren materiellen Leib zu verlassen. Diese Einweihungs-Methode der Druiden wurde von den Kelten „der dreifache Tod" (durch Ertrinken, Stürzen und Hängen an einem Baum) genannt.

Übrigens sind die Lieder, die bei der Vollziehung eines solchen Opfers gesungen zu werden pflegen, vielerlei und unehrbar und darum besser zu verschweigen.

Es ist wirklich sehr schade (wenn auch verständlich), daß der Bischof Adam von Bremen keines dieser Lieder aufgeschrieben hat. Das Adjektiv „unehrbar" könnte darauf hinweisen, daß auch die Zeugungskraft und der Penis des Freyr in diesen Liedern eine Rolle spielte – aber das ist natürlich bloß eine Vermutung.

Immerhin ist durch Adam von Bremen bekannt, daß beim Kult Lieder gesungen wurden – was allerdings im Kult so gut wie aller Völker der Fall ist.

... ...

Adalward also, der glühend vor Eifer das Evangelium zu verkündigen Schweden betrat, brachte alle, die in Sictona und in der Umgegend waren, in kurzer Zeit zum christlichen Glauben. Auch verband er sich insgeheim mit dem Bischof von Sconien, dem sehr frommen Egino, dahin, daß sie zusammen jenen Tempel der Heiden besuchen wollten, der Ubsola heißt, ob sie etwa Christo eine Frucht ihrer Arbeit daselbst darbringen könnten; denn gerne wollten sie Qualen aller Art erdulden, wenn sie nur jenes Haus zerstören könnten, welches der Hauptsitz des Aberglaubens der Barbaren ist. Denn wenn dies niedergerissen oder besser abgebrannt wäre, so würde, meinten sie, die Bekehrung des ganzen Volkes erfolgen.

Als indeß der sehr fromme König Steinkel von dieser Absicht der Bekenner Gottes unter dem Volke murmeln hörte, brachte er sie schlau von diesem Unternehmen ab, indem er versicherte, sowohl sie selbst würden sofort zum Tode verdammt, als auch er aus dem Reiche vertrieben werden, weil er solche Frevler in das Vaterland eingeführt hätte, und vielleicht würden dann auch, wie man das unlängst in Sclavanien erlebt habe, alle die, die jetzt noch gläubig wären, ins Heidenthum zurückfallen. Die Bischöfe nun pflichteten diesen Vorstellungen des Königs bei, durchreisten aber alle Städte der Gothen und zerbrachen die Götzenbilder und gewannen viele Tausend von Heiden dem Christenthume.

Offenbar hat es in Schweden sehr viele Götterstatuen gegeben – und nicht nur in

Uppsala.

Als späterhin Adalward bei uns gestorben war, ernannte der Erzbischof an seiner Stelle einen gewissen Tadico von Rambsola, der aus Liebe zu seinem Bauche lieber daheim ein Hungerleider, als draußen ein Apostel sein wollte.

Das mag von Schweden und von den gottesdienstlichen Gebräuchen desselben zu sagen genügen.

... ...

Daher gewann er (Egino) *Christo viele noch dem Götzendienste ergebene Völker, besonders die Barbaren, welche Pleicaner heißen, und die, welche auf der Insel Hulm in der Nähe der Gothen leben. Diese alle sollen, durch seine Predigt zu Thränen gerührt, die Reue über ihren Irrwahn dadurch bewiesen haben, daß sie auf der Stelle die Götzenbilder zerbrachen und sich freiwillig wetteifernd zur Taufe drängten.*

Bald legten sie dann auch ihre Schätze und was sie hatten, dem Bischof zu Füßen, und fleheten, er möge es doch annehmen; der Bischof aber verweigerte das, und lehrte sie von eben diesem Gelde Kirchen bauen, die Armen unterhalten und die Gefangenen lösen, deren in jenen Landen viele sind.

Derselbe hochherzige Mann soll in der Zeit, wo in Schweden die heftigste Verfolgung der Christen entbrannt war, die Scaraner Kirche und die übrigen Gläubigen, da sie eines Hirten entbehrten, häufig besucht haben, indem er denen, die an Christum glaubten, Trost brachte und den Ungläubigen das Wort Gottes beharrlich darbot. Da schlug er auch das vielberühmte Bild des Frikke in Stücke.

Frikke = Freyr

18. k)   Ortsnamen

Es gibt in Skandinavien vereinzelt auch Ortsnamen, die mit „Freyr" gebildet worden sind. Die meisten liegen in Schweden (80%) – hier war Freyr der Ahnherr der schwedischen Könige. Freyr ist offensichtlich am meisten in Schweden verehrt worden, wo er auch nach 500 n.Chr. zu den ansonsten dominierenden Göttern Odin und Thor in dem schwedischen Haupttempel in Uppsala weiterhin verehrt wurde.

Interessanterweise gibt es viele „Freyr-Erbhöfe" – ob Freyr der Schutzgott dieser Höfe gewesen ist und ihnen gute Ernten bringen sollte?

Freyr-Ortsnamen in Norwegen (7)	
Name	*Bedeutung*
Fröswi	Freyr-Tempel
Fröjrak, Frösaker	Freyrs-Acker, Freyr-Heilgtum
Frösö, Frösa	Freyr-Insel (Heiligtum?)
Fröjeslund	Freyr-Wald (Heiliger Hain?)
Frösberg	Freyr-Berg

Freyr-Ortsnamen in Schweden (45)	
Name	*Bedeutung*
Freyshof	Freyr-Tempel
Froakr, Frifelt	Freyr-Acker, Freyr-Heiligtum
Fröstolpt	Freyr-Zwölfheit
Fröslunda, Frösunda, Frölunda, Frösved, Frolunda, Frolund, Frolundr	Freyr-Wald
Froboke	Freyr-Buchen
Froberga, Frobjerg	Freyr-Berg
Frobergsvallen	Freyr-Berg-Weide
Frojdadal	Freyr-Tal
Frolland	Freyr-Land
Freilev, Frejlev, Frejlev, Froslev	Freyr-Erbhof
Froslevgard	Freyr-Erbhof-Dorf
Frorup, Frostrup, Frodetorp, Fristrup, Freistrup, Frorup, Froderyd	Freyr-Dorf
Frötuna, Frotunum, Frodinge, Frolinge	Freyr-Ort
Frodingehult	Freyr-Ort-Wald
Frösfjärdunger	Freyr-Grafschaft
Fröskog	Freyr-Polder (Deich-geschütztes Land)

Fro	Freyr
Fröel, Fryeled	Freyr-Feuer (?)
Froan, Froarp, Froaryd, Froasa, Frobol, Frisvad	Freyr-?

Freyr-Ortsnamen in Dänemark (3)	
Name	*Bedeutung*
Fröshärath	Freyr-Grafschaft
Fröslöff, Freerslev	Freyr-Erbhof

Freyr-Ortsnamen in Westfriesland (1)	
Name	*Bedeutung*
Vroinlo (Vronen)	Freyr-Erbhof

„Fröshärath" oder in der neueren Schreibweise „Frösherred" liegt in Südjütland (Nord-Dänemark) und bedeutet „Grafschaft des Freyr". Dieser Bezirk ist offenbar nach dem Gott Freyr benannt worden, was vermutlich daran liegt, daß dort einst die Verehrung des Freyr sehr wichtig gewesen ist und es daher in dieser Region vermutlich auch einen Freyr-Tempel gegeben haben wird.

Der Name „Frösfjärdunger", der sich in der südwestschwedischen Provinz Västergötland findet, bezeichnet einen Teilbereich einer Grafschaft. Für ihn gilt somit dasselbe wie für „Fröshärath" in Jütland.

Der Name des Ortes „Fröstolpt", der in der Nähe von Uppsala in Südschweden liegt, bedeutet „Freyr-Zwölfheit". Es sind von den Germanen viele 12er-Gruppen von Göttern, Göttinnen, Berserkern usw. bekannt, aber keine Zwölfheit im Zusammenhang mit Freyr. Es gibt auch in den Mythen des Freyr keine einzige Gruppe, die überhaupt groß genug wäre, um sie zu einer Zwölfheit strukturieren zu können – abgesehen vielleicht von den Wanen, von denen jedoch auch nur fünf bekannt sind: Niörd, seine Schwester (Nerthus?), Freyr, Freya und evtl. noch Kwasir.

Die einzige ausdrückliche Erwähnung einer Zwölfheit, die auch mit Freyr verbunden ist, sind die zwölf Priester des Tempels von Uppsala, über die in der Heimskringla berichtet wird. Falls sie mit dem „tolpt" gemeint sein sollten, dann könnte

„Fröstolpt", das in der Nähe von Uppsala liegt, evtl. der Wohnort dieser zwölf Priester gewesen sein, die in diesem Fall alle dem Freyr zugeordnet worden wären.

Letztlich werden alle nach „Freyr" benannte Orte auch Kultorte des Freyr gewesen sein. Bei einigen läßt sich von dem Namen her recht sicher auf einen Tempel oder zumindestens einen Kultplatz schließen, bei anderen ist vielleicht auch nur ein ganzer Ort oder eine Landschaft unter den Schutz des Freyr gestellt worden.

Übersicht über die mit „Freyr" gebildeten Ortsnamen						
Name			**Land**			
			Schweden	*Norwegen*	*Dänemark*	*Westfriesland*
Kultort (20)	sicherer Kultort (2)	Tempel (2)	1	1		
	vermutlich Kultort (15)	Acker (5)	3	2		
		Wald (9)	8	1		
		Buche (1)	1			
	evtl. Kultort (3)	Insel (1)		1		
		Berg (2)	2	1		
unklar (9)		Zwölfheit (1)	1			
		Feuer (1)	1			
		unklar (6)	6			
		„Freyr" (1)	1			
kein Tempel (23)	vermutlich kein Tempel (2)	Tal (1)	1			
		Land (1)	1			
	sicher kein Tempel (21)	Erbhof (7)	4		2	1
		Dorf, Ort (12)	12			
		Grafschaft (1)	1		1	
		Polder (1)	1			

Den Ortsnamen zufolge scheint Freyr vor allem im Freien verehrt worden zu sein – es ist allerdings keinesfalls sicher, daß in einem „Freyrs-Wald" nicht auch ein Freyrs-Tempel gestanden hat ... Auf jeden Fall sind Wälder, d.h. evtl. Heilige Haine, in

Bezug auf Freyr von Bedeutung gewesen – vermutlich eben als Kultort.

Es ist auffällig, wie oft ganze Dörfer unter dem Schutz des Freyr gestanden haben. Das bestätigt noch einmal, daß Freyr (oder Yngvi) in Schweden einst der Stammesgott oder der Göttervater gewesen sein muß.

18. l) Zusammenfassung

Es sind aus verschiedenen Orten mindestens elf Freyr-Priester und eine Freyr-Priesterin und daher auch mindestens sechs Freyr-Tempel bekannt. Diese Tempel standen vor allem in Schweden und auf Island.

Freyr ist in später Zeit als Hohepriester in einem großen Tempel (vermutlich Uppsala) aufgefaßt worden. Ursprünglich ist Freyr der Hauptgott in Uppsala gewesen – ab 500 n.Chr. war Thor der Hauptgott und Freyr und Odin die beiden Nebengötter.

Es gibt recht viele mit „Freyr" gebildete Ortsnamen (56). Die meisten von ihnen liegen in Schweden (45), einige auch in Norwegen (7), der Rest in Dänemark (3) und in Westfriesland (1). Vor der Besiedlung Islands ist Freyr fast ausschließlich in Schweden und Norwegen verehrt worden.

Viele der Freyr-Ortsnamen sind mit dem Wald (10) verbunden oder stellen einen Bauernhof oder ein Dorf unter den Schutz des Freyr (19)

Es hat viele Freyr-Statuen gegeben. Die Statue des Freyr wurde einmal mit Sichel und einmal mit Ähre dargestellt.

In einem isländischen Freyr-Tempel wurde ein Stier geopfert.

In Island wurden Eide auf den Tempel-Ring „bei Niörd und Freyr und bei dem allmächtigen Asen" abgelegt. Niördr und Freyr sind einst in Schweden und später teilweise auch in Schweden von allen Göttern am meisten verehrt worden. Darauf weist auch der Freyr-Talisman unter einer Hallen-Hauptsäule hin.

In einer Saga versammeln sich die Ahnengeister zusammen mit Freyr auf einer Sandbank in einem Fluß. Dies zeigt noch einmal den engen Zusammenhang des Freyr mit den Ahnen – die Wanen sind vermutlich mit den Alfen identisch und Freyr ist ursprünglich der sich wiederzeugende Tote gewesen.

19. Der Kult des Freyr: Priester und Priesterinnen

19. a) Gisli-Saga

Die folgende Textstelle zeigt, daß die Priester zumindestens manchmal einen Zweit-beruf oder einen früheren Beruf haben konnten, da der Freyr-Priester Thorgrim ein guter Eisenschmied gewesen ist. Dies schließt hauptberufliche Priester in den großen Tempeln natürlich nicht aus.

Von einem Mann haben wir bereits gesprochen: Thorgrimm Flaschennase. Er wohnte in Nedstead an der Innenseite der Biegung des Flusses. Er kannte viele Hexenkünste und war voller Zauberkraft; er war ein Magier und kannte und benutzte viele Zaubersprüche. Diesen Mann luden Thorgrim und Thorkell zu ihrem Fest ein, das eine große Versammlung geworden war, denn Gisli Thorgrimm, der Priester des Freyr, war ein Mann, der sehr geschickt im Schmieden von Eisen war.

Thorgrim und Thorkell hatten den Priester-Schmied eingeladen, weil sie aus der abgebrochenen Spitze eines magischen Schwertes eine Speerspitze schaffen wollen, um mit dem betreffenden Speer einen ansonsten kaum verwundbaren Mann zu töten. Für eine solche Aufgabe war ein Priester-Schmied, der sich gut in den magischen Künste auskannte, natürlich ideal.

19. b) Nials-Saga

Einst sagte ihm Nial, er wolle für ihn ein Ehebündnis zu Stande bringen; Höskuld bat ihn, dafür Sorge zu tragen und fragte, wo er eine Braut für ihn wüßte.
„Es ist ein Mädchen da, namens Hildegunne,“ antwortete Nial; „sie ist eine Toch-ter Starkad's, dem Sohn des Freyr-Priesters Thord. Eine Heirat mit ihr würde eine glückliche sein.“

19. c) Die Saga über Olaf Tryggvason

Dort lebte weiterhin Halldor, der Sohn von Gudmund von Kampfwut-Tal, sowie Kolbein, der Sohn des Thord Freyr-Priester, der der Bruder von Brand-Flosi war, und viertens noch Sverting, der Sohn von Runolf dem Priester.

19. d) Heimskringla

(Kapitel 88) Auch in der Heimskringla wird über einen Freyr-Goden, also über einen Priester des Freyr berichtet.

Dort war auch Haldor, ein Sohn des Gudmund von Modruveller, und Kolbein, der Sohn des Freyr-Goden Thord, ein Bruder-Sohn des Brennuflose; zusammen mit Sverting, einem Sohn des Runolf.

19. e) Heimskringla

In diesem mythologisch-historischen Werk erscheinen die beiden Wanen-Götter Niörd und Freyr noch selber als Diar, d.h. die Priester des Göttervaters. Dies entspricht der häufigen Kombination der Götternamen Freyr und Yngvi in Personennamen mit Begriffen aus dem Kult.

Als Odin aus dem Asen-Land nach Norden kam und mit ihm die Diar-Priester (Njörd und Freyr), *zeigten und lehrten sie den Leuten die Künste, die diese anschließend für lange Zeit ausübten.*

Etwas später wird berichtet, daß Odin die beiden Göttern zu Diar-Priestern ernannt hatte:

Odin ernannte Njörd und Freyr zu Opferpriestern und sie wurden die Diar der Asenland-Leute. Njörds Tochter Freya wurde die Opferpriesterin und lehrte als erste den Asenland-Leuten die magischen Künste wie sie bei den Wanenland-Leuten üblich und weit verbreitet waren.

Die Tempelpriester besaßen wie die Fürsten Ländereien :

Den Tempelpriestern gab er ebenfalls Ländereien.

Die Germanen mußten den Tempeln Abgaben zahlten (wie dies auch von Adam von Bremen berichtet worden ist):

Freyr folgte auf Niörd in dessen Königreich und wurde von allen Schweden Drott genannt und alle zahlten ihm Abgaben.

Anscheinend waren zu einem großen Teil jedoch die Fürsten für den Unterhalt der Tempel zuständig:

Freyr erbaute einen großen Tempel in Uppsala und machte die Stadt zu seinem Hauptsitz und gab dem Tempel alle seine Abgaben, sein Land und seine Güter.

Auch zu den Tempeln selber gehörten Ländereien, die vermutlich von den Priestern verwaltet wurden. Diese Organisationsform des Unterhaltes der Tempels ist eine sehr alte indogermanische Tradition, die schon um 1300 v.Chr. bei den Hethitern üblich war, wie sich aus den Archiven der Hethiterkönige ergibt.

Damals wurden die Ländereien des Uppsala-Tempels begründet, die seither immer Bestand hatten. Damals begann in seinen Tagen auch der Frodi-Frieden.

Die Szene, in der beschrieben wird, daß die Menschen die Opfergaben für Freyr in Form von Geld durch eines von drei Löchern in dem Tor zu seinem Hügelgrab warfen, könnte durchaus ein alter Brauch gewesen sein – entweder als Geschenk an Freyr, das bei Freyr bleibt oder in Form eines Spende an den Tempel des Freyr:

Sie brachten alle Abgaben zu ihm und warfen durch das eine Loch das Gold, durch das andere das Silber und durch das dritte die Kupfermünzen, die entrichtet wurden. So dauerten der Frieden und die guten Ernten fort.

19. f) Skirnir

Freyrs „Diener" Skirnir ist vermutlich das Urbild seines Priesters. „Diener des Gottes X" ist ein weltweit verbreiteter Priester-Titel, der darin begründet liegt, daß die Priester genauso als Untergebenen des Hauptgott-Göttervaters angesehen wurden wie die Menschen als die Untergebenen des Königs betrachtet wurden – zumal die Haupt-götter zunächst Götterkönige sind. Später ist aus diesen Götterkönigen dann der Monotheismus in Analogie zu dem Königtum entstanden.

Aus den Namen von Skirnir, Hermodr und Thialfi sowie deren Tätigkeiten läßt sich ersehen, daß diese drei Priester vor allem Schamanen waren und als solche die Verbindung der Menschen zu ihren Ahnen aufrechterhielten: Alle drei reisen in den Mythen in das Jenseits und sind u.a. durch den Namensbestandteil „Alf" mit den

Ahnen verbunden.

Die Priester der Götter				
Gott	**Priester**	**Bedeutung des Namens**	**Wesen**	**Beschreibung der Stellung**
die drei Hauptgötter von Uppsala	Odin	Hermodr	„Wut-Ekstase"	Gottes-Sohn	Sohn, Schamane
	Freyr	Skirnir	„Leuchtender"	Alf	Bote, Diener, Schamane
	Thor	Thialfi	„Diener-Alf"	Alf	Diener, Helfer, Krieger, Schamane

19. g) Gisli-Saga

In der Saga über Gisli findet sich sowohl die Beschreibung eines Opferrituals als auch einige Hinweise zu dem Verhältnis der Menschen zu dem Gott Freyr.

Als die Spiele endeten und der Sommer begann, herrschte zwischen Thorgrimm und Gisli eine ziemlich große Kälte.

Mit „Spiele" ist eine Art besonders rabiates Rugby zwischen nur zwei Gegnern auf einer Eisfläche gemeint, das selten ohne Verletzungen geendet zu sein scheint.

Thorgrimm wollte in der ersten Winternacht ein Erntefest veranstalten und dem Freyr opfern.

Freyr scheint sehr eng mit der Ernte verbunden gewesen zu sein, wie auch schon die guten Ernten während der Herrschaft des „Königs Frode" und des damit verbundenen „Frodi-Friedens" zeigen.

Thorgrimm lud seinen Bruder Bork sowie Eyolf, den Sohn des Thord, und viele andere Männer ein.
Auch Gisli bereitete ein Fest vor und lud seine Schwäger von der Arna-Bucht und die beiden Thorkels ein, sodaß schließlich ganze sechzig Menschen in seinem Haus waren.

In beiden Häusern sollte es ein Trinkgelage geben und der Boden in Säbol war mit Binsen aus dem Binsen-Bergsee bedeckt.

Als nun Thorgrimm und seine Leute damit beschäftigt waren, in der Halle die Wandbehänge aufzuhängen, sprach Thorgrimm plötzlich zu Thorkel: „Diese Wandbehänge würden sich gut machen – die feinen meine ich – die Vestein Dir geben wollte. Mir scheint, daß es einen großer Unterschied macht, ob Du sie für einen Tag hast oder ganz. Ich fände es gut, wenn Du sie nun holen lassen würdest."

„Der Mann," sprach Thorkel, „der weiß, wie er etwas sein lassen kann, ist der Meister aller Weisheit. Ich werde sie nicht holen lassen."

Der erste Satz des Thorkel ist offensichtlich ein Sprichwort. Die in ihm ausgedrückte „taoistische" Weisheit paßt von den germanischen Göttern am ehesten zu Freyr. Dieser Spruch zeigt nebenbei, daß die Germanen auch Weisheiten besaßen, die die Qualität von Frieden, Nachgiebigkeit und Selbstbeherrschung in den Mittelpunkt stellten.

„Dann werde ich es tun," sprach Thorgrimm und wollte Geirmund losschicken, um sie zu holen.

„Ich habe Arbeit zu tun," sprach Geirmund, „und ich habe keine Lust zu gehen."

Da ging Thorgrimm zu ihm, führte einen gewaltigen Zuchthengst zu ihm hin und sprach: „Los jetzt, wenn Du es Dir so besser gefällt!"

„Das werde ich tun," sprach er, „auch wenn ich noch weniger Lust dazu habe – aber verlaß' Dich drauf: Ich werde versuchen, Dir die alte Mähre anstelle Deines Hengstes zurückzugeben! Dann werden wir quitt sein!"

Da ging er los. Als er jedoch zu Gislis Haus kam, waren Gisli und Auda gerade fleißig dabei, die Wandbehänge aufzuhängen. Geirmund erzählte seine Botschaft und die ganze Geschichte.

Diese harmlose Geschichte führte schließlich dazu, daß Gilsi seinen Schwager Thorgrim nachts in seinem Bett mit seinem Schwert erstach.

Danach fährt die Geschichte mit der Rache von Bork für seinen Vater Thorgrim fort.

Da wurde Thorgrimms Erben-Bier gebraut und getrunken und Bork gab vielen seiner Freunde gute Geschenke.

Das nächste, was wir zu sagen haben, ist, daß Bork mit Thorgrim Flaschennase verhandelte, daß er durch Zaubersprüche und magische Worte bewirken sollte, daß niemand mehr denjenigen, der Thorgrim ermordet hatte, beherbergen oder Schutz gewähren solle, wie sehr er sich auch darum bemühen sollte, und daß der Mörder keine Ruhe mehr auf Land finden solle.

Dem Thorgrimm wurde ein neun Winter alter Ochse gegeben. Da begann Thorgrim mit seinen Zaubersprüchen über seinem Kessel und machte sich einen Hochsitz und erfüllte seine Aufgabe mit aller Hexenkunst und Zauberkraft. Danach brachen die Gäste auf und ein jeder Mann ging zu seinem eigenen Haus.

Der Verfasser der Gisli-Saga scheint keine sehr klare Vorstellung darüber gehabt zu haben, wie ein Fluch durchgeführt wird, denn eigentlich ist keine die Braukunst notwendig – aber vielleicht gab es auch ein „Fluch-Rutual mit Kessel", das aus einer umgedeuteten Wiedergeburts-Symbolik entwickelt worden ist.

Da geschah auch eine Sache, die allen seltsam und unbekannt schien. Kein Schnee legte sich auf die Südseite von Thorgrims Talsenke und es fror dort auch nicht. Die Männer vermuteten, daß dies deshalb geschah, weil Thorgrim dem Freyr wegen dessen Verehrung so lieb gewesen war, und daß deshalb der Gott es nicht erdulden wollte, daß der Frost zwischen beide kam.

Vermutlich lag der Tempel des Freyr im Süden des Hauses des Thorgrim bzw. seines Sohnes Bork.
Das Deuten von Omen scheint damals eine geläufige Sache gewesen zu sein und ebenso die Vorstellung, daß die Götter in das Alltagsgeschehen eingriffen und sogar die Natur verändern konnten.

... ...

Gisli verfaßte ein Lied über diese Begebenheit:

Dann sang Gisli – Wehe diesem Tag! – das folgende Lied:

„ Über Thorgrimm schmelzen
Lage für Lage, die eisigen Schneewehen.
Nur wenige haben den Verstand um das Rätsel
dieses Hügels im Land zu verstehen.
Ich habe ihm geschadet? Nein! Ich habe ihm nicht geschadet:
Ein strahlendes Haus ist hier sein Los;
Den Priester gab ich seinem Gott,
und Freyr wärmt nun das Grab seines Dieners. "

In diesem sarkastischen Lied finden sich die Bestätigung für die Deutung der Bezeichnung „Diener" für Skirnir und für Thialfi als eine Umschreibung für „Priester", da der Priester Thorgrimm ausdrücklich der „Diener" des Freyr genannt wird.
Das *„Wehe diesem Tag! "* bezieht sich darauf, daß Gisli in diesem Lied versehentlich zugibt, den Thorgrim getötet zu haben.

19. h)   Die Völsi-Geschichte

In dem folgenden Text wird Freyr zwar nicht namentlich erwähnt, aber es ist recht sicher, daß der Pferdepenis, der im Mittelpunkt dieser Geschichte steht, zu dem Kult des Freyr gehört, da eine solche Symbolik nur aus dem Kult dieses Gottes bekannt ist.

Ein „Völsi" ist eine Stange oder ein Stab. Von diesem Wort leiten sich auch die beiden Seherinnen-Titel „Wala" und „Weleda" ab, die beide „Stabträgerin" bedeuten. „Völsi" wurde jedoch auch als Bezeichnung des Penis benutzt.

Es ist deutlich zu merken, daß in der Saga zwar germanische Bräuche beschrieben werden, aber das sie bereits aus christlicher Sicht bewertet worden sind.

Der König ist König Olaf der Heilige von Norwegen.

König Olaf erfuhr, daß das Land weit umher noch wenig christianisiert war. Er trachtete aber sehr danach, das Volk in seinem gesamten Reich, sowohl auf Inseln als auch auf Landspitzen, zum katholischen Glauben zu bekehren.

Laut dem, was in einem alten Gedicht ausgesagt wird, lebten ein Bauer und seine etwas ältere Frau auf einer Landspitze im Norden Norwegens. Dort gab es, ein Stück weit von den dichter besiedelten Gebieten und dem dem Hauptweg entfernt, einen guten Hafen für Langschiffe.

Der Bauer und seine Frau hatten zwei Kinder: Einen Sohn und eine Tochter, so wie es am Beginn des Gedichtes, der wie folgt lautet, ausgesagt wird:

Ein Mann hat mit einer älteren Frau
auf irgendeiner Landspitze gelebt.
Der Mann hatte einen Sohn mit der Göttin des Goldes,
und eine sehr verständige Tochter.

„Göttin des Goldes" ist eine häufige Umschreibung für „Frau".

Es gab dort auch einen Knecht und eine Magd. Der Bauer war ein kluger Mann und kümmerte sich wenig um fremde Angelegenheiten. Die Alte aber war sehr herrschsüchtig und bestimmte über alle täglichen Angelegenheiten des Haushalts. Der Sohn des Bauern war vergnügt, fröhlich, ausgelassen und frech. Die Tochter des Bauern war älter, von schneller Auffassungsgabe und von kluger Art, obwohl sie nicht in der Nähe vieler Menschen aufgewachsen war. Der Bauer hatte einen großen Jagdhund, der Lerir hieß. Sie hatten keinerlei Kenntnis vom heiligen Glauben.

Im Spätherbst starb das Pferd des Bauern. Heidnische Männer aßen das Pferdefleisch und da das Pferd dick gewesen war, wurde es zu Fleisch verarbeitet.

Während der Sklave das Pferd häutete, schnitt er das Teil ab, das die Natur allen Tieren gegeben hat, die sich durch eine Vereinigung fortpflanzen und das bei den

229

Pferden gemäß den alten Dichtern „Baumler" genannt wird.

Als der Knecht dieses Teil abschnitt und es gerade fortwerfen wollte, kam der Sohn des Bauern lachend vorbeigerannt und nahm es und trug es in den Wohnraum. Dort saß seine Mutter zusammen mit ihrer Tochter und der Magd. Er wedelte den Phallus vor ihnen hin und her, rief spöttische Bemerkungen und sprach folgende Strophe:

„Hier könnt ihr
einen kräftigen Phallus sehen,
der von einem Pferde-Vater
abgeschnitten wurde.
Für Dich, Magd,
ist dieser Völsi
nicht träge
zwischen Deinen Schenkeln!"

Die Magd brach in schallendes Gelächter aus, aber die Bauerntochter bat ihren Bruder, das abscheuliche Ding fortzubringen.

Die alte Frau stand auf, ging zu ihrem Sohn, nahm ihm das Ding ab und sprach, daß es keinen Grund gäbe, ein Ding zu vergeuden, daß von Nutzen sein könnte. Dann ging sie in die Küche, trocknete das Glied sorgfältig und wickelte es zusammen mit Lauch und Kräutern in Leinen ein, um es vor dem Verfaulen zu bewahren, und legte es dann in ihre Truhe.

Die bereits in der „Gesta danorum" beschriebene Mumifizierung scheint, wie diese Stelle zeigt, tatsächlich aus dem Fleischerhandwerk zu stammen, und vor allem ein Haltbarmachen von Fleisch zu sein.

Die Formel „Lauch und Kräuter" („lin ok laug") könnte aus dem ursprünglichen Ritual stammen, das dieser Saga zugrundeliegt, da dies eine weit verbreitete Redewendung gewesen ist.

Den ganzen Herbst über holte sie den Phallus jeden Abend hervor und sprach ihn mit verehrenden Versen an und glaubte, daß er ihr Gott sei, und sie nötigte den Rest ihres Haushaltes, diese Gotteslästerung anzunehmen.

Durch die Macht des Teufels wuchs dieses Ding und wurde so stark, daß es aufrecht bei der alten Frau stehen konnte, wenn sie es wollte. Sie machte es sich zur Gewohnheit, es jeden Abend in den Wohnraum zu tragen, wo sie als die erste der Hausgemeinschaft einen Vers über ihm sprach. Dann gab sie es ihrem Mann weiter, der es dann zu der nächsten Person weiterreichte und so weiter, bis die Magd es erhielt. Von allen wurde erwartet, daß sie einen Vers über dem Phallus sprachen. Die Haltung einer jeder Person wurde durch das, was sie sagten, deutlich.

Eines Tages, bevor König Olaf vor König Knut aus dem Land fliehen mußte, geschah es, daß er mit seinen Schiffen nach Norden am Land entlang fuhr. Er hatte von dieser Landspitze und dem Unglauben, der dort herrschte, erfahren. Da er dort wie andernorts das Volk zum rechten Glauben bekehren wollte, sagte er seinen Lotsen, daß sie die Wegrichtung ändern und in den Hafen unterhalb der zuvor erwähnten Landspitze fahren sollten, da der Wind günstig stand. Sie kamen spät am Abend in diesen Hafen und der König ließ Zelte auf den Schiffen errichten.

Er sagte seinen Leuten, daß sie die Nacht über auf den Schiffen bleiben sollten, während er zu dem Hof gehen wollte. Er bat Finn Arnason und Thormod Kolbrunarskald mit ihm ihm zu kommen. Sie nahmen sich alle graue Kapuzenmäntel und zogen sie über ihre Kleidung, und so gingen sie in der Abenddämmerung zu dem Hof. Sie begaben sich in die Stube und setzen sich auf die äußere Bank. Sie setzten sich so, daß Finn am weitesten drinnen saß, in der Mitte Thormod und ganz außen der König. Dort warteten sie, bis es dunkel geworden war, ohne daß ein Mensch hereingekommen wäre.

Dann brachte eine Frau Licht herein, und das war die Tochter des Bauern. Sie grüßte die Männer und frug nach ihren Namen, aber sie nannten sich alle Grim.

„Grim" bedeutet „Maskierter" und ist ein beliebter Beiname („Grimnir") des Odin und vorher vermutlich auch des Tyr gewesen. Möglicherweise war in dem Ritual ursprünglich Tyr oder Odin anwesend.

Die Dreizahl der Männer, also Olaf und seine beiden Begleiter, die still im Hintergrund saßen, könnten eine Anspielung auf die drei Statuen von Freyr, Thor und Odin gewesen sein.

Daraufhin zündete sie in der Stube Licht an. Sie schaute immerzu auf die Gäste und blickte am längsten auf den, der am weitesten draußen saß. Als sie gerade nach vorne gehen wollte, kam ihre eine Strophe in den Mund und sie sprach das Folgende:

„Ich sehe Goldringe an den Gästen und kostbare Mäntel.
Mir gefallen die Ringe.
Lieber will ich Kostbarkeiten, als zu lügen;
ich erkenne Dich, mein König; Du bist gekommen, Olaf. "

Darauf antwortete der Neuankömmling, der am weitesten draußen saß: „Schweige still darüber, denn Du bist eine kluge Frau. "

Sie wechselten keine weiteren Worte. Die Tochter des Bauern ging nach vorne, und wenig später kamen der Bauer, sein Sohn und der Knecht herein. Der Bauer setzte sich in den Hochsitz, der Sohn neben ihn und der Knecht ein Stück weit von ihm entfernt. Sie amüsierten sich über das Schweigen der Gäste. Dann wurde die

Mahlzeit vorbereitet, Tische aufgestellt und das Essen darauf gestellt. Die Tochter des Bauern setzte sich zu ihrem Bruder und die Magd zu dem Knecht. Die Grime saßen alle noch immer wie zuvor erzählt wurde. Die alte Frau war die letzte, die herbeikam, und sie trug den Völsi in ihren Armen. Sie näherte sich dem Sitz ihres Mannes. Es wird nicht gesagt, daß sie die Besucher begrüßt hätte.

Sie wickelte den Völsi aus den Tüchern, legte ihn dem Bauern auf den Schoß und sprach diese Strophe:

„Vergrößert bist Du, Völsi, und hochgehoben,
mit Leinen gestärkt, mit Lauch gestützt.
Möge Maurnir dieses Opfer annehmen.
Aber Du selbst, Bauer, nimm Völsi zu Dir."

„Maurnir" oder „Mörnir" bedeutet „Riesinnen". Auch die Riesin Skadi wurde manchmal als „Mörn" bezeichnet. Die Riesinnen sind zum größten Teil eine Umformung der Jenseitsgöttin Frigg-Freya.

Der Bauer zeigte sich wenig interessiert, sprach aber dennoch eine Strophe:

„Es würde nicht, wenn ich darüber bestimmte,
dieses Opfer heute Abend herumgetragen werden.
Möge Maurnir dieses Opfer annehmen.
Aber Du, Sohn des Bauern, schau Du auf Völsi."

Der Sohn des Bauern griff nach ihm, hob ihn hoch, hielt ihn in Richtung seiner Schwester und sprach diese Strophe:

„Tragt den Stößel zu den Brautjungfern.
Sie sollen den Vingul heute Abend naß machen.
Möge Maurnir dieses Opfer annehmen.
Aber Du, Tochter des Bauern, nimm Völsi zu Dir."

Auch „Vingul" ist eine Umschreibung für den Pferdepenis. Das Wort bedeutet vermutlich „Tau, Seil".
Die „Brautjungfern" sind möglicherweise die Riesinnen („Maurnir").

Sie wollte lieber wenig damit zu tun haben, aber mußte doch dem Brauch des Haushalts folgen. Sie faßte ihn ziemlich vorsichtig an und sprach diese Strophe:

„Das schwöre ich bei Gefion und bei allen anderen Göttern,
daß ich gezwungenermaßen den roten Schwanz anfasse.
Möge Maurnir dieses Opfer annehmen.
Aber Knecht des Hauses, ergreife Du Völsi."

  Der Knecht nahm ihn und sprach:

„Ein ganzer, dicker, großer Laib Brot
wäre mir an Werktagen viel lieber als dieser Völsi.
Möge Maurnir dieses Opfer annehmen.
Aber Du, Magd des Hauses, drück Du Völsi an Dich."

   Die Magd nahm ihn sehr liebevoll entgegen, zog ihn zu sich, streichelte ihn und
sprach diese Strophe:

„Sicherlich könnte ich mich nicht davon zurückhalten,
ihn in mich zu stecken, wenn wir alleine in Wollust da lägen.
Möge Maurnir dieses Opfer annehmen.
Aber Du, Grim, unser Gast, ergreif Du Völsig."

  Finn nahm ihn und hielt ihn fest. Dann sprach er diese Strophe:

„Ich bin oft mit dem Schiff vor Landspitzen gelegen
und habe mit flinken Händen das Segel hochgezogen.
Möge Maurnir dieses Opfer annehmen.
Aber Du, Grim, mein Gefährte, ergreife Du Völsi."

   Dann gab er ihn Thormod. Er nahm ihn an und betrachtete sich sehr sorgfältig, wie
Völsi beschaffen war. Dann lächelte er und sprach diese Strophe:

„Ich sah nie zuvor, obwohl ich weit gefahren bin,
wie ein Pimmel mit zurückgezogener Vorhaut an den Bänken herumgereicht wurde.
Möge Maurnir dieses Opfer annehmen.
Aber Du, Hauptgrim, nimm Du Völsi."

  Der König nahm ihn an und sprach diese Strophe:

„Ich bin der Steuermann gewesen ,
ganz vorne und Anführer aller Menschen.
Möge Maurnir dieses Opfer annehmen.
Aber Du, Hund des Hauses, kümmere Dich um das Ungetüm."

Dann warf er ihn auf den Fußboden hinunter und sofort schnappte der Hund da-
nach. Als die Alte das sah, bebte sie am ganzen Leib. Es ging ihr sehr nahe, und sie
sprach diese Strophe:

„Was ist das für ein mir unbekannter Mann,
der dem Hund das heilige Opfer gibt?
Man hebe mich über den Türstock und auf den Türbalken,
damit ich weiß, ob ich das heilige Opfer retten kann.
Leg es nieder, Lerir, aber laß es mich nicht sehen,
und verschling es nicht, Du feige, elende Hündin."

Die Bitte der Frau, sie auf den Türbalken zu heben, ist ein Brauch aus dem Bestattungsritual, der schon von dem arabischen Forschungsreisenden Ibn Fadlan berichtet
wird. Die Frau schaut dabei durch die Tür ins Jenseits und berichtet dann, was sie dort
sieht. Die Tür entspricht somit in etwa dem Hochsitz der Seherinnen und des Odin.

Dann warf der König seine Verkleidung ab und wurde daraufhin erkannt. Er ver-
kündete ihnen dann den christlichen Glauben. Die Alte war dem Glauben gegenüber
widerstrebend, aber der Bauer ihm etwas schneller zugeneigt. Aber durch Gottes
Kraft und Olafs Eifer geschah es am Schluß so, daß alle den Glauben annahmen und
von dem Kaplan aus dem Gefolge des Königs getauft wurden.
*   Sie blieben dem Glauben treu, nachdem sie gelernt hatten, an wen sie glauben*
sollten und ihren Schöpfer erkannten. Sie sahen nun ein, wie schlimm und unmensch-
lich und ungleich allen anderen guten Menschen sie gelebt hatten.
*   An solchen Dingen kann man sehen, daß König Olaf sehr darum bemüht war, alle*
Unsitte, Heidentum und Hexerei zu vernichten und auszulöschen, genauso in den
entlegensten Wäldern des norwegischen Reiches wie in den Gebieten im Hauptteil
des Landes. Er strebte am meisten danach, so viele wie möglich zum rechten Glauben
zu bewegen. Es ist jetzt auch offensichtlich geworden, daß er dies und alles andere so
getan hat, daß es Gott gefallen hat.

19. i) Gesta danorum

In der um 1185 n.Chr. von dem Mönch Saxo der Schriftkundige verfaßten mythologisch-historischen Geschichte Dänemarks findet sich eine Stelle, die einige Einzelheiten aus dem Kult des Freyr beschreibt:

Nach Bemonis Tod wurde Starkather wegen seiner Stärke von den Meisterkriegern von Biarmia gerufen und vollbrachte dort viele Taten, die es wert sind, erzählt zu werden.

Dann betrat er schwedisches Gebiet und verbrachte dort sieben Jahre des Müßiggangs mit den Söhnen des Frö. Danach verließ er sie, um zu Haki, dem Herrn von Dänemark, zu gehen, denn da er in der Gegend von Uppsala in der Zeit der Opferungen gelebt hatte, hatte er die weibischen Bewegungen des Körpers, das Geschwätz der Schauspieler auf der Bühne und das sanfte Bimmeln der Glöckchen verabscheut.

Es ist offensichtlich, wie weit sein Herz von der Frivolität entfernt war, wenn er nicht einmal diese Ereignisse ertragen konnte. Ein mannhaftes Individuum widersteht dererlei Liederlichkeiten.

Der Mönch Saxo grammaticus ist offensichtlich empört über den Wanen-Kult des Freyr und sympathisiert stattdessen viel eher mit dem Asen-Mut der Wikinger, die Anhänger des Odin waren – die Epoche der germanischen Krieger war zur Zeit des Saxo noch nicht lange Vergangenheit geworden ... und hatte sich vor allem in christliche Kreuzritter verwandelt.

Saxo berichtet mehrere Details über den Kult des Freyr:

- Die Verehrer des Freyr schätzen den Frieden weit mehr als den Krieg.

- Die Opferungen waren ein wichtiger Bestandteil des Freyr-Kultes.

- Die Priester und die Verehrer des Freyr bewegten sich auf „weibische" Art. (Über die Priesterinnen und Frauen hätte Saxo dies nicht zu sagen brauchen.)

- Im Kult im Tempel („Bühne") wurde viel gesprochen („Geschwätz"). Vielleicht wurden auch tatsächlich Szenen aus dem Leben des Freyr aufgeführt – aber das ist unwahrscheinlich, da es dann wohl einige Hinweise auf solch ein markantes Ritual geben würde. Daher werden wohl eher die Rituale selber viele Anrufungen, Bitten, Erzählungen von Freyr-Mythen, Gesänge u.ä. enthalten haben. Dies läßt vermuten, daß es große öffentliche Rituale gegeben hat – vermutlich sind diese vor allem das alljährliche Freyr-Fest.

- Im Kult wurden Glöckchen benutzt – was dem Mönch Saxo möglicherweise besonders geärgert hat, da diese auch in den Ritualen der Christen verwendet wurden.

- Das „sanfte Bimmeln" paßt gut zu dem friedlichen Charakter des Freyr.

- Die „Liederlichkeit" könnte einfach die allgemeine Abscheu des Saxo gegenüber diesem Kult des Freyr ausdrücken, aber es ist gut denkbar, daß es auch einige spezielle Aspekte in dem Kult wie z.B. den erigierten Penis des Freyr gegeben hat, die Saxo besonders heftig abgelehnt hat.

19. j) Die Saga über Hrafnkell Freysgodi

Diese Saga handelt von dem Freyr-Priester Hrafnkell. Der Name „Hrafnkell" setzt sich aus den beiden Worten „hrafn" für „Rabe" und „ketill" für „Ritual-Kessel" zusammen. Es scheint, als ob die Eltern des Hrafnkell schon seine spätere Berufung vorhergesehen hätte und ihn deshalb nach dem Kessel, der für das Seidir benutzt wurde und nach dem Raben des Odin benannt haben.

Die Kombination „Raben-Kessel" ist vermutlich eine Anspielung darauf, daß der Rabe des Odin die Inspiration zu dem Kessel bringt, in dem der Göttermet gebraut wird. Diese Symbolik geht ihrerseits auf den Seelenvogel (Rabe) zurück, für den der Met bei der Bestattung gebraut wird.

Diese nicht allzulange Saga wird im folgenden vollständig wiedergegeben, auch wenn sie nur vereinzelt Hinweise auf den Kult des Freyr enthält – aber immerhin wird hier ein Freyr-Priester ausführlich beschrieben.

Es war in den Tagen des Königs Harald Haarschöns, des Sohnes Halfdans des Schwarzen, des Sohnes Gudröds des Jagdkönigs, des Sohnes Halfdans des Freige-bigen und Kostkargen, des Sohnes Eysteinn Fret's, des Sohnes des Schwedenkönigs Olafs des Zimmermanns, daß ein Mann namens Hallfred auf seinem Schiff nach Is-land und zwar nach dem Breit-Tal kam. Dieses Tal liegt südlich vom Fljots-Tal.

Auf seinem Schiffe waren auch seine Frau und sein Sohn, der Hrafnkell hieß und der damals fünfzehn Jahre alt war – ein hoffnungsvoller und tüchtiger Jüngling. Hallfred ließ sich dort nieder. Im Winter darauf starb seine ausländische Magd, die Arnthruthur hieß; und deshalb heißt diese Stelle seither Arnthrutharstathir. Aber im folgenden Frühjahre verlegte Hallfredr seinen Wohnsitz nordwärts über die Heide und ließ sich an dem Ort nieder, der Ziegen-Tal heißt.

In einer Nacht träumte ihm, daß ein Mann zu ihm kam und sagte: „Da liegst Du Hallfred so ganz unbesonnen – begib Dich weg von hier und ziehe westwärts nahe der anderen Seite des Lagar-See, denn dort ist dein Glück vollständig."

Danach erwachte er und schlug seine Wohnstätte jenseits der Ranga auf der Land-zunge an der Stelle auf, die seither Hallfredarstadir heißt, und wohnte dort bis zu seinem Alter. Es blieben aber in seiner vorigen Behausung eine Ziege und ein Bock zurück und demselben Tag, an dem Hallfredr weggezogen war, stürzte eine Berg-scholle auf seine vorige Wohnung und beide Tiere gingen dabei zu Grunde. Deshalb heißt diese Stelle seither Ziegental.

Hrafnkell machte es sich zur Gewohnheit, im Sommer über die Heide zu reiten. Damals war das Jükuls-Tal bis zur Brücke hinauf ganz bewohnt. Hrafnkell ritt einst einmal längs dem Fljötstal-Fluß aufwärts und sah, daß sich vom Jökuls-Tal hinauf ein unbewohntes Tal hinzog; dies schien ihm zur Besiedlung geeigneter als die anderen Täler zu sein, die er zuvor gesehen hatte.

Als er nach Hause kam, bat er seinen Vater um die Teilung des Vermögens und sagte ihm, dass er sich dort einen Hof bauen wolle. Dies gewährte ihm sein Vater, und er erbaute sich in jenem Tal seinen Hof und nannte ihn Adalbol. Danach heiratete er Oddbjörg, die Tochter Skjaldulfr's aus dem Laxar-Tal. Sie bekamen zwei Söhne: der ältere hieß Thórir, der jüngere Asbjörn.

Als aber Hrafnkell das Land zu Adalbol in Besitz genommen hatte, da veranstaltete er ein großes Opfer und ließ einen großen Tempel erbauen. Hrafnkell liebte keinen Gott mehr als Freyr und ihm gab er von allen seinen besten Kostbarkeiten die Hälfte.

Hrafnkell besiedelte das ganze Tal und gab den Männern Land, wollte aber doch deren Obmann sein und eignete sich die Godenwürde über die Männer an. Daher wurde sein Name verlängert: Er wurde nun der Freysgode genannt. Hrafnkell war ein überaus rücksichtsloser, aber sehr wichtiger Mann. Er unterwarf sich auch die Männer des Jökulsdalr zu Thingmännern.

Er war nachgiebig und sanft mit seinen Leuten, aber rauh und hart gegen die Männer des Jökuls-Tales, die von ihm keine Gerechtigkeit und Schonung erhielten. Er stand oftmals in Zweikämpfen und er zahlte an keinen Mann Geld, denn keiner bekam von ihm irgendwelche Bußgelder, was immer Hrafnkell ihm auch angetan haben mochte.

Die Friedlichkeit des Freyr scheint sich bei Hrafnkell somit nur auf die eigene Sippe bezogen zu haben, aber nicht auf die anderen Sippen, die um ihn her wohnten. Seine Vorliebe für Freyr, den Gott der Fülle und des Friedens, scheint für Hrafnkell auch keinen Widerspruch zu seinem eigenen widerspenstigen und kämpferischen Wesen gebildet zu haben. Dies erinnert ein wenig dran, daß die Schattenseite des Wohlstandes die Habgier sein kann …

Das Fljots-Tal ist schwierig zu durchqueren, da es sehr steinig und sumpfig ist, aber trotzdem ritten Vater und Sohn häufig zu einander, denn zwischen diesen beiden herrschte ein gutes Einvernehmen.

Hallfredr dünkte dieser Weg jedoch beschwerlich und er suchte sich deshalb einen Pfad oberhalb der Berge, welche sich im Fljöts-Tal erheben. Dort fand er einen trockeneren, aber längeren Weg und dieser heißt Hallfredargata. Diesen Weg benutzen aber nur diejenigen, die im Fljöts-Tal am meisten ortskundig sind.

Ein Mann hieß Bjarni und wohnte auf dem Hof, der „Badehaus" hieß und im Hrafnkels-Tal lag.

Bjarni war verheiratet und hatte mit seiner Frau zwei Söhne: Der eine hieß Samr, der andere Eyvindr – beide waren schöne und vielversprechende Männer. Eyvindr war bei seinem Vater zu Hause, Samr aber war verheiratet und wohnte weiter *nördlich im Tal auf dem Hof, der Leikskälar hieß, und war ein reicher Mann. Samr war ein sehr ehrgeiziger und gesetzeskundiger Mann. Eyvindr aber wurde ein Händler, fuhr nach Norwegen und blieb den Winter über dort. Von da reiste er weiter in andere Länder und blieb ein zeitlang in Mikligardr und gewann dort großes Ansehen bei dem griechischen Kaiser und verweilte dort einige Zeit.*

„Mikligard" ist die nordische Bezeichnung für Konstantinopel. Diesen Namen hat die griechische Stadt „Byzanz" um 324 n.Chr. zu Ehren von Kaiser Konstantin dem Großen erhalten. Der Name „Miklagard" bedeutet wörtlich „Große Stadt".

Es hat einige Namen für diese Stadt gegeben, die schlicht „Stadt" bedeuteten, da es die Hauptstadt des oströmischen Reiches gewesen ist. Auf Osmanisch wurde sie „Schehir-i Azima" („großartige Stadt") genannt. Ab dem 16. Jahrhundert hieß sie lange Zeit auch auf türkisch „Stambul" („Stadt"), woraus das heutige „Istanbul" („in die Stadt") entstanden ist.

Hrafnkell hatte in seinem Besitz etwas, das ihm besser als alles andere schien. Dies war ein Hengst von brauner Farbe, mit einem schwarzen Streifen am Rücken entlang. Diesen Hengst nannte er Freyfaxi. Er gab ihn zur Hälfte seinem Freund Freyr. Zu diesem Hengst hatte er eine so große Zuneigung, daß er das Gelübde ablegte, daß er jeden Mann töten werde, der ohne seinen Willen auf ihm reiten würde.

Dieser Hengst gehörte möglicherweise nicht nur deshalb zur Hälfte dem Freyr, weil er dem Hrafnkell so wertvoll war, sondern evtl. auch, weil Freyr eine Verbindung zu Hengsten besaß. Neben dem Hirsch, dem Stier und dem Eber war der Hengst eines der Opfertiere, deren Zeugungskraft auf die Jenseitsreisenden, d.h. vor allem die Toten bei der Bestattung übertragen wurde. Auch der „Völsi" in der Völsi-Geschichte ist der Penis eines Hengstes gewesen. Der Hengst wird wie der Eber die magische Absicherung der Zeugungskraft des Freyr und somit auch all derer, die ihm vertrauen, sein.

Daraus ergibt sich, daß das unerlaubte Reiten auf dem Hengst des Hrafnkell und des Freyr auch ein religiöser Tabubruch wäre.

Solche „heiligen Pferde" sind auch von anderen Indogermanen bekannt wie z.B. der Schimmel des baltischen Göttervaters Swantevit auf Rügen.

Thorbjörn hieß ein Mann. Er war Bjarni's Bruder und wohnte im Hrafnkels-Tal auf dem Hof, der Holl heißt und gegenüber, also östlich von Adalbol liegt. Thorbjörn hatte wenig Vermögen, aber eine große Kinderschar. Sein ältester Sohn hieß Einarr und war groß und sehr tüchtig.
Es war in einem Frühling, daß Thorbjörn zu Einarr sagte, er möge sich einen Dienst suchen „denn ich bedarf nicht mehr Arbeitskraft, als diese Leute, welche hier

sind, zu leisten vermögen. Übrigens wird es Dir leicht werden, einen Dienst zu finden, da Du ein sehr tüchtiger Mann bist. Ich fordere Dich nicht aus Mangel an Liebe zu Dir auf, Deines Weges zu ziehen, denn Du bist mir von meinen Kindern das nützlichste. Es ist stattdessen mein Mangel an Vermögen und meine Dürftigkeit, und der Umstand, daß meine anderen Kinder erst noch arbeitstüchtig werden – Dir wird es daher leichter als ihnen fallen, einen Dienst zu finden."

Einarr antwortete: „Allzu spät hast Du mit mir darüber gesprochen, denn nun haben sich bereits alle die Dienste verschafft, die die besten sind, und mir scheint es doch nicht gut, nur den Rest davon zu erhalten."

Darauf bestieg Einarr sein Pferd und ritt nach Adalbol. Hrafnkell saß in der Stube und er grüßte Einarr freundlich und heiter. Einarr bat um Dienst bei Hrafnkell. Dieser erwiderte: „Warum bittest Du so spät darum? Denn Dich würde ich zuerst genommen haben. Aber nun habe ich schon genügend Leuten zugesagt, ausgenommen von einer einzigen Arbeit, die Du wohl nicht verrichten wollen wirst."

Einarr frug, welch eine Arbeit dies denn sei. Hrafnkell antwortete, daß er noch keinen Mann zur Hütung des Kleinviehes angenommen hätte und daß er dazu einen sehr tüchtigen Mann benötige.

Einarr sagte, daß er sich nicht darum kümmere, was er verrichte, und er sagte, daß für zwei Halbjahre Unterhalt haben wolle.

„Ich sage Dir jetzt die Bedingungen", sagte Hrafnkell, „Du sollst fünfzig Schafe heimwärts in die Sennhütte treiben und alles Sommerbrennholz nach Hause schaffen. Dies sollst Du für zweier Halbjahre Unterhalt verrichten. Aber einen Punkt will ich Dir noch eindringlich sagen – genauso wie meinen anderen Hirten: Freyfaxi geht mit seiner Stutenschar im Tal umher und ihm sollst Du im Winter und im Sommer Deine Sorge widmen. Aber in einem Punkt warne ich Dich: Ich will, daß Du dem Hengst niemals auf den Rücken steigst, wie groß Dir auch die Notwendigkeit dazu erscheinen mag, denn ich habe hoch und heilig gelobt, daß ich jedem Mann den Tod bringen werde, der auf ihm reitet. Dem Hengst folgen zwölf Stuten, die Du jederzeit benutzen kannst, sei es bei Tag oder Nacht. Tue nun, wie ich Dir gesagt, denn es ist ein altes Sprichwort: 'Der trägt keine Schuld, der den anderen warnt.' Nun weißt Du, was ich bestimmt habe."

Einarr erwiderte, er würde nicht so vermessen sein, auf dem Hengst zu reiten, der ihm verwehrt worden ist, da doch andere Rosse zum Ritt vorhanden sind.

Einarr ritt nun nach Hause, um seine Kleider zu holen und brachte sie dann zum Hof nach Adalbol. Danach zog man vom Hrafnkels-Tal fort in die Sennhütte, die Grjötteigsenhütte heißt. Einarr ging es ganz gut im Sommer und es ging ihm nie ein Schaf verloren. In der Mitte des Sommers gingen ihm jedoch in einer Nacht fast dreißig Schafe verloren. Einarr suchte auf allen Weideplätzen und fand sie nirgendwo – beinahe eine Woche lang fehlten ihm die Tiere.

Eines Morgens ging Einarr zeitig aus, als der dicke Nebel, der von Süden kam, und die Feuchtigkeit nachgelassen hatte. Er nimmt den Stab in seine Hand, den Pferdezaum und die Satteldecke. Er ging über die Grjötteigsa, der vorne vor der Sennhütte entlangfließt und sah dort auf der Sandbank das Vieh liegen, das abends noch daheim gewesen war. Er trieb sie heimwärts zur Sennhütte und ging dann die Tiere suchen, die zuvor verlorengegangen waren.

Da erblickte er die Zuchtrosse vorne auf der Sandbank und kam auf den Gedanken, sich ein Pferd zum Reiten zu nehmen, denn es war ihm klar, daß er schneller vorwärts kommen würde, wenn er ritt statt zu gehen. Als er zu den Rossen kam wollte er eines einfangen, aber diese Pferde, die nie vor einem Manne davongelaufen waren, waren nun scheu – alle außer Freyfaxi. Dieser stand so ruhig da, als wenn er eingegraben wäre.

Einarr sah, daß der Morgen schon zu einem guten Teil vergangen war und dachte, daß Hrafnkell es nicht erfahren würde, wenn er auch auf dem Hengst reiten würde. Da ergriff er den Hengst, legte ihm den Zaum an, breitete für sich die Satteldecke auf dem Rücken des Hengstes aus und ritt ihm an dem Grjöttargil aufwärts bis zu den hin zu den Gletschern und an dem einen Gletscher westwärts entlang bis dorthin, wo die Jükulsá herabstürzt und dann den Fluß entlang abwärts bis zur Reykja-Sennhütte.

Er frug alle Schafhirten bei den Sennhütten, ob nicht einer sein verlorengegangenes Vieh gesehen habe, aber alle sagten, daß sie es nicht gesehen hatten. Freyfaxi trug ihn ununterbrochen von Tagesanbruch bis zur Vesperzeit und der Hengst trug ihn schnell vorwärts und weit umher, denn er war sehr feurig. Einarr kam es da in den Sinn, das es für ihn Zeit wäre, erst das Vieh heimwärts zu treiben, welches noch bei der Hütte war, auch wenn er auch das verlorene Vieh nicht wiederfand.

Da ritt er ostwärts über die Höhen in das Hrafnkels-Tal. Als er jedoch zur Grjötteigr herabkam, hörte er ein Blöken von Schafen aus der Bergkluft dort, wo er vorher vorbeigeritten war. Da wandte er sich dorthin und sah dreißig Schafe zu ihm hinrennen – dasselbe Vieh, das ihm nun eine Woche lang gefehlt hatte. Da trieb er es heimwärts.

Freyfaxi war ganz triefend von Schweiß, so daß er von jedem Haar tropfte; er war über und über mit Schlamm bespritzt und ganz erschöpft. Er wälzt sich zwölf Male herum und stieß dann ein lautes Wiehern aus. Danach rannte er im gewaltigen Laufe abwärts längs der Viehwege. Einarr wandte sich nach ihm und wollte vor den Hengst gelangen, um ihn zu packen und zu den Stuten zurückzuführen, aber er war nun so scheu, dass Einarr nicht in seine Nähe kommen konnte. Da rannte der Hengst das Tal entlang hinab und blieb nicht eher stehen, bis er heim nach Adalbol kam.

Da saß Hrafnkell bei Tisch. Als der Hengst vor die Türe kommt, wieherte er laut. Hrafnkell sagte zu einer Magd, die drinnen bei Tische aufwartete, daß sie zur Tür gehen solle, „denn ein Roß hat gewiehert und dies Wiehern schien mir wie das Wiehern des Freyfaxi zu klingen."

Die Magd ging zur Tür und sah Freyfaxi, der sehr übel zugerichtet worden war. Sie sagte Hrafnkell, daß Freyfaxi draußen vor der Tür wäre und sehr hergenommen aussah.

„Was wird der Bursche wollen, daß er heimgekommen ist?" sagt Hrafnkell, „Das bedeutet nichts Gutes." Danach ging er hinaus, erblickte Freyfaxi und sprach zu ihm: „Das ist eine Schande, wie mitgenommen Du aussiehst, mein Pflegekind! Aber Du warst ja klug genug, mich davon zu unterrichten. Das soll gerächt werden – gehe nun zu deiner Schar zurück." Da trabte der Hengst sogleich durch das Tal hinauf zu seiner Herde.

Hrafnkell ging abends in sein Bett und schlief die ganze Nacht. Aber am Morgen ließ er sich ein Pferd bringen, ihm den Sattel auflegen und ritt hinauf zur Sennhütte. Er ritt in blauen Kleidern, hatte eine Axt in der Hand, aber sonst keine Waffen.

Die blaue Kleidung scheinen eine besondere Bedeutung zu haben, die leider nicht bekannt ist. Sie kommt des öfteren bei Priestern vor, aber nicht nur bei ihnen.

Da hatte Einarr eben das Vieh in das Gehege getrieben und lag auf dem Steinwall des Geheges und zählte das Vieh, während die Mägde beim Melken waren. Sie grüßten Hrafnkell. Dieser frug, wie es ihnen ginge?

Einarr antwortete: „Schlimm ist's mir ergangen, denn dreißig Schafe waren mir beinahe eine Woche lang verlorengegangen, aber jetzt sind sie wieder gefunden worden."

Hrafnkell sagte, daß er nicht davon spreche. „Hat sich sich sonst nichts Schlimmeres ereignet? Hast Du nicht etwa gestern Freyfaxi geritten?"

Einarr antwortete, er könne dies ganz und gar nicht leugnen.

„Weshalb hast Du dieses Roß geritten, das Dir verboten war, da doch genug andere da waren, die Dir zu benutzen erlaubt waren? Doch würde ich Dir wegen einer Übertretung verziehen haben, wenn ich nicht so hoch und heilig gelobt hätte, da Du Deine Tat ehrlich eingestanden hast."

Aber in dem Glauben, daß den Männern Übles widerfährt, die ein feierliches Gelübde auf sich beruhen lassen, sprang Hrafnkell vom Pferd und vorsetzte Einarr einen tödlichen Hieb. Danach ritt er nach verrichteter Sache heim nach Adalbol und verkündete diese Neuigkeit. Nachher ließ er einen anderen Mann für das Kleinvieh in die Sennhütte gehen.

Einarr's Leichnam aber ließ er westwärts von der Sennhütte auf die Bergterrasse bringen und errichtete dort eine Warte bei seinem Grabhügel. Diese wurde Einarr-Warte genannt. Anschließend hielt man auf der Sennhütte Vesperzeit.

Thorbjörn erfuhr drüben auf Holl den Totschlag seines Sohnes Einarr. Er war mit dieser Nachricht übel zufrieden. Er bestieg sein Pferd und ritt hinüber nach Adalbol *und fordert Buße von Hrafnkoll für den Totschlag seines Sohnes.*

Hrafnkell erwiderte, er habe mehr Männer erschlagen, als diesen einen, „und es ist Dir nicht unbekannt, dass ich keinen Mann mit Geld büßen will und die Leute sich damit abfinden müssen, aber ich will doch zugestehen, daß mir diese meine Tat von schlimmerer Art zu sein scheint, als die anderen Totschläge, die ich bisher verübt habe.

Du bist lange Zeit mein Nachbar gewesen und wir beide sind sehr gut miteinander ausgekommen. Es wäre zwischen mir und Einarr nicht der kleinste Unfriede entstanden sein, wenn er nicht auf dem verbotenen Hengst geritten wäre. Aber wir werden es nun bereuen, daß wir allzu geschwätzig waren – seltener würden wir das bereuen, worüber wir zuwenig sagten als das, worüber wie zu viel sagten.

Ich will nun aber zeigen, dass mir diese meine Tat schlechter scheint, als die anderen, welche ich begangen habe. Ich will deine Wirtschaft im Sommer mit Melkvieh versorgen und mit Schlachtfleisch im Herbst – dies will ich jedes Halbjahr für Dich tun, so lange Du Deine eigene Haushaltung führen willst. Deine übrigen Söhne und Töchter werden wir beide mit meiner Unterstützung aussteuern und die Töchter so versorgen, daß sie gute Heiraten machen können.

Und alles, wovon Du weißt, daß es in meinem Hause ist und dessen Du bedarfst, sollst Du mir sagen und keinem einzigen Gegenstand von hier, den Du benötigst, sollst Du Mangel haben. Du sollst Deinen Hof bewohnen, so lange es Dir angenehm erscheint, aber komm zu mir, wenn Du dessen überdrüssig bist – dann werde ich für Dich sorgen bis zu Deinem Sterbetag.

Unter diesen Bedingungen soll meine Tat ausgeglichen sein. Ich will hoffen, daß die meisten sagen werden, dieser Mann sei teuer genug gebüßt."

„Ich nehme diese Bedingungen nicht an", erwiderte Thorbjörn.

„Welche willst Du dann?" frug Hrafnkell.

Da spracht Thorbjörn: „Ich will, dass wir zur Entscheidung zwischen uns beiden Männer heranziehen."

Das „Heranziehen von Männern" heißt, daß eine Thing-Versammlung einberufen werden soll. Das bedeutet wiederum, daß Thorbjörn sich nicht als Untergebener des Hrafnkell ansieht, sondern als ihm gleichgestellt.

Hrafnkell entgegnete: „Da hälst Du Dich für meinesgleichen und daraufhin werden wir keinen Vergleich eingehen."

Da ritt Thorbjörn das Hrafnkels-Tal hinab fort. Er kam nach Badehaus, suchte seinen Bruder Bjarni auf und berichtete ihm diese Neuigkeit. Er bat ihn, ihn in dieser Angelegenheit in irgendeiner Weise zu unterstützen.

Bjarni erwiderte, daß er es in dieser Sache nicht mit einem ihm gleichgestellten Mann zu tun habe, „da es um Hrafnkell geht und selbst, wenn wir über viel Gold verfügen würden, können wir uns nicht mit Hrafnkell in einen Streit einlassen. Und es ist wahr, was gesagt wird: 'der ist weise, welcher sich selbst kennt'.

Hrafnkell hat schon die Rechtsstreitigkeiten von vielen unterdrückt, die mehr Mark in den Knochen hatten als wir. Mir scheint, daß Du Dich sehr unverständig gezeigt hast, als Du so gute Bedingungen ausgeschlagen hast. Ich will mit der Sache lieber nichts zu tun haben."

Thorbjörn sagte nun manche beschämenden Worte zu seinem Bruder Bjarni und sagte zuletzt, daß in ihm umso weniger Mut sei, je mehr es drauf ankomme. Daraufhin ritt er fort und beide Brüder schieden mit wenig Freundlichkeit voneinander.

Thorbjörn machte nicht eher Halt, als bis er nach Leikskälar hinabkam. Dort pochte er an der Tür und man öffnete ihm. Thorbjörn bat, daß Samr heraus komme. Samr grüßte seinen Verwandten freundlich und lud ihn ein, da zu bleiben. Thorbjörn nahm dies ziemlich zögernd an.

Samr sah die Betrübnis bei Thorbjörn und frug ihn nach der Ursache. Da erzählte Thorbjörn ihm von dem Totschlag seines Sohnes Einarr.

„Das ist keine große Neuigkeit," sagt Samr, „daß Hrafnkell Männer erschlägt."

Thorbjörn frug, ob Sämr ihm irgend eine Hilfe leisten wolle. „Dieser Vorfall ist zwar so, daß der erschlagene Mann zwar mir am nächsten ist, aber dieser Totschlag doch auch euch mitbetrifft."

„Hast Du von Hrafnkell Buße zu erhalten versucht?" frug Samr.

Thorbjörn erzählt alles aufrichtig, wie es sich zwischen ihm und Hrafnkell zugetragen hatte.

„Ich habe noch nie vorher gehört," sprach Samr, „daß Hrafnkell einem Mann etwas derartiges angeboten hätte wie Dir. Ich will mit Dir hinauf nach Adalbol reiten. Laß uns dort zurückhaltend Hrafnkell gegenüber sein und hören, ob er dieses Angebot noch aufrecht halten will. Er wird sich wohl als aufrichtiger Mann erweisen."

„Zweierlei wird nicht mehr der Fall sein," sprach Thorbjörn, „Hrafnkell wird nämlich nun nicht mehr wollen und mir sagt sein Angebot nun nicht mehr zu, als vorhin, als ich von ihm fortritt."

Samr sagte: „Ich halte es für schwierig, in Rechtssachen mit Hrafnkell zu streiten."

Thorbjörn erwiderte: „Aus euch jungen Männern wird nichts werden, weil alles in euren Augen wächst! Ich glaube, daß kein Mann solch große Stümper zu Verwandten hat wie ich. Mit solchen Männern wie Du einer bist, scheint es mir übel zu stehen: Du hälst Dich für gesetzeskundig und bist auf kleine Streitereien versessen, aber an diesem Rechtsstreit, der so klar ist, willst Du nicht teilnehmen! Das wird für Dich ohne Zweifel noch beschämend werden, weil Du der Streitsüchtigste in unserer Sippe bist. Ich sehe nun, was es mit der Sache steht!"

Die Redewendung, mit der Thorbjörn diese letzte Klage beginnt, bedeutet wohl, daß sich die jungen Männer nichts mehr trauen, weil die Furcht ihnen die Hindernisse

243

unüberwindbar erscheinen läßt.

*Samr entgegnete: „Was hast Du davon, wenn ich auch an dieser Angelegenheit teil-
nehme und wir dann beide unterliegen?"*
*Thorbjorn antwortete: „Es wäre mir großer Trost, wenn Du Dich der Sache annehm-
men würdest – komme es, wie es wolle."*
*Samr sagte: „Ich tue es nicht gerne und ich tue es nur wegen meiner Verwandt-
schaft mit Dir. Aber ich sage Dir, daß ich die Lage, in die Du gelangt bist, für ziemlich hoffnungslos halte."*
Da reichte Samr ihm seine Hand und nahm Anteil an Thorbjörn's Sache.

*Da ließ sich Samr ein Pferd bringen und ritt aufwärts durch das Tal bis zum nächs-
ten Hof und verkündete den Totschlag und brachte Männer gegen Hrafnkell zusammen. Hrafnkell erfuhr davon und es schien ihm lächerlich, daß Salmr eine Rechtssache gegen ihn übernommen habe. Darüber verging dieser Sommer und der nächste
Winter.*
*Aber im Frühjahre, als es zu den Vorladungstagen gekommen war, ritt Samr von
seinem Haus fort und hinauf nach Adalbol und lud Hrafnkell wegen Einarr's Totschlag vor. Darauf ritt er durchs Tal herab, rief die Nachbar-Geschworenen dazu auf,
sich zum Thing-Ritt zu rüsten und wartete dann ruhig ab, bis die Männer sich zum
Thing bereit machten.*
*Hrafnkell sandte nun ebenfalls Boten in das Jökuls-Tal hinab und rief die Männer
zum Thing. Er versammelte siebzig Mann aus seinem Godenbezirk. Mit dieser Schar
ritt er ostwärts über das Fljötsdalsherad, an dem Ende des Sees Lagarfljot vorbei
und quer über den Bergrücken bis zum Skridu-Tal, dann durch das Tal aufwärts und
weiter nach Süden auf der Oxar-Heid bis zum Beru-Fjord und schließlich den geraden Thingmännerweg entlang bis Sida. Vom Fljots-Tal aus sind es siebzig Tagesreisen
bis zur Thing-Ebene.*

Die Angabe „siebzig Tagesreisen" kann so nicht stimmen, da sie zum einen für
Island viel zu groß ist und da die Rückreise später nur gut einen Tag gedauert zu
haben scheint. Es muß sich an dieser Stelle folglich in irgendeiner Abschrift dieser
Saga einmal ein Fehler eingeschlichen haben.

*Aber nachdem Hrafnkell aus dem Fljötsdalsherad fortgeritten war, sammelte Samr
Männer um sich. Er bekam meist 'einschichtige' Leute zum Ritte mit sich und die, die
er selber zusammengerufen hatte. Diesen Männern gab er Waffen, Kleider und
Lebensmittel.*

Der Begriff „einschichtig" bedeutet „einzeln, einzelnstehend, einsam, abgelegen, unverheiratet, zu einer anderen Gerichtsbarkeit gehörend als der umliegende Bereich". An dieser Textstelle sind vermutlich arme, meist unverheiratete Bauern gemeint – also Leute von geringem Einfluß.

Samr schlug einen anderen Weg von dem Tal aus ein. Er ritt nordwärts bis zur Brücke, dann über sie hinüber und von da aus über die Modrudals-Heide. Er und seine Männer blieben eine Nacht im Mödru-Tal. Von da ritten sie zur Herdibreidstunga, dann weiter oberhalb der Blä-Berge, von da in das Kroks-Tal und dann südwärts nach Sandr. Von dort aus kamen sie in die Sauda-Berge und von da zur Thingebene, in der Hrafnkell noch nicht angekommen war. Es brauchte länger, weil er einen längeren Weg hatte.

Samr errichtete die Thing-Hütte für seine Männer nicht dort, wo es die Bewohner der Östlichen Meeresbuchten gewohnt waren. Als etwas später Hrafnkell zum Thing kam, errichtete er seine Hütte so, wie er es gewohnt war. Er erfuhr, daß Samr auf dem Thing war und dies schien ihm sehr lächerlich.

Die Thing-Hütten waren einfache zeltartige Behausungen, in der die Thing-Teilnehmer während des Things wohnten.

Dieses Thing war sehr zahlreich besucht. Die meisten der Goden, die sich auf Island befanden, waren anwesend. Samr besuchte sie alle und bat um Schutz und Beistand für sich. Aber alle antworteten ihm, daß Samr niemandem so wichtig sei, daß er sich für ihn in Streit mit dem Goden Hrafnkell einlassen und so seine Ehre aufs Spiel setzen wollte. Sie sagten ihm auch, daß es den meisten, die Thing-Streitigkeiten mit Hrafnkell gehabt hatten, auf stets dieselbe Weise ergangen sei: daß er alle Männer von dem Thing-Streit, die sie mit ihm gehabt hatten, davongejagt hatte.

Samr ging zu seiner Thing-Hütte zurück und den beiden Verwandten war es übel zumute und sie fürchteten, daß ihre Sache so enden würde, daß sie nichts als Scham und Kränkung davontragen würden. Sie waren so niedergeschlagen, daß sie weder schliefen noch essen. Denn alle Goden entzogen ihnen ihren Beistand – sogar die, von denen sie sicher erwartet hatten, daß sie ihnen Hilfe leisten würden.

Es war eines Morgens früh, daß der alte Thorbjörn erwachte. Er weckte Samr und bat ihn aufzustehen: „Ich kann nicht schlafen," sagte er.

Samr stand auf und zog sich sein Gewand an. Sie gingen hinaus und hinab zur Oxara unterhalb der Brücke. Dort wuschen sie sich.

Thorbjörn sprach zu Samr: „Mein Rat ist, daß Du unsere Pferde holen läßt und wir uns zur Heimreise anschicken. Es ist nun offensichtlich, daß uns nichts anderes als Ehrenkränkungen zuteil werden wird."

Samr antwortet: „Das ist ja gut, nachdem Du nichts anders als mit Hrafnkell streiten und die Bedingungen nicht annehmen wolltest, welche mancher angenommen haben würde, der für seinen Blutsverwandten Buße zu fordern hatte! Du hast mir heftig Mangel an Mut vorgeworfen und auch all jenen, die in dieser Sache Dir nicht beistehen wollten! Aber nun werde ich nicht eher gehen, als bis es mir völlig hoffnungslos erscheint, daß ich etwas ausrichten könnte."

Da wurde Thorbjörn so sehr gerührt, daß er weinte.

Da sahen sie westlich von dem Fluß ein Stück unterhalb von der Stelle, an der sie saßen, daß fünf Männer zusammen aus einer Hütte kamen. Einer von ihnen war ein großer Mann, aber nicht stark gebaut. Er ging ihnen voran und trug in einem laubgrünen Rock, und hatte ein prächtiges Schwert in der Hand. Er war ein Mann von regelmäßigen Gesichtszügen, rotwangig, von angenehmem Äußeren und mit hellbraunem und sehr dichtem Haar. Der Mann war leicht erkennbar, denn er hatte auf der linken Seite eine helle Locke in seinem Haar.

Samr sagte zu Thorbjörn: „Laß uns aufstehen und westlich über den Fluß diesen Männern entgegengehen."

Sie gingen nun den Fluß entlang abwärts. Der Mann, der voranging, grüßte sie zuerst und frug, wer sie wären, und sie sagten es ihm.

Samr frug diesen Mann nach seinen Namen und er nannte sich Thorkell und sagte, er sei der Sohn des Thjöstarr.

Samr frug, woher er stamme oder wo er seine Heimat hätte.

Er antwortete, daß er von Geschlecht und Herkunft ein Bewohner der westlichen Meeresbuchten sei und seine Heimat am Thorska-Fjord habe.

Samr sprach: „Bist Du ein Gode?"

Er antwortet, daß er das überhaupt nicht sei.

„Bist Du ein Bonde?" frug Samr.

Ein „Bonde" ist ein selbständiger Bauer.

Er erwiderte, daß er kein Bonde sei.

„Was für ein Mann bist Du denn dann?" frug Samr.

Er antwortete: „Ich bin ein 'einschichtiger' Mann und kam im vorigen Sommer heim. Sieben Jahre bin ich in der Ferne gewesen und bis Mikligardr gelangt und gehöre zum Gefolge des griechischen Kaisers. Aber jetzt halte ich mich bei meinem Bruder auf, der Thorgeirr heißt."

„Ist er ein Gode?" frug Samr.

Thorkell antwortet: „Ja, er ist der Gode des Bereichs des Thorska-Fjordes und auch der Bereiche hinter den westlichen Meeresbuchten."

„Ist er hier auf dem Thing?" frug Samr.

„Gewiß ist er hier," erwidert Thorkell.

„Mit wievielen Männern ist er gekommen?" frug Samr.

„Mit siebzig Männern," antwortete Thorkell.

„Seid ihr mehrere Brüder?" frug Samr.

„Wir haben noch einen dritten Bruder," sagte Thorkell.

„Wer ist er?" fragt Samr.

„Er heißt Thormodr," antwortet Thorkell, „und wohnt in Gardar auf den Alptanen. Er hat Thördis, die Tochter des Thörölfr, des Sohnes des Skallagrimr von Borg zur Frau."

„Willst Du uns beiden helfen?" sagte Samr.

„Was braucht ihr?" frug Thorkell.

„Die Hilfe und Stärke der Goden," sagte Samr, „denn wir haben eine Rechtssache mit dem Goden Hrafnkell auszufechten wegen des Totschlages des Einarr, des Sohnes des Thorbjörn. Und wir würden uns über Deinem Beistände bei der Förderung unserer Angelegenheit freuen."

Thorkell erwiderte: „Es ist so, wie ich sagte: Ich bin kein Gode."

„Warum bist Du so zurückgesetzt worden?" sagte Samr, „Du bist doch eines Goden Sohn wie Deine anderen Brüder?"

Thorkell antwortet: „Ich sagte nicht, daß ich die Godenwürde nicht hatte. Aber ich übergab meine herrschaftliche Gewalt in die Hände meines Bruders Thorgeirr, bevor ich auszog. Seither habe ich sie nicht zurückgenommen, denn es scheint mir um alles wohl bestellt zu sein, so lange er sie behält. Geht beide zu ihm und bittet ihn um Beistand. Er hat ein tatkräftiges Wesen und ist ein edler und in jeder Beziehung sehr tüchtiger, junger und ehrliebender Mann. Solche Männer können euch am besten Hilfe gewähren."

Samr sagt: „Von ihm werden wir nichts erlangen, wenn nicht Du mit uns im Bunde bist."

Thorkell erwidert: „Dies will ich geloben: Ich werde lieber für als gegen euch sein, weil es mir eine unabweisliche Notwendigkeit zu scheint, für einen erschlagenen, nahe verwandten Mann eine gerichtliche Verfolgung vorzunehmen. Begebt euch nun hin zu seiner Thing-Hütte und geht hinein in dieselbe. Die Männer liegen noch im Schlaf. Ihr werdet sehen, daß innen, quer in der Bude, zwei Betten stehen. Von dem einen stand ich auf, in dem andern ruht mein Bruder Thorgeirr. Er hat ein großes Geschwür auf dem Fuß gehabt, seitdem er zum Thing kam, und da hat er in der Nacht wenig geschlafen. Aber nun sprang die Beule in der Nacht auf und das Eiter ist heraus, und nun hat er seither geschlafen und hält den rechten Fuß wegen der allzugroßen Hitze, die noch in dem Fuß ist, außerhalb der Bettdecke vorne auf dem Fußbrett. Der alte Mann soll voran und hinein in die Hütte gehen. Er scheint mir sowohl in seinem Sehen als auch durch sein Alter sehr geschwächt zu sein."

„Wenn Du, Mann," sagt Thorkell zu Thorbjörn, „zu seinem Bett kommst, dann wanke stark und falle auf das Fußbrett hin. Greife dann nach dem Zeh, der verbunden ist, ziehe denselben zu Dir und schaue, wie der Mann sich dabei benimmt."

Samr sprach: „Dein Rat ist gewiß wohlgemeint, aber dies scheint mir nicht ratsam."

Thorkell entgegnete: „Eines von beiden müßt ihr tun: entweder das befolgen, wozu ich euch rate, oder keinen Rat bei mir holen."

Samr erwiderte und sagte: „So soll geschehen, wie er den Rat gibt."

Thorkell sagte, daß er später kommen würde, „denn ich warte auf meine Männer."

Da gingen Samr und Thorbjörn davon und kamen zu der Thing-Hütte, in der noch alle Männer schliefen. Sie sahen bald, wo Thorgeirr lag. Der alte Thorbjörn ging voran und wankte sehr. Als er zu dem Bett kam, fiel er auf das Fußbrett, griff nach der Zeh, der krank war, und zog ihn zu sich. Thorgeirr erwachte dadurch, sprang von seinem Bett auf und frug, wer da so stürmisch hereinkomme, daß er auf die Füße von Männern stoße, die gerade noch krank gewesen waren.

Aber weder Thorbjörn noch Samr wagten ein Wort zusagen. Da eilte Thorkell in die Hütte und sprach zu seinem Bruder Thorgeirr: „Sei nicht so hastig und zornig deswegen, Bruder, denn es wird Dir nicht schaden! Denn manchem gelingen die Dinge schlechter, als er wollte, und manchem geschieht es, daß er nicht auf alles gleich gut aufpassen kann, wenn ihm vieles am Herzen liegt. Aber es ist zu entschuldigen, Bruder, daß Dein Fuß verwundet ist und an ihm eine sehr schmerzhafte Stelle gewesen ist – dies wirst Du am meisten an Dir selbst empfinden. Nun kann es aber auch sein, daß diesem alten Mann der Tod seines Sohnes nicht weniger sehmerzlich ist, aber er keine Buße bekommt und selbst alles entbehrt – er wird dies am besten an sich selbst erkennen. Es ist aber oft so, daß ein Mann, der Schweres auf dem Herzen hat, nicht auf alles gut aufpaßt."

Thorgeirr antwortete: „Ich glaube nicht, daß er mir dies vorhalten kann, denn ich erschlug nicht seinen Sohn und er kann dies daher nicht an mir rächen."

„Er wollte dies nicht an Dir rächen," sagte Thorkell, „aber er griff härter nach Dir, als er wollte und büßte für sein schwaches Sehvermögen. Er erhoffte sich Hilfe von Dir. Nun ist es Heldenart, einem alten und bedürftigen Manne beizustehen. Es ist für ihn eine Notwendigkeit und keine Begehrlichkeit, wenn er für seinen erschlagenen Sohn eine Anklage beim Thing vornimmt. Aber nun haben alle Goden diesen Männern ihren Beistand entzogen und zeigen darin eine sehr unmännliche Gesinnung."

Thorgeirr sprach: „Über wen haben diese Männer zu klagen?"

Thorkell erwiderte: „Der Gode Hrafnkell hat den Sohn Thorbjörn's schuldlos erschlagen. Er begeht eine Untat nach der andern und will keinem Mann dafür Buße leisten."

Thorgeirr sprach: „Mit mir wird es so gehen wie mit den andern, da ich nicht weiß, warum ich diesen Männern so viel Gutes tun sollte, daß ich mich dafür in Streitigkeiten mit Hrafnkell einlassen sollte. Es scheint mir, daß er jeden Sommer mit den Männern, die einen Rechtsstreit mit ihm auszufechten haben, auf die Weise verfährt, daß die meisten wenig oder gar keine Ehre mehr haben, ehe es zum Ende geht – und ich sehe es allen auf dieselbe Weise ergehen. Ich denke, daß deshalb die meisten Männer keine Lust dazu haben, wenn sie nicht die Notwendigkeit zwingt."

Thorkell antwortet: „Es kann sein, daß es mir, wenn ich Gode wäre, genauso gehen würde und es mir schlimm scheinen würde, mit Hrafnkell streiten zu sollen. Aber so, wie ich jetzt bin, sieht es für mich anders aus, denn mir scheint es am ehrenhaftesten, mit dem zu tun zu haben, durch den alle anderen vorher unterdrückt worden sind. Und es scheint mir, daß mein oder des Goden Ansehen, der Hrafnkell eine Niederlage anzutun vermag, deutlich wachsen würde – aber um nichts gemindert werden würde, wenn es auch mir so wie den anderen ergehen würde, denn 'das, was vielen geschieht, kann auch mir ohne Schande zustoßen' und 'wer wagt, gewinnt'."

„Ich sehe," sagte Thorgeirr, „wie es mit Dir steht und daß Du diesen Männern helfen willst. Ich werde nun meine Godenwürde und herrschaftliche Gewalt in Deine Hände übergeben, und behalte Du das, was ich vorher besessen habe. Aber danach sollen wir beide Gleichheit haben. Hilf Du nun denen, denen Du helfen willst."

„Mir scheint," sagte Thorkell, „daß es um unsere Godenwurde am besten bestellt sein würde, wenn Du sie so lange als möglich alleine behältst. Ich gönne es keinem so sehr wie Dir, sie inne zu haben, denn Du hast manche Vorzüge an Tüchtigkeit vor uns beiden anderen Brüdern. Und ich bin unentschlossen, was ich im Augenblick aus mir machen soll. Du weißt, Bruder, daß ich mich nur an wenigem beteiligt habe, seit ich nach Island zurückkam. Aber nun sehe ich, was meine Ratschläge für Dich bedeuten. Nun habe ich gesprochen, was ich für diesmal will. Kann sein, das Thorkell mit der Locke irgendwann einmal dorthin kommt, wo seine Worte mehr geschätzt werden."

Thorgeirr erwiderte: „Ich sehe nun, wie die Dinge stehen, Bruder, und daß Du unzufrieden bist. Aber das kann ich nicht hinnehmen und daher werden wir beide diesen Männern helfen, wie es auch immer werden mag, wenn Du dies willst."

Thorkell sprach: „Ich bitte nur um das, was nach meinem Gutdünken geschehen soll."

„Was glauben diese Männer, was sie selber können," sagte Thorgeirr, „und durch was wünschen sie sich eine Förderung für ihre Sache?"

„Es ist so, wie ich heute sagte," erwidert Samr, „daß wir der Hilfe von Goden bedürfen, aber die Führung des Streites nehme ich in die Hand."

Thorgeirr sagte, daß ihm dann gut zu helfen sei, „und nun gilt es, den Rechtsstreit so gut wie möglich einzuleiten. Aber ich glaube, daß Thorkell will, daß ihr ihn besucht, bevor die richterlichen Entscheidungen auf dem Thing beginnen. Eines von diesen beiden Dingen werdet ihr als Lohn für eure Bemühungen erlangen: Entweder etwas Trost, oder Demütigung – und zwar mehr als ihr als schon vorher an Verdruß und Leid hattet. Geht nun heim und seid guten Muts, denn ihr werdet es nötig haben, daß ihr euren Mut eine zeitlang aufrecht erhaltet, wenn ihr mit Hrafnkell streiten wollt. Und sagt keinem Mann, daß wir euch Beistand versprochen haben."

Nun gingen Samr und Thorbjörn heim zu ihrer Thing-Hütte und waren guten Mutes. Alle Männer wunderten sich darüber, wie sie so schnell ihren Sinn geändert hatten, da sie doch so niedergeschlagen waren, als sie von ihrer Hütte fortgegangen waren.

Nun warteten beide ab, bis die richterlichen Entscheidungen begannen. Da rief Samr seine Männer auf und ging zum Gesetzesfelsen. Dort war der Sitz des Gerichtes. Samr ging kühn zu dem Felsen hin.

Er begann sofort mit dem Aufrufen von Zeugen und verfocht seinen Streit gegen den Goden Hrafnkell nach den richtigen Landesgesetzen ohne Formfehler und mit tüchtiger Sachkenntnis.

Zuerst kamen die Söhne Thjöstarr's mit einer großen Schar Männer zum Thing und alle Leute vom Westland leisteten ihnen Beistand und es zeigte sich, daß diese Brüder beliebte Männer waren. Samr verfocht seine Sache bei Gericht bis dahin, das Hrafnkell von ihm zur Rechtfertigung aufgefordert wurde, außer wenn ein Mann zugegen wäre, der in richtiger, gesetzmäßiger Weise den gesetzlichen Einspruch für ihn erheben wolle.

Samrs Rede erhielt großen Beifall und man frug, ob niemand den gesetzlichen Einspruch für Hrafnkell vorbringen wolle. Einige Männer liefen zu Hrafnkell's Thing-Hütte und sagten ihm, wie die Dinge stünden.

Da brach er schnell auf, rief seine Leute zusammen und ging zum Thing. Er glaubte, daß dort wenig Schutzwehr vorhanden wäre und hatte vor, es den kleinen Leuten zu verleiden, mit ihm einen Rechtsstreit zu beginnen. Er hatte vor, das Gericht vor Samr auseinander zu sprengen und ihn mit Hohn und Spott von dem Thing zu jagen. Aber dazu hatte er jetzt keine Gelegenheit. Eine solche Menschenmenge stand um das Thing, daß Hrafnkell nirgends näher kam und mit großer Gewalttätigkeit fortgedrängt wurde, sodaß er die Rede derjenigen, welche ihn anklagten, nicht hören konnte. Deshalb war es ihm schwierig, den gesetzlichen Einspruch für sich vorzubringen.

Samr aber führte den Streit durchaus gesetzmäßig, bis Hrafnkell auf diesem Thing gänzlich geächtet wurde. Hrafnkell eilte sogleich zu seiner Hütte, ließ seine Pferde bringen und ritt vom Thing fort. Er war mit dem Ausgang seines Streites übel zufrieden, denn niemals vorher hatte er so etwas erlebt.

Er ritt ostwärts über die Lyngdals-Heide und weiter nach Sida, und hielt nicht eher an, als bis er ins Hrafnkels-Tal kam. Dort ließ er sich in Adalbol nieder und tat, als wenn nichts geschehen wäre. Aber Samr blieb beim Thing zurück und ging sehr stolz umher. Vielen Männern schien es recht, daß es dahin gekommen war, daß Hrafnkell eine Niederlage erlitten hatte, und sie erinnerten sich nun, wie er vielen Menschen er Unrecht getan hatte.

Samr wartete, bis das Thing geschlossen wurde. Da rüsteten sich die Männer zur Heimreise. Samr dankte den Brüdern für ihren Beistand, aber Thorgeirr fragte ihn lächelnd, wie er zufrieden wäre. Er sagte, daß er sehr zufrieden sei.

Thorgeirr sprach: „Glaubst Du nun Deinem Ziel etwas näher zu sein als vorher?"

Samr erwiderte: „Hrafnkell scheint mir eine große Schmach erlitten zu haben, deren er sich lange erinnern wird, und dies ist vielem Gelde gleichwertig."

Thorgeirr sprach: „Der Mann ist nicht gänzlich geächtet worden, so lange das Exekutiongericht nicht vollzogen ist, und es ist notwendig, dass dies auf seinem Wohnsitze geschieht. Dies wird vierzehn Tage nach Wiederaufnahme der Waffen erfolgen."

Das „Wiederaufnehmen der Waffen" ist das Fortreiten vom Thing, an dem man ohne Waffen teilnahm.

„Ich vermute aber," sagte Thorgeirr, „daß Hrafnkell nach Hause gekommen sein wird und auf Adalbol zu bleiben beabsichtigt. Ich glaube, daß er euch zum Trotz die Godengewalt behalten wird. Und Du wirst Dir vorgenommen haben, heimzureiten und Dich in Ruhe in deiner Wohnung niederzulassen, wenn Du im besten Falle überhaupt bis dorthin gelangen wirst. Ich vermute, daß Du so guten Glauben von Deiner Sache hast, daß Du Hrafnkell einen Waldgänger nennst. Aber ich bin der Ansicht, daß er den anderen Männern einen ebensolchen Schrecken einjagen wird, wie zuvor, nur daß Du noch tiefer zu Fall kommen wirst."

Ein „Waldgänger" ist ein Geächteter, d.h. ein Mann, der aus der Gemeinschaft ausgestoßen und vogelfrei ist und daher nun (meist als Räuber) in der Wildnis, d.h. meistens im Wald lebt.

„Darum kümmere ich mich niemals," sagte Samr.

„Du bist ein wackerer Mann," sprach Thorgeirr, „und ich glaube, daß mein Bruder Thorkell Dir nicht am halben Wege entschlüpfen wird. Er wird Dir nun helfen, bis es zwischen Dir und Hrafnkoll zum Abschluß kommt und Du dann ruhig leben kannst. Ihr werdet nun wohl glauben, daß wir nun verpflichtet seien, Dir zu folgen, da wir uns so weit auf eure Sache eingelassen haben. Wir werden Dir nun für diesmal das Geleit bis zu den Östlichen Meeresbuchten. Weißt Du einen Weg zu diesen Buchten, der kein üblicher Thingweg ist?"

Samr sagte, er würde denselben Weg reiten, welchen er von Osten her zum Thing hin eingeschlagen hatte und war froh über die Begleitung. Thorgeirr wählte seine Leute aus und ließ sich vierzig Mann folgen. Samr hatte auch vierzig Mann. Diese Schar war mit Waffen und Pferden gut ausgerüstet.

Darauf ritten sie alle denselben Weg, bis sie bei Tagesanbruch in das Jokuls-Tal kamen. Sie ritten auf der Brücke über den Fluß – dies war an genau dem Morgen, an dem das Exekutionsgericht auszuführen war. Da fragt Thorgeirr, wie sie am am sichersten nach Adalböl kommen könnten.

Samr antwortete, daß er dafür Rat wisse. Er bog sogleich vom Weg ab und ritt den Bergrücken hinauf und dann auf ihm entlang dem Hrafnkels- und Jökuls-Tal zwischen, bis sie unterhalb der Erhebung ankamen, unter der der Hof zu Adalbol steht. Dort zogen sich mit Gras bewachsene Vertiefungen die Heide aufwärts, aber ein jäher Abhang talabwärts, und unter diesem lag der Hof.

Da stieg Samr vom Pferd und sprach: „Laßt uns unsere Pferde hier zurücklassen. Zwanzig Mann sollen auf dieselben Acht haben. Und wir übrigen sechzig Mann stürmen auf den Hof los. Ich glaube, daß wenige Männer auf den Beinen sein worden."

Dies führten sie durch und jene Vertiefungen dort heißen seither Roß-Senke. Nun ging es rasch auf den Hof los. Aufstehzeit war eben vorüber, aber die Leute waren noch nicht aufgestanden. Sie sprengten die Tür mit einem Balken und stürmten hinein. Hrafnkell lag in seinem Bett. Sie ergriffen ihn und alle seine Hausgenossen, die waffenfähig waren. Frauen und Kinder wurden in ein anderes Gebäude getrieben. In dem Grasgarten stand ein Außenbau; von diesem hin zur Saalwand war eine Kleiderstange angebracht; dorthin brachten sie Hrafnkell und seine Männer.

Er bot viel Buße für sich und seine Männer. Als dies aber nichts half, bat er um das Leben seiner Männer, „denn sie haben euch nichts getan, worüber ihr klagen könnt. Mir ist es keine Schande, wenn ihr mich tötet, ich werde darüber kein Wort verlieren. Aber gegen Mißhandlungen verwahre ich mich, darin liegt auch für euch keine Ehre."

Thorkell antwortete: „Wir wissen, daß Du wenig glimpflich gegen deine Feinde gewesen bist, und es ist nun recht, daß Du dies heute an Dir selbst erlebst."

Da ergriffen sie Hrafnkell und seine Männer und banden ihre Hände rückwärts zusammen. Hierauf zerbrachen sie den Außenbau und zogen die Seile von den Haken herunter. Dann nahmen sie ihre Messer und stachen Löcher in die Kniekehlen der Gefesselten, zogen die Seile hindurch, warfen diese über die Stange und banden auf diese Weise acht zusammen.

Da sprach Thorgeirr: „So bist Du nun, Hrafnkell, in die Lage gekommen, die Du verdient hast, und es wird Dir wohl unwahrscheinlich geschienen haben, daß Du solche Schmach von einem Manne erleiden würdest, wie sie Dir jetzt zuteil geworden ist. Aber was willst Du, Thorkell, jetzt tun? Hier bei Hrafnkell sitzen und ihn und die Seinigen bewachen, oder Dich mit Samr auf Pfeilschußweite vom Hofe entfernen und auf einem steinigen Hügel, wo weder Acker noch Wiese ist, das Exekutionsgericht vollziehen?"

Dies sollte zu der Zeit geschehen, wenn die Sonne gerade im Süden steht.

Der Süden ist der Ort des eng mit der Sonne assoziierten Göttervaters Tyr, da die Sonne im Süden am höchsten steht und am stärksten ist und weil sich im Süden das mit ihm verbundene Muspelheim-Jenseits befindet. Man schwor auch Eide „bei der südlichen Sonne".

Thorkell antwortete: „Ich will hier bei Hrafnkell sitzen, denn das scheint mir weniger beschwerlich."

Da entfernten sich Thorgeirr und Samr und vollzogen das Exekutionsgericht. Darauf gingen sie zurück und nahmen Hrafnkell und seine Männer von der Stange herab und legten sie auf dem Grasplatze nieder – ihre Augen waren mit Blut unterlaufen.

Da sagte Thorgeirr zu Samr, dass er mit Hrafnkell so verfahren sollte, wie er wollte, „denn nun scheint es nicht schwierig, mit ihm fertig zu werden."

Samr sprach darauf: „Zwei Möglichkeiten gebe ich Dir, Hrafnkell! Die eine ist, daß Du mit jenen Männern, die ich bestimme, vom Hofe gehen und getötet werden sollst – da Du aber eine große Kinderschar zu versorgen hast, so will ich Dir vergönnen, dass Du vorher für dieselben Sorge trägst. Wenn Du aber Dein Leben behalten willst, da ziehe weg von Adalbol mit allen Deinen Leuten und behalte nur das Eigentum, welches ich Dir zuteile und dies wird sehr wenig sein. Ich aber werde diese Wohnstätte in Besitz nehmen und die ganze Godengewalt; niemals sollen Du oder Deine Erben darauf Anspruch erheben und nirgends darfst Du mir näher kommen, als im Osten des Fljótsdalsherad. Und nun mußt Du mir mit Handschlag bestätigen, wenn Du diese Bedingungen annehmen willst."

Hrafnkell erwiderte: „Manchem würde ein rascher Tod besser scheinen als solche Mißhandlungen. Aber ich werde wie viele andere das Leben wählen werde, solange dies noch zur Wahl steht. Ich tue dies vor allem meinen Söhnen zu Liebe, denn armselig wird ihr Fortkommen sein, wenn ich ihnen wegsterbe."

Da wurde Hrafnkell losgemacht und übergab Samr seine Godengewalt. Samr wies Hrafnkell so viel Eigentum zu, als er für gut befand, und dies war sehr wenig. Seinen Spieß behielt Hrafnkell bei sich, aber sonst keine Waffen. Denselben Tag zogen er und alle seine Leute von Adalbol weg.

Thorkell sagte da zu Sámr: „Ich begreife nicht, warum Du dies tust – Du wirst es am meisten selbst bereuen, daß Du Hrafnkell das Leben schenkst."

Samr sagte, daß dies so sein werde.

Hrafnkell verlegte nun seinen Wohnsitz ostwärts über das Fljótsdalsherad, quer über das Fljots-Tal, in den Osten des Lagarfljot. Am oberen Ende des Landsees stand ein kleiner Hof, der 'Farn-Freund' hieß. Dieses Grundstück kaufte Hrafnkell mit geborgtem Geld, denn sein Geld betrug nicht mehr als er zum Hausgeräte bedurfte.

Die Leute sprachen viel davon, wie sein Übermut niedergebeugt worden war und mancher gedachte des alten Sprichwortes: 'Die Lebzeit des Übermutes ist kurz.'

Hrafnkells Grundbesitz war ein dichtes Waldland und erstreckte sich weithin, aber mit Gebäuden war es schlecht bestellt – aus diesem Grunde konnte er das Landstück zu einem geringen Preis kaufen. Aber er scheute keine Mühe und lichtete den Wald, denn er war dicht. Dann baute er einen ansehnlichen Hof auf, der seither Hrafnkel-Hof heißt. Seit dieser Zeit wurde diese Stelle ein guter Hof genannt.

Hier wohnte Hrafnkell mit vielem Ungemach im ersten Jahre. Große Ausbeute hatte er an Fischen. Er ging selbst eifrig zu Werke, während der Hof noch im Bau begriffen war. Im Winter des ersten Jahres züchtete er ein Kalb und ein Zicklein; er pflegte dieselben gut, sodaß fast alles, was in Gefahr geriet, dennoch am Leben blieb. Man konnte beinahe sagen, dass zwei Köpfe auf jedem Tier waren. In demselben Sommer gab es einen großen Fischfang im Lagarfljot. Dadurch erhielten die Leute in dem Fljotsdalsherad einen Zuschuss zur Haushaltung, und dies wiederholte sich jeden Sommer.

Sámr richtete sich nach Hrafnkell's Abzug den Hof zu Adalbol ein. Danach veranstaltete er ein prächtiges Gastmahl und lud dazu alle, welche Hrafnkell's Thingmänner gewesen waren. Er erbot sich, ihr Gode an Hrafnkells Stelle zu sein. Die Männer sagten ja dazu, aber sie dachten doch anders darüber.

Die Söhne Thjostarr's rieten Samr, dass er milde, freigebig und hilfreich gegen seine Männer und zum Schutze für jeden, der dessen bedürfte, bereit sein sollte, „und diese da sind nicht Männer, wenn sie Dir nicht gehörig Beistand leisten, so oft Du desselben bedarfst. Wir raten Dir dies deshalb, weil wir wollen, dass es Dir gut geht, denn Du scheinst uns ein wackerer Mann zu sein. Nimm Dich nun gut in Acht und paß auf Dich auf, denn es ist schwierig, sich vor den Schlechten zu bewahren. "

Dann ließen die Brüder nach Freyfaxi und seiner Herde suchen und sagten, sie wollten diese Tiere sehen, von welchen so viel geredet wurde. Da wurden die Rosse heim gebracht. Die Brüder betrachteten dieselben.

Thorgeirr sprach: „Diese Pferde scheinen mir zum Hofe notwendig. Mein Rat ist, daß sie so viel, als sie können, zum Nutzen der Leute arbeiten sollen, bis sie infolge Alters nicht länger leben können. Aber dieser Hengst scheint mir nicht besser als andere Pferde, eher um so viel schlechter, da so viel Unheil durch ihn entstanden ist. Ich will nicht, dass noch mehr Totschläge durch ihn veranlaßt werden, als seinetwegen schon geschehen sind. Es wird daher nur gerecht sein, daß der ihn in Empfang nimmt, dem er gehört. "

Hier ist Freyr gemeint, dem der Hengst geopfert werden soll.

Da brachten sie den Hengst zum Tal hinab. Unten beim Fluß erhob sich eine schroffe Felswand und unter ihr war eine tiefe Höhlung. Dorthin führen sie den

Hengst die Felswand hinauf. Darauf zogen die Brüder einen Sack über des Hengstes Kopf, banden einen Stein an seinen Hals, nehmen dann lange Stangen, stießen den Hengst hinunter und töteten ihn auf diese Weise.

Dieser Ort heißt seither Freyfaxahamarr. Dort oberhalb stand der Tempel, welchen Hrafnkell dem Gott Freyr errichtet hatte. Thorkell ging dahin, ließ alle Götterbilder entkleiden, darauf im Tempel Feuer anlegen und alles zusammen verbrennen.

Diese Methode, den Hengst zu töten, könnte evtl. ein übliches Verfahren sein, den Göttern ein Tier zu opfern. Vielleicht war sie aber auch eine Hinrichtungmethode.

Die Ortsbezeichnung „Freyfaxahamarr" setzt sich aus den drei Worten „Freyr", „fax" („Mähne") und „hamarr" („Klippe") zusammen. Das Wort „fax" für Mähne ist hier eine Umschreibung für „Pferd". Der Ort wurde folglich „Freyrhengst-Klippe" genannt.

Es ist bemerkenswert, daß die beiden Brüder den ganzen Freyr-Tempel verbrannten. Offensichtlich fürchteten sie nicht die Rache des Gottes Freyr. Der Freyr-Tempel wurde anscheinend nicht als eine öffentliche Einrichtung angesehen, die Freyr mit den in der Nähe wohnenden Menschen verband, sondern als eine private Angelegenheit zwischen Hrafnkell und Freyr. Die Verbindung eines Menschen zu einer Gottheit beruhte offenbar vor allem auf der Initiative des betreffenden Menschen.

In dem Tempel befanden sich der Saga nach mehrere Götterstatuen. Vermutlich werden dies nicht alles Statuen des Freyr gewesen sein, sondern eine Freyr-Statue und mehrere Statuen anderer Gottheiten.

Diese Statuen müssen recht naturalistisch angefertigt worden sein, da sie Kleider trugen. Die Sitte, Statuen zumindestens teilweise zu bekleiden, ist sehr weit verbreitet und findet sich u.a. auch im alten Ägypten und im Christentum.

Da rüsteten sich die Gäste zur Abreise. Samr wählte für die beiden Brüder kostbare Geschenke aus und sie geloben sich gegenseitig unverbrüchliche Freundschaft und schieden als sehr gute Freunde. Die Brüder ritten den geraden Weg westwärts zu den Meeresbuchten und kamen mit Ehren zum Thorska-Fjord heim.

Samr bereitete Thorbjörn eine Niederlassung in Leikskalar; dort sollte er wohnen. Samrs Frau aber zog mit ihm zum Haus nach Adalbol und er wohnte dort eine zeitlang.

Hrafnkell erfuhr ostwärts im Fljöts-Tal, daß die Söhne Thjöstarr's Freyfaxi getötet und seinen Tempel verbrannt hatten.

Da sprach er: „Ich halte es für Torheit, an einen Gott zu glauben," und fügte hinzu, daß er von jetzt an nie mehr an einen Gott glauben werde. Und daran hielt er seither fest, sodaß er nie mehr opferte.

Eine solche atheistische Weltanschauung wird auch von den zwölf Berserkern des Königs Hrolf Kraki berichtet.

Offensichtlich erwarteten die Germanen, daß sich der Gott Freyr hätte wehren müssen – wenn es ihn denn gab. Diese Ansicht machten sich auch die christlichen Missionare zunutze und fällten des öfteren heilige Eichen oder zerstörten Statuen, um den Germanen zu beweisen, daß es ihre Götter gar nicht gab.

Die Wikinger gingen, wie es scheint, davon aus, daß die Götter denselben Prinzipien folgten wie die Menschen und daß daher auch die Götter für das Töten eines heiligen Pferdes Rache nehmen würden.

Es ist nur durchaus fraglich, ob die Götter den Menschen derart ähnlich sind …

Hrafnkell saß auf dem Hrafnkels-Hofr und brachte Geld zusammen. Er gewann großes Ansehen im Fljötsdalsherad und jeder wollte so sitzen und stehen, wie Hrafnkell es wollte.

In dieser Zeit kamen die meisten Schiffe von Norwegen nach Island und die Männer nahmen in den Tagen Hrafnkell's meisten in dem Fljötsdalsherad Land in Besitz. Aber niemand konnte sich in Ruhe und Frieden ansiedeln, ohne daß er Hrafnkell um Erlaubnis bat. Sie mußten ihm auch alle ihren Beistand geloben und er versprach ihnen seinen Schutz. Er unterwarf sich so alles Land östlich vom Lagarfljöt. Dieser Godenbezirk wurde schnell um vieles größer und volkreicher, als der, den er früher innegehabt hatte. Er erstreckte sich aufwärts über das Skridu-Tal und ganz hinauf an dem Lagarfljöt entlang.

In Hrafnkell's Gemütsart war eine Veränderung vorgegangen. Der Mann war jetzt viel beliebter als vorher. Er hatte dieselbe Sinnesart in Hinsicht auf Bereitwilligkeit und Gastfreiheit, aber er war in allem ein weit mehr gefügiger und umgänglicher Mann als zuvor. Oft trafen sich Samr und Hrafnkell bei Zusammenkünften, erwähnten aber nie ihres Zwischenfalles. So ging es sechs Jahre hindurch.

Samr war bei seinen Thingmännern beliebt, denn er war leicht zugänglich, friedliebend und gerecht in seinen Entscheidungen und erinnerte sich an das, was die Brüder ihm geraten hatten. Er war auch ein sehr prunkliebender Mann.

Es wird erzählt, daß ein Schiff vom Meer in den Reydar-Fjord kam und der Steuermann Eyvindr Bjarnason war. Er war sieben Jahre auswärts gewesen. Eyvindr hatte sehr viel an Tüchtigkeit gowonnen und war ein überaus wackerer Mann geworden. Es wurden ihm sofort nach seiner Ankunft die Begebenheiten, welche sich ereignet hatten, erzählt, aber er ließ wenig anmerken, was er davon hielt, denn er war ein zurückhaltender Mann.

Sobald Samr von Eyvindr's Ankunft erfuhr, ritt er zum Schiff hin, und es fand ein sehr freudiges Wiedersehen der beiden Brüder statt. Samr lud seinen Bruder zu sich nach Westen ein. Eyvindr nahm dies gerne an, aber bat Samr, vorher nach Hause zu reiten und ihm Pferde zu senden, damit er seine Waren fortschaffen konnte.

Er zog sein Schiff an den Strand und machte es fest. Samr tat, wie er gebeten worden war und ritt nach Hause und ließ die Pferde zu Eyvindr treiben. Als dieser seinen Warenvorrat aufgepackt hatte, begann er seinen Ritt zu dem Hrafnkels-Tal und ritt den Reydar-Fjord entlang aufwärts. Es waren fünf Männer zusammen; der sechste war Eyvindr's Leibbursche, von Herkunft ein Isländer, der mit ihm verwandt war. Diesen Jungen hatte Eyvindr aus seiner Dürftigkeit geholt, mit sich in das Ausland genommen und ihn genauso gut wie sich selber versorgt. Diese Tat des Eyvindr war bekannt geworden, und es war die Meinung aller Leute, daß wenige seinesgleichen wären. Sie ritten die Thöradals-Heide aufwärts und trieben sechzehn beladene Hengste vor sich her.

Es waren da zwei Hausleute des Samr und drei Handelsleute. Alle waren in bunte Gewänder gekleidet und ritten mit glänzenden Schilden einher. Sie ritten quer über das Skridu-Tal und über Hals, hinüber zum Fljöts-Tal bis dahin, wo es Bulungar-Tal heißt, dann herab auf die Sandbank der Gilsa – diese fließt von Osten her zum Lagarfljot zwischen Hallorms- und Hrafnkels-Hof. Dann ritten sie an dem Lagarfljot entlang aufwärts, unterhalb der flachen Strecke beim Hrafnkels-Hof und so um das Ende des Landsees herum und setzten bei Skalavad über die Jükulsä.

Es war gerade zwischen Aufstehens- und Frühstückszeit. Eine Magd war eben beim Wasser und wusch ihr Leinen. Sie sah die Männer reiten, packte ihr Leinen zusammen, lief zum Haus des Hrafnkell, warf die Leinwand bei einem Holzhaufen nieder und stürzte hinein. Hrafnkell war noch nicht aufgestanden, die Hausleute selbst lagen in der Stube, die Arbeitsleute aber waren zu ihrer Beschäftigung gegangen. Es war um die Zeit der Heuernte.

Die Magd ergriff, als sie hineinkam, das Wort: „Das ist am meisten wahr, was ein altes Sprichwort sagt: 'Jeder wird so elend, wie er altert'. Das Ansehen, das früh erworben wurde, wird gering, wenn man später die Hände schimpflich in den Schoß legt und nicht den Mut dazu hat, irgendwann einmal sein Recht zu verfolgen. Und das ist ein großes Wunder bei einem Mann, der einst tapfer gewesen ist. Ganz anders steht es mit dem Leben derjenigen, die bei ihren Vätern aufwachsen, und sie scheinen euch im Vergleich zu euch selber wertlos zu sein. Aber sobald sie erwachsen sind, reisen sie von einem Lande zum anderen und erscheinen dort von größter Bedeutung, wo sie hinkommen. Dann kehren sie nach Hause zurück und denken sich, daß sie angesehener als die Goden seien. Eyvindr Bjarnason ritt hier über den Fluß bei Skalavad mit einem so glänzenden Schilde, daß es weithin davon leuchtet. Er ist ein so tüchtiger Mann, daß an ihm Rache genommen werden sollte!"

So ließ die Magd ihrem Eifer Lauf. Hrafnkell erhob sich und erwiderte ihr: „Es kann sein, daß Du manches wahr genug sagst – aber nicht deshalb, weil Dich Gutes dazu bewogen hat. Doch nun ist gerecht, daß Du etwas zu tun bekommst. Eile schnell südwärts nach Vidi-Ral zu den Söhnen des Hallstein, des Sighvatr und des Snorri.

257

Bitte sie, mit den Männern, die dort waffenfähig sind, schnell zu mir zu kommen."

Eine andere Magd sandte er hinaus nach Hrölfs-Hof zu den Söhnen des Hrölfr, Thordr und Halli und zu denen, die dort waffenfähig waren. Diese wie jene waren treffliche Männer und durchaus tüchtig. Hrafnkell sandte auch nach seinen Knechten. Alle zusammen beliefen sich auf achtzehn. Sie bewaffneten sich mannhaft und ritten dann über den Fluß wie zuvor Eyvindr und seine Männer.

Eyvindr war mit den Seinigen inzwischen in die Heide hinaufgelangt. Er ritt westwärts bis er mitten auf die Heide gelangte. Dieser Ort heißt Bärenpfad. Dort ist ein Moor ohne Rasendecke und ist so beschaffen, daß man wie im bloßen Schlamm weiterreitet. Man sank dort stets bis zum Knie oder bis zur Mitte des Schenkels ein und zeitweilig auch bis zum Bauch, aber weiter unten ist es so hart wie Steingrund.

Im Westen davon liegt ein großes Lavafeld, und als sie auf dasselbe gelangten, schaute Eyvindr's Bursche rückwärts und sagte zu ihm: „Da reiten Männer auf uns los – nicht weniger als achtzehn. Und ein großer Mann in einem blauen Gewand sitzt zu Pferde und scheint mir dem Goden Hrafnkell ähnlich, obwohl ich diesen nun lange nicht gesehen habe."

Hrafnkell trägt auch hier wieder ein blaues Gewand. Da Hrafnkell inzwischen nicht mehr an Götter glaubt, kann die blaue Farbe zumindestens nichts mit dem Gott Freyr zu tun haben. Es käme somit evtl. noch ein Zusammenhang mit der Godenwürde in Frage.

Eyvindr erwidert: „Was wird das uns angehen? Ich weiß keinen Grund zur Furcht vor dem Ritt von Hrafnkell. Ich habe nichts gegen ihn unternommen. Er wird einen Auftrag haben, westwärts im Tal seine Freunde zu treffen."

Der Bursche entgegnete: „Es will mir nicht aus dem Sinn, daß er doch Dich gerne treffen wollen würde."

„Ich wüßte nicht," sagte Eyvindr, „daß zwischen Hrafnkell und meinem Bruder Samr etwas vorgefallen wäre, seitdem sie sich verglichen haben."

Der Bursche erwidert: „Mir wäre es lieber, wenn Du westwärts ins Tal reiten würdest, denn dort wirst Du in Sicherheit sein. Ich kenne Hrafnkells Sinnesart und daß er uns nichts antun wird, wenn er Dir nicht nahe kommt. Alles ist sicher, wenn nur Du es bist – es ist dann kein Tier in der Schlinge. Und das wäre gut, was immer auch aus uns werden wird."

Eyvindr sagte, er werde nicht schnell davon reiten, „denn ich weiß nicht, wer diese Männer sind. So manchem Manne müßte es lächerlich erscheinen, wenn ich davon liefe, ohne näher hinzusehen."

Sie ritten nun westwärts vom Lavafeld hinab. Da lag vor ihnen ein zweiter Sumpf, der Oxamýrr heißt und der sehr dicht mit Gras bewachsen ist. Er besteht aus weichem Schlamm, sodaß er beinahe unbegehbar ist. Darum legte der alte Hallfredr jenen oberen Weg an, obgleich derselbe länger war. Eyvindr ritt westwärts in den Sumpf und die Pferde sanken mit den Reitern tief hinein und verzögerten sich da sehr. Hrafnkell und seine Leute kamen schnell hintendrein, da sie ohne Gepäck ritten. Auch sie nahmen ihren Weg durch den Sumpf. Eyvindr mit den Seinen war schon aus dem Sumpf herausgekommen, als sie Hrafnkell und seine beiden Söhne erblickten.

Die Männer baten Eyvindr, von dannen zu reiten: „Nun sind alle gefährlichen Stellen passiert und Du wirst Adalbol erreichen, während der Sumpf zwischen uns und ihnen liegt."

Eyvindr entgegnete: „Ich werde nicht vor den Männern fliehen, denen ich kein Unrecht zugefügt habe".

Dann reiten sie den Bergrücken hinauf. Dort erheben sich kleine Hügel. Am Fuß eines derselben ist eine Torfscholle, die mit Hafer bewachsen und von den Winden ganz ausgefegt ist und die nach allen Seiten hin steil abfällt. Eyvindr ritt zu ihr hin, stiegt dort vom Pferd und erwartete die Feinde. Dabei sagt er: „Nun werden wir gleich ihren Auftrag kennen." Darauf geht er mit seinen Leuten die Torfscholle aufwärts und sie lösen einige Steine los.

Hrafnkell bog vom Wege ab und südwärts zur Torfscholle. Er sprach kein Wort mit Eyvindr, sondern ging sofort zum Angriff. Eyvindr wehrte sich tüchtig und mannhaft. Sein Bursche hielt sich nicht für kraftvoll genug zum Kampf und sprang darum auf sein Pferd und ritt westwärts über den Bergrücken nach Adalbol und erzählte Samr, was vor sich ging. Samr brach sogleich auf und sandte nach Männern. Es versammelten sich im ganzen zwanzig und diese Schar war gut gerüstet. Samr ritt ostwärts auf der Heide bis dahin, wo sieh der Kampfplatz befand. Da war es bereits zur Entscheidung gekommen: Eyvindr und alle seine Männer waren gefallen und Hrafnkell ritt von seinen Kampftaten weg nach Osten.

Das erste, was Samr tat, war, daß er untersuchte, ob noch Leben in seinem Bruder war, aber die Bluttat war wirklich geschehen – alle fünf Männer waren des Lebens beraubt worden. Doch auch von Hrafnkell's Leuten waren zwölf Mann gefallen, die sechs übrigen aber davon geritten.

Samr hielt nur kurze Rast und dann setzten er und seine Männer sogleich dem Hrafnkell nach. Dieser ritt mit den Seinen so schnell sie konnten davon, aber sie hatten ermüdete Pferde.

Da sprach Sámr: „Nahen können wir ihnen, denn ihre Pferde sind erschöpft, während wir alle noch feurige haben. Daher steht es auf der Kippe, ob wir sie noch erreichen oder nicht, bevor sie die Heide verlassen."

Da war Hrafnkell ostwärts über die Oxamýrr gekommen. Nun ritten beide Gegner bis Samr zum Rand der Heide kommt. Da sah er, dass Hrafnkell herab zu den Hügeln gekommen war und erkannte, daß Hrafnkell in das Fljotsdalskerad hinab entwischen würde.

Da sprach er: „Hier werden wir umwenden, denn Hrafnkell wird es nun leicht fallen, Männer zu sammeln."

Da kehrte Samr unverrichteter Dinge zurück und kam zu der Stelle zurück, an der Eyvindr lag und warf einen Hügel über seinen und seiner Genossen Leichnamen auf. Dieser Ort heißt seitdem Eyvindar-Torf, Eyvindar-Felsen und Eyvindar-Tal.

Dann ritt Samr mit allen Waren seines Bruders heim nach Adalbol. Sobald er dort ankam, sandte er nach seinen Thingmännern, daß sie am Morgen vor der Frühstückszeit zu ihm kommen sollten, denn er beabsichtigte, ostwärts über die Heide zu ziehen, „gehe es dabei, wie es wolle." Als Samr abends Samr zu Bette ging, waren bereits viele Männer gekommen.

Auch Hrafnkell war heimgeritten und hatte seine Neuigkeiten erzählt. Er verzehrte sein Mahl und sammelte nachher Männer um sich, so dass er siebzig Mann bekam und mit dieser Schar ritt er westwärts über die Heide, kam unerwartet nach Adalbol, packte Samr im Bett und zog ihn heraus.

Dann sprach er: „Nun bist Du, Samr in die Lage gekommen, welche Dir vor einer Weile unwahrscheinlich erscheinen mochte: daß nämlich ich Gewalt über Dein Leben habe. Ich werde nun kein härterer Mann gegen Dich sein, als Du gegen mich warst. Ich will Dir zwei Möglichkeiten zur Wahl vorlegen: Der eine ist, daß Du getötet wirst, und der andere ist, daß ich allein zwischen uns beiden richten und entscheiden soll."

Samr erwiderte, daß er lieber zu leben wähle, jedoch sagte er, daß beide Wahlmöglichkeiten hart wären.

Hrafnkell sagte, daß er dies gerne glaube, „denn wir haben Dir noch das frühere heimzuzahlen und ich würde zur Hälfte besser mit Dir verfahren, wenn Du dessen würdig wärest. Du sollst von Adalböl weg und herab nach Leikskälar ziehen und Dich dort in Deiner Wohnung niederlassen. Du sollst nur das Eigentum mit Dir nehmen, das Eyvindr besessen hat und nicht mehr von hier in Deinem Besitz behalten, als Du hierher gebracht hast – dies alles sollst Du mit Dir fortnehmen. Ich werde meine Godenwürde wieder übernehmen, ebenso den Hof und den Grundbesitz. Ich sehe, daß meinem Besitz hier ein großer Zuwachs zuteil geworden ist, aber davon sollst Du keinen Nutzen ziehen. Für deinen Bruder Eyvindr soll keine Buße fällig werden, weil Du auf schmachvolle Weise für Deinen erschlagenen Verwandten Einarr die gerichtliche Verfolgung an mir vornahmst und ihr für diesen dadurch hinreichend Buße bekommen habt, daß Du sechs Jahre lang meine Godengewalt und meinen Besitz innegehabt hast. Auch scheint mir die Tötung von Eyvindr und seinen Männern nicht mehr wert als die an mir und meinen Männern verübte Mißhandlung. Du vertriebst mich aus meinem Bezirk, aber ich lasse es mir gefallen, daß Du in Leikskalar wohnst. Und es wird gut für Dich sein, wenn Du nicht zu Deinem eigenen Schaden übermütig bist. Mein Untergebener sollst Du sein so lange wir beide leben. Und dessen kannst Du gewiß sein, daß Du desto schlechter fahren wirst, je mehr wir

260

Schlimmes miteinander zu tun haben."

Samr zog nun mit seinen Leuten hinab nach Leikskálar und ließ sich daselbst in seiner Wohnung nieder. Hrafnkell verteilte zu Adalböl die Arbeit unter seine Leute. Seinen Sohn Thorir siedelte er in Hrafnkelsstadir an. Er selbst hatte nun die Godenwürde über die ganze Gegend. Asbjörn blieb bei seinem Vater Hrafnkell, da er der jüngere war.

Samr saß diesen Winter auf Leikskálar. Er war still und teilnahmslos und so mancher fand, daß er mit seinem Los wenig zufrieden war. Aber gegen Sommer, als die Tage länger wurden, zog er mit einem Manne und drei Pferden über die Brücke, von dort über die Mödrudals-Heide, dann mit einem Fahrzeuge über die Jökulsa und weiter zum Myvatn, von da über die Flots-Heide und das Ljosavatnsskard, und machte nicht eher halt, als bis er westwärts zum Thorska-Fjörd kam. Dort wurde er freundlich aufgenommen. Da war Thorkell eben wieder von einer Reise zurückgekommen – er war vier Jahre auswärts gewesen. Samr blieb dort eine Woche bei den Brüdern und ruhte sich aus. Danach erzählte er ihnen seine neuerlichen Händel mit Hrafnkell und bat die Brüder um Beistand und Unterstützung wie vorher.

Diesmal gab Thorgeirr für sich und seinen Bruder Antwort und sagte, er wolle sich fernhalten: „Ein langer Weg ist zwischen uns. Wir glaubten Dir alles wohl geordnet zu haben, bevor wir auseinandergingen, so daß Dir leicht gewesen wäre, alles zu erhalten. Danach ist es aber gekommen, wie ich, als Du Hrafnkell das Leben schenktest, voraussah: daß Du dies am meisten bereuen würdest. Wir legten Dir nahe, dass Du Hrafnkell das Leben nehmen solltest, aber Du allein wolltest entscheiden. Nun ist offenbar, welchen Unterschied an Witz es zwischen euch beiden gegeben hat: Er ließ Dich im Frieden wohnen und zielte zuerst darauf ab, den Mann bei Seite zu schaffen, der ihm ein tüchtigerer als Du zu sein schien. Wir können nicht dieses Dein Mißgeschick uns zum Schaden gereichen lassen. Auch haben wir nicht so große Lust, mit Hrafnkell zu streiten, daß wir uns dazu verstehen, unsere Ehre öfters aufs Spiel zu setzen. Aber wir wollen Dir anbieten, mit Deiner ganzen Verwandtschaft hierher unter unseren Schutz zu kommen, wenn Dir das Leben hier weniger demütigend erscheint, als in Hrafnkells Nähe."

Samr erwiderte, daß er das nicht wolle, sondern nach Hause zurückkehren wolle, und bat die Brüder, die Rosse mit ihm zu tauschen, worin sie sogleich einwilligten. Die Brüder wollten Samr kostbare Geschenke geben, aber er wollte nichts annehmen und sagte, sie wären in ihrer Denkungsweise kleinlich.

Mit so unverrichteter Sache ritt Samr heim nach Leikskálar und wohnte dort bis zu seinem Alter. Er brachte es, so lange er lebte, zu keiner Erhebung gegen Hrafnkell. Aber Hrafnkell saß in seinem Wohnsitz und behauptete sein Ansehen. Er starb an einer Krankheit und sein Grabhügel liegt im Hrafnkels-Tal außerhalb von Adalbol. Ihm wurden große Schätze ins Grab gelegt, seine ganze Waffenrüstung und sein guter

Spieß. Seine Söhne übernahmen die Godengewalt, Thorir wohnte in Hrafnkelsstadir, Asbjörn aber in Adalböl; beide hatten die Godenwürde gemeinschaftlich und waren angesehene Männer.

Und hiermit endet die Saga von Hrafnkell.

Man wird von dem Charakter des Hrafnkell nicht auf den allgemeinen Charakter der Freyr-Priester schließen können, aber immerhin zeigt diese Geschichte deutlich den sehr individuellen Charakter, den die Religion zumindestens auf Island gehabt hat.

19. i) Zusammenfassung

Es sind aus verschiedenen Orten mindestens zwölf Freyr-Priester und eine Freyr-Priesterin und daher auch mindestens sechs Freyr-Tempel bekannt. Diese Tempel standen vor allem in Schweden und auf Island. Die vielen Freyr-Tempel und Freyr-Ortsnamen vor allem in Schweden und teilweise auch in Norwegen und auf Island sowie die Freyr-Statuen, über die berichtet wird, lassen jedoch auf eine sehr viel größere Zahl an Freyr-Priestern schließen.

Einer der Freyr-Priester in Island war hauptberuflich ein Schmied. Er war zudem zauberkundig.

Freyr ist in später Zeit als Hohepriester in einem großen Tempel (vermutlich Uppsala) aufgefaßt worden. Ursprünglich ist Freyr der Hauptgott in Uppsalas gewesen – ab 500 n.Chr. war Thor der Hauptgott und Freyr und Odin die beiden Nebengötter.

Skirnir ist das Urbild der Freyr-Priester in den Mythen und Liedern.

Der Kult des Freyr wurde auch außerhalb der Tempel auf den Bauernhöfen abgehalten. Es scheint einen fließenden Übergang angefangen bei einem kleinen Hausschrein über einen kleinen privaten Tempel bis hin zu den großen Tempeln gegeben zu haben. Sowohl den privaten Tempeln als auch den großen Tempeln waren z.T. große Ländereien und Besitztümer geweiht.

Bei manchen Tempeln war dem Freyr auch ein Hengst geweiht – vermutlich als Symbol der (Wieder-)Zeugungskraft. Zu einem solchen Freyr-Hengst konnten zwölf Stuten gehören. Die kleine Variante dieses Tempel-Hengstes ist der einbalsamierte Pferde-Penis, der im häuslichen Kult verwendet wurde.

Neben dem Hauptgott, der Freyr sein konnte, scheinen in der Regel die Statuen weiterer Gottheiten gestanden zu haben.

Über die schwedischen Freyr-Priester werden (von einem Christen) „weibische" Bewegungen, lange Ritualtexte, Glöckchen-Läuten und die Wiederzeugungs-Symbolik („frivol") sowie eine generelle Friedlichkeit berichtet.

20.   Der Kult des Freyr: Opferungen

20. a)   Gisli-Saga

Thorgrim hatte vor, ein Erntefest zu veranstalten und dem Freyr zu opfern.

20. b)   Die Saga über Hallfredr Ärger-Skalde

Da kamen die Schiffs-Gefährten überein, daß sie einen Eid ablegten, daß sie eine große Geldsumme dem Freyr geben würden, wenn sie Wind nach Schweden erhielten, oder dem Thor oder dem Odin, wenn sie Island erreichten.

20. c)   Die Saga über Kampf-Glum

Bevor Thorkel Thvera verließ, ging er zu dem Tempel des Freyr und nahm einen alten Stier mit dorthin und sprach folgendes: „Du, Freyr,“ sagte er, „bist lange Zeit mein Beschützer gewesen und Du hast aus meinen Händen viele Opfergaben empfangen, die mir gute Früchte getragen haben. Nun bringe ich Dir diesen Stier, weil ich hoffe, daß Glum danach mit Gewalt aus diesem Land getrieben wird, so wie ich vertrieben worden bin. Und ich bitte Dich, gibt mir ein Zeichen, ob Du dieses Opfer annimmst oder nicht.“

Da wurde der Stier in solch einer Weise geschlagen, daß er laut aufbrüllte und tot niederfiel, was Thorkel als ein günstiges Omen ansah.

20. d)   Gesta danorum

In der „Geschichte der Dänen“ des Mönches Saxo des Schriftkundigen wird der Gott Freyr einige Male erwähnt, auch wenn er nirgendwo die Hauptfigur einer Erzählung ist.

Freyr, der Herrscher der Götter, ließ sich nicht fern von Uppsala nieder, wo er den alten Brauch des Gebetes durch Opfer, der durch so viele Zeiten und Generationen hindurch üblich gewesen war, gegen abscheuliche und ungeheuerliche Sünden-Opfer austauschte, denn er brachte den Göttern schreckliche Opfergaben dar, indem er damit begann, menschliche Opfer abzuschlachten.

Menschenopfer scheinen eher zu Odin als zu Freyr gehört zu haben (siehe „Menschenopfer" in Band 64).

20. e) Zusammenfassung

Bei dem Erntefest im Herbst wurde dem Freyr geopfert – vermutlich als Dank. Man opferte ihm auch für gute Ernten – als Bitte um gute Ernten.

Es gab auch Freyr-Opfer für eine sichere Seereise. Eine andere spezielle Opferung an Freyr war die Bitte, daß ein Feind aus dem Land verbannt wird.

Es werden recht oft Opfer an Freyr erwähnt.

Aus christlicher Sicht dienten die Opfer an Freyr dem Erlangen von Frieden und Lust.

Die Menschenopfer an Freyr sind vermutlich eine Ungenauigkeit, da derartige Opfer eher zu Odin gehörten. Sicher ist diese Annahme jedoch nicht, da Menschenopfer vor allem aus dem Tempel von Uppsala bekannt sind, der bis 500 n.Chr. ein Freyr-Tempel gewesen ist.

21. Der Kult des Freyr: Sonstiges

21. a) Inschrift auf einem Gold-Brakteat

Das einfachste Element des Kultes ist die Anrufung der betreffenden Gottheit, die sich nicht nur im Tempel, sondern auch im privaten Bereich, in einer spontanen Bitte in einer Notsituation, auf Amuletten u.ä. findet.

Die schlichteste aller Anrufungen findet sich auf einer Art von magischem Kettenanhänger der Germanen, die ca. 200 Jahre lang in Gebrauch gewesen ist und heute „Goldbrakteat" genannt wird.

*Goldbrakteat aus Darum
(Dänemark)*

Die Goldbrakteaten sind Amulette der Germanen, die an Ketten oder Schnüren getragen wurden und an Münzen erinnern. Sie bestanden jedoch aus dünnen, mit einem Motiv geprägten Goldblech und waren nicht so massiv wie Münzen. Sie waren zwischen 400n.Chr. und 600 n.Chr. „in Mode".

Die Inschrift auf dem links abgebildeten Brakteat lautet *„frohila lathu"* – auf deutsch: „Freyrs Einladung". Diese Worte könnten eine Anrufung des Freyr, also ein „Einladung" an ihn, zu dem ihn Rufenden kommen, sein.

21. b) Norwegisches Runen-Lied

In diesem Runen-Lied ist die gute Ernte das Thema. Die Algiz-Rune („Elch") wird hier offensichtlich als Jera-Rune („Jahr"), die auch Ar-Rune hieß, aufgefaßt.

Frodi ist ursprünglich der Gott Freyr gewesen, den man für eine gute Ernte um Hilfe bat.

*Fülle ist ein Geschenk für die Menschen;
ich sage: Frodi war großzügig.*

21. c)   Saga über Egil Skallagrimson

In einem rituellen Nid-Fluch benutzt Egil die folgenden Worte:

Entgeltet es ihm, ihr gerechten Götter,
daß er mir meinen Besitz geraubt hat!
Jagt ihn fort, Zürnt ihm,
Hoher Odin, ihr Himmels-Mächte!
Feind Deines Volkes, übler König,
Mögen Freyr und Niörd Dich meiden!
Haßt ihn, Landwächter, haßt den,
der heilgen Boden besudelt hat!

meiden = ihm den von Freyr und Niörd verliehenen Wohlstand entziehen
Landwächter = Pukis, Erdgeister

21. d)   Gisli-Saga

Da geschah etwas, daß ihnen neu war und ihnen seltsam erschien: Auf der Südseite des Hügelgrabes des Thorgrim legte sich kein Schnee und es fror dort auch nicht. Die Männer vermuteten, daß dies so war, weil Thorgrim dem Freyr wegen Thorgrims Verehrung des Freyr so lieb gewesen war, daß der Gott es nicht zuließ, daß sich der Frost zwischen sie drängte.

21. e)   Gisli-Saga

In einem seiner Lieder singt Gisli über das eben genannte Phänomen:

Nun wärmt Freyr das Grab seines Priesters.

21. f)   Die Saga über Hallfredr Ärger-Skalde

Ein erst vor kurzem zum Christentum bekehrter Germane singt auf einem Thing die folgende Strophe:

Gegen mich werden Freyr und Freya
– letztes Jahr habe ich Njörds Betrug an mir beendet;
sollen doch die Teufel Grimnir (Odin) um Gnade bitten! –
wütend sein und ebenso der mächtige Thor.
Nur von Christus werde ich Gnade erbitten.

21. g)   Die Saga über Olaf den Ruhmreichen Tryggvason

König Olaf Tryggvason hörte, als er mit seinem Schiff vor Sizilien ankerte, daß auf der Insel Tresco ein christlicher Einsiedler lebte, der ein berühmter Seher war. Um ihn zu prüfen, sandte er einen Mann, der sich als König Olaf verkleidet hatte, zu dem Einsiedler. Dieser erkannte aber sofort die Täuschung und sagte dies dem Mann und erklärte ihm dazu, daß er selber einst ein König werden solle.

Daraufhin besuchte König Olaf den Einsiedler und sprach lange mit ihm. Der Eremit vertrat die damals übliche christliche Ansicht, daß die Götter nur Könige der Vorzeit gewesen seinen – im Gegensatz zu dem christlichen Gott.

„Solche Götter wie Odin und Thor, Niörd und Freyr sind," sprach der Einsiedler, „nur die Erfindungen der dichterischen Fantasie der Menschen und haben keine wirkliche Realität. Odin war einst nur ein irdischer Mensch mit all seinen Fehlern und Sünden. Das Erdbeben und der Donner haben nichts mit dem Rollen von Thors Wagen zu tun oder mit dem Werfen von Thors Hammer. Die Wogen des Meeres würden sich weiterhin in Zorn erheben oder in Frieden senken, auch wenn der Name des Niörd niemals ausgesprochen worden wäre. Und die Jahreszeiten würden sich weiterhin in ihrer richten Folge abwechseln und Felder und Weiden würden weiterhin auch ohne den Segen des Freyr wachsen."

Diese Stelle ist insofern interessant, als sie wieder die Dreiheit von Thor, Odin und Freyr (plus Niörd) anführt und zu dreien dieser vier Götter ihre wesentlichen Wirkungsbereiche beschreibt.

Freyr ist offensichtlich in erster Linie der Gott des Ackerbaus und der Viehzucht gewesen.

21. h)   Galdrabok: magische Zeichen

In diesem isländischen Grimoire (Zauberbuch), das um ca. 1600 n.Chr. verfaßt worden ist, finden sich u.a. Runen-ähnliche Namenszeichen für die „Väter des Galdr", die z.T. den germanischen Göttern entsprechen.

Es ist schwer zu sagen, wie weit die Tradition dieser Symbole zurückreicht – sie könnten sich evtl. aus den Inschriften auf den Runenstäben entwickelt haben.

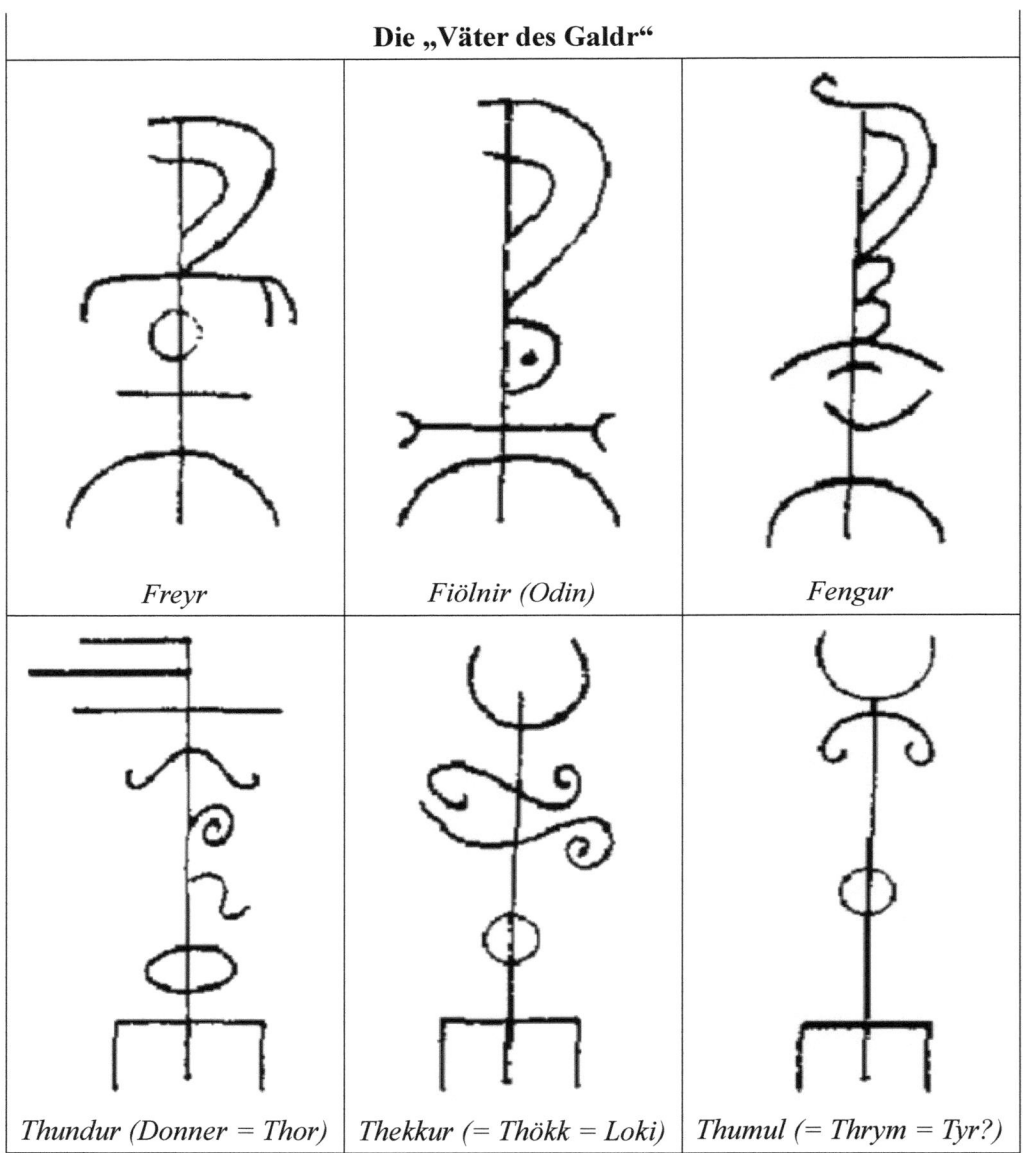

Die „Väter des Galdr"

Freyr

Fiölnir (Odin)

Fengur

Thundur (Donner = Thor)

Thekkur (= Thökk = Loki)

Thumul (= Thrym = Tyr?)

268

21. i) Galdrabok: „Pfurz-Runen"

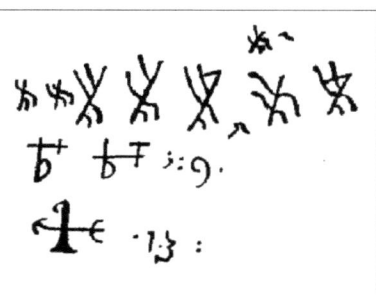

Offensichtlich sind Blähungen ein ernsthaftes Problem gewesen …

Schreibe diese Stäbe mit Deinem eigenen Blut auf eine weiße Kalbshaut; nimm das Blut von Deinem Schenkel und sprich:

„Ich schreibe Dir acht Asen-Runen,	*(„ass"-Rune)*
neun Not-Runen,	*(„naudh"-Rune)*
dreizehn Riesen-Runen,	*(„thurs"-Rune)*

die Deinen Bauch mit üblem Kot und Gas plagen werden,
und sie alle werden Deinen Bauch mit großem Pfurzen plagen!
Mögen sie Dich von Deinem Platz vertreiben
und Deine Eingeweide platzen lassen!
Möge Dein Pfurzen niemals enden,
weder am Tag noch in der Nacht!
Du wirst so schwach wie der Feind Loki sein,
der von allen Göttern zusammen gebunden wurde!
Bei Deinem mächtigsten Namen
Herr, Gott, Geist,
Erschaffer,
Odhinn, Thor,
Erlöser,
ihr Helfer,
Freyr, Freya,
Oper, Satan, Beelzebub,
mächtiger Gott,
die ihr beschützt mit den Gefährten
von Oteos, Mors, Notke, Vitales."

21. j) Zusammenfassung

Freyr wurde generell um Hilfe angerufen, spezieller um Fülle für Wachstum auf den Feldern und Weiden. Freyr wurde mit der Folge der Jahreszeiten assoziiert.

In Flüchen konnte man Freyr bitten, einem Feind die Fülle zu entziehen.

Auf dem Hügelgrab eines Freyr-Priesters blieb kein Schnee liegen.

Auf Island lehnt ein Germane, der zum Christentum übergetreten ist, in dieser Reihenfolge die alten Götter ab: Freyr, Freya, Niörd, Odin und Thor. Freyr ist offensichtlich als sehr wichtig angesehen worden.

Ein zweiter zum Christentum konvertierter Germanen nennt diese Folge von germanischen Göttern: Odin, Thor, Niörd und Freyr.

In einem isländischen Zauberbuch, das um da. 1600 n.Chr. verfaßt worden ist, werden einmal „Freyr, Fiölnir (Odin), Fengur (?), Thor, Loki und Thumul (Tyr?)" genannt und einmal „Odin, Thor, Freyr und Freya".

22. Jakob Grimm: Deutsche Mythologie

Der nächste gott an macht und ruhm ist im altnordischen glauben Freyr; den Schweden scheint er sogar die dritte stelle einzunehmen. wie verbreitet auch unter den übrigen deutschen stämmen sein cultus war, thut sein name selbst kund, dessen heiligkeit noch zur zeit des christenthums auf das höchste wesen angewandt werden durfte. es muß in diesem namen ein allgemeiner ausdrucksvoller sinn gelegen sein, der ihn für die besonderheit eines gottes, und zugleich für den umfassenden begrif göttlicher und weltlicher herschaft eignete: einzelnen völkern bezeichnete er den bestimmten gott, andern die waltende gottheit überhaupt, ungefähr wie wir neben den eigennamen Zio, Zeus die allgemeinere benennung deus, θεός antreffen. Während die namen der andern heidnischen götter den Christen ein abscheu wurden, das gothische Vôdans oder Thunrs übles klangs gewesen wäre; konnte jener ausdruck, wie das uralte guþ selbst, geraume zeitlang noch unanstößig bleiben und bald den himmlischen herrn bald den irdischen bedeuten.

Zwar entsprechen sich die benennungen nicht ganz genau. das altnordische Freyr, genitiv Freys, bei Saxo ganz richtig in dänischer form Frö, genitiv Frös, woher Frösö, ebenso schwedisch Frö, sollte im gothischen Fráus, Fravis lauten, statt dessen auf allen blättern bei Ulfilas fráuja, genitiv fráujins begegnet und κύριος übersetzt; der altnordischen mundart gebricht umgekehrt sowol die schwache form (Freyi, genitiv Freyja) als die bedeutung herr.

Alle übrigen sprachen halten es mit der gothischen. althochdeutsch geht das volle frouwo bereits ab, die denkmäler setzen lieber truhtîn, nur in der anredeformel frô min! hat sich die benennung des göttlichen oder weltlichen herrn erhalten, etwa wie jenes alterthümliche sihora und sire zulängst in anreden dauerten.

Gerade so erscheint, wenn damit angeredet wird, im Heliand immer das gekürzte frô mîn! frô mîn the gôdo! waldand frô mîn! drohtîn frô mîn!; außerdem aber das vollständige frôho genitiv frôhon; frâho, genitiv frâhon; frâon; frôio; nur bedient der altsächsiche dichter dieser worte sich seltner als der synonymen drohtîn oder hêrro, er stellt immer possessiva dazu, keine adjectiva (wie mâri drohtîn, rîki drohtîn, craftag drohtîn, liob hêrro), noch weniger setzt er damit zusammen (wie sigidrohtîn), was alles erkältung des ausdrucks verräth.

Größern umfang hat das angelsächsische freá, genitiv freán (für freáan oder freávan) und duldet nicht allein adjective neben sich (freá älmihtig) sondern bildet auch composita: âgendfreá, aldorfreá, folcfreá; ja verbindet sich mit dryhten: freádryhten, freahdrihtnes, freodryhtne.

Neben jenem althochdeutschen frô besteht jedoch ferner ein verhärtetes frôno, welches substantiven vor oder nachgesetzt den begrif des heiligen und herrlichen enthält, woraus sich allmälich ein beweglicheres adjectiv gleicher bedeutung frôn entfaltete, und weiter ein anderes adjectiv frônisc (pulcher, mundus, inclytus, arcanus) *entsprang, altsächsisch frônisk, frânisk. mittelhochdeutsch und selbst neuhochdeutsch währen manche zusammensetzungen mit vrôn und das adjectiv in jenem sinne fort, frohnen, fröhnen heißt dem herren dienen, zueignen. die friesische mundart kennt frân dominicus und frâna (minister publicus). das hinzugetretene 'n' in allen diesen ableitungen erklärte sich aus dem gothischen fráujinôn (dominari), obgleich kaum ein gothisches fráujinisks bestand, frônisc erst gebildet scheint, nachdem sich die verkürzung frô und frôno eingeführt hatte.*

Doch selbst das gothische fráuja stellt uns nicht den einfachen stamm dar, ich suche ihn in einem mangelnden adjectiv fravis (wie navis νεκρός), das althochdeutsche frô (genitiv frouwes), altsächsisch fra (genitiv frahes), mittelhochdeutsch vrô, neuhochdeutsch froh lautet und mitis, laetus, blandus ausdrückt, woher dieselben dialecte frouwî (gaudium), frouwan (laetum reddere), frouwida (laetitia) u.s.w. ableiten.

Die tief in unsere sprache eingeschlagne wurzel führt also auf die begriffe froh, erfreuend, schön, herrlich, heilig, und die urbedeutung von fráuja wie von Freyr scheint keine andere als: der frohe, frohmachende, beseligende, wunderschöne, heilige herr, was auf den weltlichen herscher wie auf die gottheit bezogen werden kann.

Diese Ansicht ist inzwischen widerlegt worden – die Wurzel von „Freyr" ist „Sippenmitglied" (siehe das erste Kapitel dieses Buches).

Ich will nicht behaupten, in den ersten jahrhunderten unsrer zeitrechnung sei ein Fráuja, Frouwo, Fraho von Gothen, Alamannen, Franken, Sachsen so bestimmt verehrt worden, wie noch viel später Freyr in Scandinavien; es ist sogar möglich, daß in der form fráuja schon eine abstraction der lebhafteren vorstellung Fravis = Freyr lag, die den Christen unanstößiger sein konnte. Allein beziehung beider ausdrücke auf ein höheres wesen ist unverkennbar, und noch im mittelalter scheint in den zusammensetzungen mit vrôn etwas schauerliches, altheiliges zu liegen; ich erkläre mir daraus die seltenheit und das baldige verschwinden des althochdeutschen, selbst die grammatische starrheit des frôno; es ist als habe man darin noch heidnischen nachhall gewittert.

Auf diesen cultus leitet sogar der gebrauch einzelner eigennamen und dichterischer epithete, zumal bei den Angelsachsen. Noch die späteren Gothen verwenden Fráuja als mannsnamen, in welchem schwerlich die bedeutung von herr gesucht werden darf: ein abgesandter des königs Hadafus an Carl den Großen hieß Froia, oder auch Froila (Fráujila), einen althochdeutschen Frewilo zeigt eine urkunde bei Neugart.

Die angelsächscihen genealogien bieten dar Vûscfreá, der name kommt sonst öfter vor und scheint auf Vôden, den gott oder herrn des wunsches gerecht. Gleichwichtig ist Beovulf das poetische freávine (freávine folca), das in diesen stellen bloßen beinamen göttlicher, gottgeliebter helden und könige bildet. die wessexische stammreihe hat aber ihren Freávine aufzuzeigen, der bei Saxo grammaticus Frowinus (besser Fröwinus) heißt, und auch althochdeutsche urkunden gewähren den eigennamen Frôwin und Friowini in mehrern adlichen geschlechtern, z.b. in dem bekannten der von Hutten, hat er sich bis auf neuere zeiten erhalten.

Das merkwürdige ist, daß die edda gleich jenem angelsächsichen. freávine, nur ohne zusammensetzung Freys vinr von einem helden gebraucht: Sigurðr wird Freys freund und schützling geheißen, oder auch sein anhänger und diener, wie schon gezeigt wurde. hier kann freá, frô, freyr wiederum nicht den abstracten sinn von herr haben. schwedische helden in der Bravallaschlacht, die sich der abkunft von Frö rühmen, nennt Saxo Frö dei necessarii, das wird genau jenes Freys vinar (Freyrs Freund) sein.

Auf gleiche weise ist der angelsächsiche und altnordische poesie, folglich mythe, gemeinschaftlich der ausdruck freá Ingvina, Ingvinar (genitiv singular) freyr, Ingunnar freyr, Ingifreyr, worunter ein held oder gott zu verstehn ist. Yngvifreyr heißt bei Snorri Oðins sohn. ich werde auf diese dunkle verbindung zweier mythischen namen bei gelegenheit des helden Ingo zurückkommen. Die altnordischen skalden knüpfen ein solches freyr noch an andre namen und substantive z.b. Kormakssaga drücken fiörnis freyr, myrðifreyr nichts als held oder mann aus in der verstärkenden allgemeinen bedeutung, die wir auch in den wörtern irmin, tîr und týr erkannten. ebenso heißt freyja frau.

Alles was ich bisher von dem namen und begrif des gottes erörtert habe wird sich bei untersuchung seiner göttlichen schwester näher beleuchten und befestigen. diese geschwister sind sich in allen eigenschaften gleichgestellt und vertreten einander.

In der wochengötterreihe erscheint Frô nicht, weil da kein platz für ihn war; will man ihn durch einen römischen namen ausdrücken, so kann es kaum ein andrer als des Liber sein, dessen zusammenfassung mit Libera der des Frô mit Frôwa (Freyr mit Freyja) äußerst ähnlich ist. gerade wie Liber und Libera zum dienst der Demeter gehören, stehn Frô und Frôwa in engem band mit Nerthus. Frôs gottheit mag zwischen dem begrif des höchsten herrn und dem eines liebe und fruchtbarkeit wirkenden wesens die mitte halten. er hat Wuotans schöpferische eigenschaft, verrichtet aber keine kriegsthaten; pferd und schwert gibt Freyr aus seiner hand, als ihn sehnsucht nach der schönen Gerðr verzehrt, wie in einem der herrlichsten lieder der edda gesungen wird.

Snorri sagt, daß von Freyr regen und sonnenschein (wie sonst von Wuotan und Donar) abhänge, er wird um fruchtbarkeit der erde und frieden, til ârs oc friðar, angerufen. Die Schweden verehrten ihn als einen hauptgott, und nach Adam von Bremen stand zu Upsal seine bildseule neben der von Thôr und Wôdan. Auch Sæmingar wird er neben Oðinn und Thôrr (âsabragr) als dritter gott genannt. Adam nennt ihn Fricco, was der öfteren verwechslung der beiden göttinnen Freyja und Frigg, wovon künftig die rede sein wird, ganz gleichkommt. er schildert ihn aber als

273

einen gott des friedens und der liebe: tertius est Fricco, pacem voluptatemque largiens mortalibus, cujus etiam simulachrum fingunt ingenti priapo; si nuptiae celebrandae sunt, (sacrificia offerunt) Fricconi.

Hiermit stimmt auch noch die in christlichem sinn zur erniedrigung des heidnischen gottes abgefaßte erzählung von der in Schweden auf einem wagen durch das land umgeführten bildseule des Freyr und seiner jungen schönen priesterin. diese umfahrt geschieht: þâ er hann skal gera mönnum ârbôt, das volk strömt dem wagen entgegen und bringt seine opfer, dann klärt sich das wetter, und alle hoffen fruchtbares jahr. das sind die opfer, welche Saxo Fröblôt nennt; es wurden lebendige thiere dargebracht, namentlich ochsen, woraus sich zu erklären scheint, daß unter den dichterischen namen des ochsen Freyr aufgezählt wird; ebenso waren dem gott pferde geweiht, ein solches hieß Freyfaxi und galt für heilig, in Schweden fielen ihm menschenopfer.

Freyr besaß einen eber Gullinbursti, dessen goldborsten die nacht gleich dem tag erhellten, der mit pferdes schnelligkeit rannte und des gottes wagen zog. in Freys cultus erscheinen darum opfer von sühnebern; das schwedische volk backt auf julabend kuchen in ebergestalt.

Hier zeigen sich beträchtliche überbleibsel des dienstes, der diesem gott gewidmet wurde, auch außerhalb des Nordens. von dem reinen goldferch wissen bräuche des wetterauischen und thüringischen volks. im mittelniederländischen gedicht von Lantslôt ende Sandrîn sagt ein ritter zu der jungfrau: ic heb u liever dan ên everswîn, al waert van finen goude ghewracht; pflegte man damals noch kleinode aus gold in ebergestalt zu fertigen? wenigstens war die erinnerung daran nicht verloren.

Auf Fro und seinen eber möchte auch ein geldrischer aberglaube gehn, der an des gottes stelle einen berühmten helden einführt: in der Christnacht hält Derk mit den beer (Dietrich mit dem eber) seinen umgang, man sieht sich vor, alles ackergeräthe unter dach und fach zu schaffen, sonst trappelt der eber darauf herum und macht es unbrauchbar.

Um dieselbe weihnachtszeit zogen frau Holda oder Berhta aus und schauten nach pflug und spindel, mütterliche göttinnen statt des gottes, Frouwa statt des Frö. Damit hängen nun die formae aprorum zusammen, die bei den fernen Aestyern, aber nach suevischer sitte, üblich waren.

Tacitus Germania bezieht sie auf die verehrung der mater deûm, auf einen weiblichen Frô, d.h. auf Freyja, entscheidend wird hier, daß die edda den Gullinbursti der Freyja zulegt, wie er sonst dem Freyr gehört. Dieser eberzeichen, dieser goldschweine gedenkt vorzugsweise die angelsächsische poesie. Als Constantin im schlafe ein traumgesicht hat, heißt er eoforcumble beþeaht (apri signo tectus), es muß als ein heilbringendes zeichen zu seinen häuptern über dem bette angebracht gewesen sein. hernach bei der schilderung von Elenes prachtvollem zuge gen osten wiederum: þær väs on eorle êðgesŷne grîmhelm manig, ænlîc eoforcumbul (tunc in duce apparuit horrida cassis, excellens apri forma). der dichter beschreibt altheidnische zierat, cumbul ist das helmzeichen, und der königshelm scheint mit dem eberbilde geschmückt zu werden. mehrere stellen in Beovulf lassen darüber keinen zweifel: eoforlîc scionon ofer hleor beran gehroden golde, fâh and fŷrheard ferhveardet heold; hêt þa inberan eofor heáfodsegn, heaðosteápne helm; svîn ofer helme; svîn ealgylden, eofor irenheard dur, d.h. ein helm der als köstliches geschmeide auf den scheiterhaufen gelegt wird; helm befongen Freávrâsnum (= althochdeutsch Frôreisanum), svâ hine fyrndagum vorhte væpna smið, besette svînlîcum, þät hine siðþan no brond ne beadomêcas bîtan ne meahton, als heiliges, göttliches symbol sollte es im kampfe schirmen und den feind schrecken; der althochdeutsche eigenname Epurhelm, Eparhelm, verglichen mit Frôhelm empfängt auf diese weise eigenthümliche bedeutung.

Solche eberzeichen konnten auch noch christlichen helden zur zierde gereichen, nachdem die erinnerung an Frô erloschen war, und lange zeit als kleinode geschmiedet werden. Noch andere spuren der eberheiligung haben späterhin vorzugsweise in England fortgedauert, die sitte des ebergelübdes ist schon erläutert worden; wie noch heutzutage auf festlichen tafeln das haupt eines wilden schweins zugleich als schaugericht erscheint, pflegte man es im mittelalter bei gastmälern mit lorbeer und rosmarin aufzustellen, umherzutragen und mancherlei damit vorzunehmen: ›where stood a boars head garnished with bayes and rosemarye‹ heißt es in einer ballade von Arthurs tafel, dreimal wird mit einer rute darüber geschlagen und dann können es nur die messer tugendhafter männer anschneiden; ja anderemal zeigt sich ein lebendiger eber im saal und ein kühner held schneidet ihm das haupt ab.

Zu Oxford stellen sie auf weihnachten ein eberhaupt aus, tragen es feierlich um und singen: caput apri defero reddens laudes domino. In jenen Aestyern kann sich eine gemeinschaft germanischer völker an finnische und asiatische knüpfen, es ist sehr zu beachten, daß die Tscherkessen einen gott der wälder und jagd namens Mesitch verehren, der auf wildem eber mit goldborsten reitet. Den meisten andern göttern sind zahme thiere heilig, dem Frô der kühne mutige eber, wie es sich für einen gott der jagd geziemt. Vielleicht war auch ein ungeheurer eber, den die slavische sage mit weißem hauer schäumend aus einem see hervorgehen ließ, der einer verwandten gottheit.

Die edda legt dem Freyr ein trefliches schwert bei, das sich von selbst gegen das geschlecht der riesen in schwung setzte. daß er es in jener bedrängnis weggab, brachte ihm hernach verderben, und wurde für die ursache seines todes gehalten, als er zur zeit des Ragnaröckr mit Surtr den kampf zu bestehen hatte und sein gutes schwert miste. von diesem schwert mögen noch andere überlieferungen umgegangen sein, und der gedanke liegt nicht ab, seinetwegen die bekannte trilogie Thunar, Wôdan, Saxnôt der des Adam von Bremen: Wodan, Thor und Fricco oder jenem eddischen Oðinn, Asabragr, Freyr an die seite zu setzen, d.h. Freyr, Fricco = Frô auch für Sahsnôt, den besitzer des schwertes zu nehmen. dazu kommt, daß die edda des schwertes von Tŷr geschweigt. Andere gründe reden aber desto stärker für Sahsnôz = Zio, und schon der, daß er Wuotans sohn war, während Freyr von Niörđr stammt, obgleich ihn einzelne genealogien mit Vôden in verbindung setzen.

Dem glänzenden Freyr, dem heilsamen sohne Niörđs hatten die zwerge ein wunderbares schif, Skiđblađnir, gefertigt, das sich wie ein tuch zusammenfalten ließ.

Außer den Schweden waren in Norwegen vor allen göttern dem Freyr die Thrændir ergeben. verschiedentlich wird seiner priester gedacht, so des Thorđr Freys gođi (aus dem zehnten jahrhundert) in Landnahmebuch und Nialssaga; Flosi scheint dem vater in dieser würde nachzufolgen; Landnahmebuch sind andere Freysgyđlîngar angeführt. Freys hofs zu Upsala erwähnt Vigaglumssaga, und seiner bildseule zu Thverâ (auf Island), doch nur in einem traumgesicht, er wird dargestellt auf einem stuhl sitzend, kurz und zornig (stutt ok reiđuliga) den flehenden antwortend, so daß Glûmr, der ihm einen alten ochsen opferte, nach dem erwachen seinen dienst vernachlässigte. von einem Freyr giörr af silfri ist Landnahmebuch und Vatnsdalsaga die rede, wie man ihn zum loosen brauchte. Landnahmebuch ist auch die gewöhnliche eidesformel aufbewahrt: hiâlpi mer svâ Freyr ok Niörđr ok hinn almâttki âs, unter welchem letzten eher Thôrr als Ođinn gemeint sein muß, denn auch Egilssaga werden Freyr, Niörđr und der landâs (Thôrr) zusammen genannt. auch Egilssaga nennt Freyr ok Niörđr neben einander. in der erzählung von Brisingamen heißt es, Ođinn habe beide den Freyr und Niörđr zu opfergöttern bestellt.

mer skyli Freyr oc Freyja, fiarđ læt ek ađul Niarđar,
liknist gröm viđ Grimni gramr ok Thôrr enn rammi!

Daß er in diesen stellen neben Freyja und Niörđr aufgeführt erscheint, ist leicht zu begreifen.

22. b) Zusammenfassung

Freyr ist einer der wichtigsten germanischen Götter gewesen. Das Wort „Freyr" wurde auch nach der Christianisierung noch eine Zeitlang in den beiden Bedeutungen „Gott, Herr" und „König, Fürst, Herr" benutzt. „Freyr" hat auch im Altnordischen die Bedeutung „Herr" gehabt.

Aus dem althochdeutschen „frô min!" für „Mein Herr!" ist später das französische „Monsieur" und das italienische „Messer" geworden.

Das von „Freyr" abgeleitete Adjektiv „frôno" für „heilig" ist auch nach der Christianisierung in Gebrauch geblieben.

Diese eher neutralen Bedeutungen von „Freyr" im Sinne von „Gott" und nicht von „dieser bestimmte Gott mit dem Namen Freyr" bestätigt die Annahme, daß Freyr aus einer Art Titel und Adjektiv für „Wiedergezeugter und Wiedergeborener" entstanden ist. „Freyr" ist anscheinend auch nach seiner Auffassung als individueller Gott weiterhin auch als allgemeiner Begriff für „Gott, Herr" in Gebrauch geblieben.

Eine ähnliche Doppelbedeutung findet sich auch bei dem indogermanischen Sonnengott-Göttervater Dhyaus, der zum einen eben der konkrete Göttervater gewesen ist, aber aus dessen Namen auch allgemeine Begriffe für „Gott" wie z.B. lateinisch „deus" oder indisch „deva" oder auch für „Göttin" wie lateinisch „dea" oder germanisch „dise" abgeleitet worden sind.

Der Jul-Eber des Freyr ist in verschiedener Form in das Weihnachts-Brauchtum übergegangen: der Sühne-Eber, der Jul-Kuchen in Eber-Gestalt, der umhergetragene Eberkopf bei Festmählern u.ä.

Der Eber ist vor allem bei den Angelsachsen auch als Schutzzeichen auf dem Helm des Königs und der Krieger, über dem Bett, als goldenes Eber-Amulett usw. lange Zeit erhalten geblieben. Diese Eber-Helme haben die althochdeutschen Männernamen „Epurhelm" („Eberhelm") und „Frohelm" („Freyr-Helm") inspiriert.

Das niederländische Motiv des „Dietrich mit dem Eber" zeigt noch einmal die Verbindung zwischen Freyr und Tyr, da die weitverbreitete Sagengestalt Dietrich zu einem großen Teil auf den ehemaligen Göttervater Tyr zurückgeht (siehe „Egil" in Band 39).

Der römische Gott Liber gibt den Pflanzen und Tieren ihre Fruchtbarkeit. Er ist zudem der Gott des Weins gewesen. Die römische Göttin Libera ist eine Göttin der Fruchtbarkeit. Die Namen der beiden Gottheiten bedeuten „Freier" und „Freie", was dasselbe ausdrückt wie die Namen Freyr und Freya, die „Herr" und „Herrin" bedeuten.

23. Zusammenfassung

Freyr und seine Schwester Freya sind die Kinder des Gottes Niörd und seiner Schwester, die vermutlich mit Nerthus identisch ist. In einigen Mythen ist Freya seine Frau, in anderen die Riesin Gerda oder die Göttin Skadi.

Freyr trägt einen Spitzbart und einen Schnauzbart, einen Spitzhut mit einer Naht an seiner Vorderseite und einer Bommel an seiner Spitze, sowie einen Armreif an seinem rechten Handgelenk. Mit seiner rechten Hand „melkt" er seinen Spitzbart. Manchmal trägt er auch eine Sense oder eine Ähre in seiner Hand.

Freyr ist an seinem übergroßen, erigierten Penis zu erkennen. Er ist der Gott der Zeugungskraft, der Wiederzeugung, der Fruchtbarkeit des Viehs und der Felder, des Regens, des Sonnenscheins, der Jahreszeiten, der Lust, des Wohlstands und des Friedens. Als Gott der Wiederzeugung ist er auch ein Gott der Ahnen. Vermutlich ist „Wanen" gleichbedeutend mit „Alfen", d.h. mit „Vorfahren in dem strahlenden Himmelsjenseits des Tyr".

Wahrscheinlich stammt auch die Verehrung eines Pferdepenis und die Penisform einiger Runensteine aus dem Freyr-Kult.

Freyr Gold-Eber, der „Gullinborsti" („Goldborste") oder „Slidrugtanni" („Schrekkenszahn") heißt, zieht manchmal seinen Streitwagen.

Freyr ist einer der wichtigsten nordgermanischen Götter. In Schweden ist er bis 500 n.Chr. der „Herr der Götter" gewesen. Sein Name bedeutet „Freier, Herr, Fürst, König, Gott". Das Wort „Freyr" und seine Ableitungen konnten nicht nur als Gottesname, sondern stets auch als Titel, Adjektiv usw. verwendet werden. „Freyr" ist sozusagen ein verselbständigter „beschreibender Name" gewesen, der als solcher immer erkennbar geblieben ist – ähnlich dem deutschen „Herr" für „Gott".

In Schweden und auch auf Island sowie z.T. auch in Norwegen gab es viele Freyr-Tempel mit Freyr-Statuen und daher auch Freyr-Priester. Freyr-Priesterinnen waren eher selten. Es gab auch Freyr-Prozessionen.

Der Kult des Freyr bestand vor allem aus Opferungen. Ihm waren z.T. Pferde geweiht. Es gab vermutlich aus einen weit verbreiteten privaten Freyr-Kult außerhalb der Tempel. Talismane in der Form von keinen Freyr-Statuetten waren sehr beliebt.

„Freyr" ist insbesondere ein Beiname oder Titel des seit 100 n.Chr. bekannten Stammesgottes Ingvi gewesen. Yngvi ist einer der drei Söhne des Mannus, weshalb Mannus dem alten Tyr und Ingvi dem jungen, wiedergeborenen Tyr entsprechen wird.

Yngvi-Freyr ist der Urahn der Schwedenkönige und der Schweden allgemein.

Vor allem in Schweden sind viele Orte nach Freyr benannt worden, d.h. unter seinen Schutz gestellt worden. Durch die Wahl von mit „Freyr" gebildeten Personennamen wurden auch einzelne Menschen unter den Schutz des Freyr gestellt.

In den Mythen des Freyr finden sich viele Sonnen-Symboliken, die Freyr möglicherweise erst um 500 n.Chr. von Tyr übernommen hat. Einige von ihnen könnten jedoch auch schon älter sein und aus den Mythen des Yngvi stammen, der eine Variante des Tyr gewesen sein wird.

Zu diesen Symbolen gehören:

- das magische Schwert, das er dem Skirnir gibt,
- sein Streitroß „Bluthuf",
- sein golden leuchtender Eber, der über Land und Wasser und durch die Luft laufen kann (Sonnen-Eber),
- der Jul-Eber, auf den Eide abgelegt wurden (in der Jul-Nacht wurde die Sonne, d.h. Tyr wiedergeboren),
- der Sonnenring an seinem rechten Handgelenk (auf den Tempel-Ring wurde u.a. „bei Freyr" geschworen),
- Freyrs Töten des Tyr-Beli und Freyrs Getötet-werden durch Tyr-Surt (ursprünglich der endlose, zyklische Kampf zwischen dem Sommergott Tyr und dem Wintergott Loki),
- das Hirschgeweih als Waffe beim Töten des Beli (der Hirsch ist eine der Gestalten des Tyr im Jenseits),
- der Krieg mit zwei Verlierern zwischen Frode-Freyrs Vater Hadding und den Dänen (der endlose, zyklische Kampf zwischen Tyr und Loki),
- sein Jenseitsreise-Schiff Skidbladnir (Tyrs Sonnenbarke),
- seine Frau Gerdr ist die Sonnenaufgangs-Göttin, d.h. die Wiederzeugungs-Geliebte und die Wiedergeburts-Mutter der Sonne (Tyr),
- seine Geschwister-Ehe mit Freya, die durch das Motiv der zyklischen Wiederzeugung und Wiedergeburt der Sonne entstanden ist,
- das Töten eines Meeres-Ungeheuers, das ein Gott ist (Tyr als Drache in der Wasserunterwelt), durch Frodes (Freyrs) Vater Hadding (Tyr),
- Freyr und sein Vater Niörd sind die „Diar" des Odin (Odin ist der Nachfolger des Tyr und „Diar" ist der Titel der Tyr-Priester)

Bei dem Friedensschluß um 500 n.Chr. zwischen den Asen (südgermanische Götter) und den Wanen (schwedische Götter) waren Niörd und Freyr zwei der Geiseln, die ausgetauscht wurden. Aus diesem Friedensschluß entstand die Götterdreiheit Thor, Odin und Freyr in dem schwedischen Haupttempel in Uppsala, die unter dem Vorsitz der Thor stand.

Die Asen-Geiseln bei den Wanen waren Tyr-Mimir und Hönir.

Um 500 n.Chr. ist die Symbolik des Freyr teilweise mit der des Odin vermischt worden: Skidbladnir gehört manchmal Freyr und manchmal Odin; es gibt viele Personennamen, in denen „Freyr" mit Odin-Symbolen wie „Speer", „Wolf" oder „Rabe" verbunden wird, beide kennen die Jenseitsreise, Freya ist die Frau des Freyr und auch des Odin, dasselbe gilt auch für Skadi.

II Freyr in der indogermanischen Überlieferung

Es finden sich nur vereinzelte Hinweise auf die indogermanische Vorgeschichte des Freyr:

Bei den **Kelten** insbesondere in Wales gibt es zwar viele Eber-Sagen, aber sie sind eher kriegerische Tiere – so wie die Wildschweine überall dargestellt werden. Es gibt jedoch keine Hinweise auf eine Verbindung zu einem Freyr-ähnlichen Gott.

Bei den **Slawen** gibt es Sagen über einen Riesen-Eber mit großen weißen Hauern, der aus einem See hervorkommt. Das könnte evtl. die wiedergeborene Sonne sein – dann würde er Freyrs Eber „Goldborste" entsprechen.

Der **römische** Gott Liber gibt den Pflanzen und Tieren ihre Fruchtbarkeit. Er ist zudem der Gott des Weins gewesen. Die römische Göttin Libera ist eine Göttin der Fruchtbarkeit.

Die Namen der beiden Gottheiten bedeuten „Freier" und „Freie", was dasselbe ausdrückt wie die Namen Freyr und Freya, die „Herr" und „Herrin" bedeuten. Die ursprünglichen Namen „Freyr" und „Freya" scheinen bei den Römern durch gleichbedeutende Worte übersetzt worden zu sein.

Derartige Vorgänge finden sich immer wieder einmal. So entspricht z.B. das germanische „bönd" für „Band, Verbindung, Gott" dem indischen „Yoga" für „Joch, Verbindung". Beides drückt die Verbundenheit mit den Götter aus – genauso wie das heutige Wort „Religion", das „Rück-Verbindung" im Sinne von „Rückhalt" bedeutet.

Bei den **Griechen** hat der Gott Priapus denselben Namen und dieselbe Penis-Betonung wie der germanische Freyr. Das ursprüngliche „P", das in dem Namen „Priapos" bewahrt geblieben ist, ist in dem Namen „Freyr" zu einem „F" geworden.

Die Wiederzeugungs-Symbolik findet sich bei fast allen indogermanischen Völkern, sodaß die Grundlage der Freyr-Mythen überall vorhanden ist – ein „Wiederzeugungs-Gott" läßt sich jedoch nur bei den West-Indogermanen sowie bei den Griechen wiederfinden. Die Griechen entsprechen in mythologischer Hinsicht den West-Indogermanen, auch wenn sie sprachlich zu den Ost-Indogermanen zählen.

III   Freyr in der jungsteinzeitlichen Überlieferung

Die Vorgeschichte des Freyr in der Jungsteinzeit läßt sich auf zwei Weisen erschließen; zum einen durch direkte Funde aus dieser Zeit (die jedoch fehlen) und zum anderen durch den Vergleich mit den Mythen der nicht-indogermanischen Völker, die dieselben Vorfahren wie die Indogermanen, also die frühen Ackerbauern in Mesopotamien haben.

Die **Tscherkessen** im Kaukasus kannten einen Gott der Wälder und der Jagd mit dem Namen „Mesitch“. Er ritt auf einem Eber mit goldenen Borsten. Er gebot den Hirschen, die Hindinnen zu begatten und befahl den Jungfrauen (Göttinnen?), die Hindinnen zu melken.

Das Reiten auf einem Gold-Eber bei den Germanen und bei den Tscherkessen ist so markant und wird zudem noch durch eine Verbindung zu den Hirschen ergänzt, daß eine Parallelbildung unwahrscheinlich ist.
Allerdings wird hier vor allem eine vor-indogermanische Sonneneber-Symbolik deutlich und nicht eine Freyr-Symbolik.

IV   Freyr in der spät-altsteinzeitlichen Überlieferung

Eine spät-altsteinzeitliche Wurzel der Freyr-Mythen, also Nachweise aus der Zeit nach der Ankunft des Homo-sapiens in Eurasien vor 50.000 Jahren, ist nicht bekannt.
Mann kann allerdings davon ausgehen, daß die Wiederzeugungs-Symbolik allgemein bis mindestens in diese Zeit hinein zurückreicht (siehe „Wiederzeugung“ in Band 51).

V Freyr in der altsteinzeitlichen Überlieferung

Es gibt ein neben der Symbolik der Wiederzeugung, die möglicherweise bis zu dem Homo erectus zurückreicht, ein Element der Kultur der Menschen in der Eiszeit, das möglicherweise die späteren Freyr-Mythen mitbeeinflußt hat.

Als der Homo erectus vor 600.000 Jahren in den kalten Norden von Eurasien gezogen ist, bestand die Notwendigkeit, die Kinder ungefähr zur Sommersonnenwende zu zeugen, damit sie zu Frühlingsanfang geboren wurden und während des Sommers heranwachsen konnten und dadurch in dem folgenden Winter eine größere Überlebenschance hatte. Die Menschen hatten damals folglich wie alle größeren Tiere in den Kaltzonen der Erde eine „Brunstzeit", d.h. ein „Zeugungsfest".

Nebenbei ergibt sich daraus, daß der Homo erectus und der von ihm abstammende Neandertaler sowie auch der vor 50.000 Jahren von Afrika aus nach Eurasien zugewanderte Homo sapiens von ihren Sternzeichen her fast alle Widder gewesen sind – mit ein paar Fischen und Stieren.

Die heutige Tierkreiszeichen-Vielfalt wird es erst seit seit dem Bau von Häusern in der frühen Jungsteinzeit um 10.000 v.Chr. geben, da die Neugeborenen ab dieser Zeit im Inneren der Häuser vor der Kälte des Winters geschützt werden konnten.

VI   Die Biographie des Freyr

vor 4.000.000.000 Jahren

Der allerfrüheste Anfang der Freyr-Mythen liegt in der Erfindung der Sexualität durch die ersten Einzeller, die sich aneinanderlagerten und Teile ihrer DNS austauschten.

vor 600.000 Jahren

Vor 600.000 Jahren wurde vom Homo sapiens im kalten Eurasien das „Zeugungsfest" analog zu der Brunstzeit der größeren Tiere eingeführt. Spuren davon finden sich in vielen frühen Mythen wie der „Heiligen Hochzeit" in Mesopotamien, in den Walpurgisnacht-Ritualen oder im Karneval.

vor 50.000 Jahren

Spätestens vor 50.000 erschuf der von Afrika aus in Eurasien eingewanderte Homo sapiens die Wiederzeugungs-Mythe.

10.000 v.Chr.

Vermutlich wurden schon in der späten Altsteinzeit, vielleicht aber auch erst in der frühen Jungsteinzeit die Toten mit einem für sie geopferten Herdentier identifiziert, um dessen Zeugungskraft bzw. Fruchtbarkeit auf sie zu übertragen und somit die Wiederzeugung und die Wiedergeburt der Toten magisch abzusichern.

Da diese Symbolik auf den Sonnengott angewandt wurde, entstanden zu dieser Zeit auch der Sonnenstier (wie z.B. Zeus als Stier), der Sonnen-Hirsch (wie bei den Germanen) und der Sonnen-Eber, der sich dann später u.a. bei Freyr und bei dem kaukasischen Mesitch findet.

7.000-2.200 v.Chr.

Bei den Indogermanen (vor 2.800 v.Chr.) oder evtl. auch erst bei den West-Indogermanen (ca. 2.200 v.Chr.) wurde das Wort „priheh" für „Mitbewohner,

Verwandter, Geliebter" auch zu einer Bezeichnung für „Wiedergezeugter, Wiedergeborener".

Dieser Begriff war zunächst eine allgemeine Bezeichnung für die Toten, aber er
wurde auch zu einem Beinamen des Sonnengott-Göttervaters Dhyaus, der als Sonnengott ja auch jeden Morgen wiedergeboren wurde.

Die Jenseitsgöttin als Wiederzeugungs-Geliebte und Wiedergeburts-Mutter der
Toten und des Dhyaus wurde mit der Femininform von „priheh" bezeichnet.

1.800 v.Chr. - 100 n.Chr.

Aus diesem indogermanischen „priheh" wurden bei den Germanen, die sich um
1.800 v.Chr. von den West-Indogermanen trennten, die Namen „Freyr" und „Freya"
für „Wiedergeborener", „wiedergeborene Sonne" und „wiedergebärende Jenseitsgöttin".

Die Römer übersetzten diese beiden Namen in „Liber" und „Libera". Die Griechen
behielten diesen Namen bei, der bei ihnen zu „Priapos" wurde. Im Germanischen hat
sich das ursprüngliche „p" zu einem „f" verschoben.

Im Gegensatz zu dem indogermanischen Namen des Sonnengott-Göttervaters
Dhyaus, der sich zu einer allgemeinen Bezeichnung für „Gott" ausgeweitet worden ist
(lateinisch: „Deus", germanisch „Dis", indisch „Deva" usw.), sind „Freyr" und
„Freya" ursprünglich allgemeine Bezeichnungen für die wiedergeborenen Ahnen
gewesen, die dann erst im Laufe der Zeit von einem Beinamen des wiedergeborenen
Sonnengott-Göttervaters Dhyaus zu zwei eigenständigen Gottheiten geworden sind.

In den germanischen Steinritzungen in Südskandinavien ist eine Vereinigung eines
Mannes mit einer Hindin abgebildet worden, was vermutlich die Wiederzeugung
eines Toten oder des damaligen Sonnengott-Göttervaters Tyr darstellt.

Nachdem die Indogermanen um 6.000 v.Chr. weitestgehend zu Viehzüchtern gewor-
den waren, ist bei ihnen die Korngott-Symbolik verlorengegangen. Als die Indogermanen dann ab 2.800 v.Chr. Europa und Westasien erobert haben und wieder in
Ländern lebten, in denen Ackerbau möglich war, erschufen sie neue Korn-Mythen.
Die Germanen wählten dafür den Wiederzeugungs- und Wiedergeburtsgott Freyr. Die
Korngöttin Sif, deren Name „Verwandte" bedeutet, wird mit der Göttin Freya
identisch sein, da deren Name fast dieselbe Bedeutung hat: „Mitbewohnerin,
Verwandte, Geliebte". „Sif" ist genauso eine Übersetzung des ursprünglichen „Freya"
wie es auch das lateinische „Libera" ist.

Die Gottheiten Freyr und Freya wurden als „Wanen" bezeichnet, was gleichbedeutend mit „Alfen" ist und die Ahnen bezeichnet. Die ursprüngliche Bedeutung des
indogermanischen „priheh" ist also bis ins späte Germanische erhalten geblieben.

Freyr ist vor allem als Beiname des Ingvi verwendet worden, der eine Variante des germanischen Sonnengott-Göttervaters Tyr ist. Vermutlich hat Freyr aus der Zeit, in der „Freyr" ein Beiname des Tyr-Ingvi gewesen ist, einen Teil seiner späteren Sonnen-Symbolik erhalten – insbesondere den Sonnen-Eber, der sich in den germanischen Mythen nur bei Freyr und Freya findet.

Durch die Verbindung des Freyr mit dem Sonnengott, der zyklisch wiedergeboren wird, und durch die Einbeziehung der Göttin in die Wiedergeburt entstand das Inzest-Motiv: Die Göttin gebar sowohl die Sonne als auch sich selber wieder, wodurch die Göttin und die Sonne bei der nächsten Wiederzeugung Geschwister waren. Auf diese Weise entstand die Geschwister-Ehe des Freyr und der Freya.

Die Wiederzeugungs-Symbolik findet sich auch bei den schlicht geschnitzten Pfahlgöttern wieder, deren Penis bzw. deren Scham deutlich betont ist.

100-500 n.Chr.

Auch die Penisform einiger Bildsteine weist auf die Wiederzeugung hin. Vermutlich wird auch der Kult des „Völsi" („Pferdepenis") bis mindestens in diese Zeit zurückreichen.

In Schweden ist zu dieser Zeit, aber vermutlich auch schon vorher, der Sonnengott-Göttervater Tyr unter dem Namen „Yngvi-Freyr" der höchste Gott gewesen. Der Vater des Freyr und der Freya war Niörd; die Mutter der beiden vermutlich Nerthus. Die beiden Paare „Niörd und Nerthus" sowie „Freyr und Freya" sind zwei Generationen des Paares „Jenseitsgöttin und Sonne".

500-1000 n.Chr.

Die Penisform einiger Bildsteine findet sich vor allem auf der schwedischen Insel Gotland auch bei einer Reihe von Runensteinen wieder.

Als Thor und Odin den nordgermanischen Göttervater Tyr abgesetzt haben, ist Freyr als dritter Gott neben Thor und Odin in dem schwedischen Haupttempel in Uppsala verehrt worden. Dieses Weiterbestehen des Freyr-Kultes in Schweden und Norwegen sowie nach der Besiedlung von Island auch dort zeigt, wie fest der Freyr-Kult bei den Nordgermanen verankert gewesen sein muß.

Im Gegensatz zu Freyr ist Tyr fast in die Bedeutungslosigkeit abgesunken und wurde als ein Sohn des Odin angesehen. Es hat den Anschein, als ob um 500 n.Chr. „Yngvi-Freyr" im Vergleich zu „Tyr" der weitaus wichtigere Name für den damaligen nordgermanischen Göttervater gewesen ist.

VII Das Aussehen des Freyr

Es ist eine größere Anzahl von Freyr-Darstellungen erhalten geblieben, die das Aussehen des Freyr greifbarer als das aller anderen germanischen Gottheiten macht.

Freyr-Statuette

nackter Freyr mit Spitzhut und erigiertem Penis

Freyr-Statuette Schweden, ca. 1050 n.Chr.

Freyr-Statuette von Rällinge

Freyr-Statuette

Gott oder Priester (?) mit Spitzhut und Hose

Gott oder Priester (?) mit Spitzhut und Kittel

Bruchstück eines männlichen Torsos (Freyr?) aus Zschernitz (Sachsen-Anhalt)

Freyr mir Sense und Sonne, Runenstein von Sanda auf Gotland

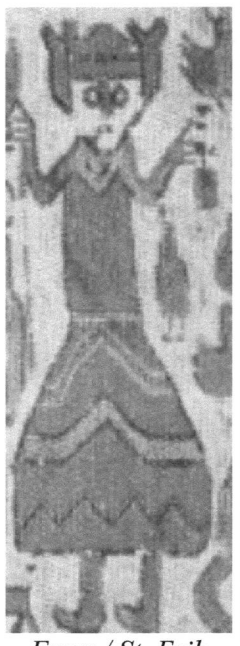

Freyr / St. Erik mit Ähre Wandteppich von Skog, 1150 n.Chr.

Mann (Freyr?) mit zwei Ebern auf den Ohrenklappen eines Helmes; Sutton Hoo. 650 n.Chr.

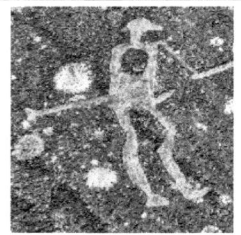

Sonnengott mit Sonne auf der Brust und betontem Penis, skandinavische Steinritzung

Vereinigung eines Mannes mit einer Stute oder eine Hindin; dies wird einen Wiederzeugungs-Szene sein; die Hindin/Stute ist die Muttergöttin

männlicher Zentaur mit Schild: der mit einem Hengst identifizierte Jenseitsreisende

288

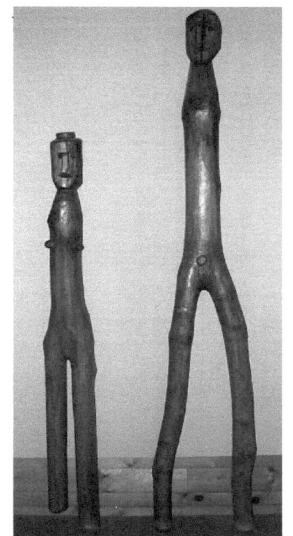

Zentaur,
Goldhörner von
Gallehus

hockender Mann
mit zwei Schlangen
Gallehus

Mann (Freyr?)

Frau (Freya?)

stilisierter
Mann mit
Kundalini-
Schlange am
Wurzelchakra
Gallehus

Mann (Freyr?) in Kundalini-Haltung mit
Hrungnir-Herz (Sonne/Seele): Kopf von
Eber, Schlange (Totengeist) und
(Seelen-)Vogels; Bildstein, Gotland

Runenstein in Penis-
Form,
Bunge

| *Eber-Gefäß* | *Gefäß mit vier „Eber-Masken"* |

Man kann aus der germanischen Überlieferung das folgende „Gesamtbild" des Freyr entwerfen:

Freyr wirkt (passend für einen Gott des Wohlstandes und des Friedens) ausgesprochen zufrieden.

Freyrs sicherstes Kennzeichen ist sein übergroßer, erigierter Penis. Der Gott ist oft nackt.

Freyr hat einen nach oben gebogenen Schnauzbart, sowie einen nach unten hin spitz zulaufenden Vollbart, den er mit seiner rechten Hand „melkt".

Freyr trägt einen Spitzhut mit einer Naht an der Vorderseite und einem Bommel an der Spitze.

An seinem rechten Handgelenk trägt Freyr einen vermutlich goldenen (Sonnen-) Ring. Manchmal hält er eine Sense oder eine Kornähre in seiner Hand – in diesen Fällen ist er bekleidet.

Evtl. ist hinter ihm die aufsteigende Kundalini-Schlange zu sehen.

Mann kann sich Freyr auf seinem golden leuchtenden Sonneneber Gullinborsti-Slidrugtanni reitend vorstellen. Rechts neben ihm reitet seine Schwester-Frau Freyr auf ihrem Sonnen-Eber Hildiswin.

Neben Freyr könnte ein Völsi (Pferde-Penis), das zusammengefalte Utiseta-Fell Skidbladnir sowie ein von einem Eber gekrönter Königs-Helm auf der Erde liegen.

Neben Freya könnte evtl. die magische Mühle liegen (eine Steinschale und ein Reibstein).

Hinter den beiden sind ihre Eltern zu sehen: links Niörd mit einem Drachenschiff und rechts Nerthus auf einem von zwei (vermutlich weißen) Kühen gezogenen Wagen.

Vor Freyr und Freya steht Freyrs Sohn Fiölnir. Rechts neben ihm sollte dessen Frau stehen, die jedoch nirgendwo erwähnt wird. Freya ist mit Gerdr und Skadi identisch.

Diese drei Paare sind drei Generationen des Sonnengott-Göttervaters und der Jenseitsgöttin, die den endlosen Zyklus von Tod, Wiederzeugung und Wiedergeburt darstellen.

Diese Götter sind im Hintergrund von den Wanen, d.h. von den Ahnengeistern umgeben.

Evtl. ist hinter diesen sechs Gottheiten auch das Totentor zu sehen, das aus zwei mit dem Gesicht des Yngvi-Tyr beschnitzten Pfosten und einem nach oben hin gebogenen Querbalken besteht (siehe „Jenseitstor" in Band 49).

Oben in der Mitte des Bildes ist die Sonne (Tyr, Yngvi) zu sehen.

An einer Seite des Bildes steht Freyrs Halle Alfheim, aus der die Ahnen im Hintergrund des Bildes hervortreten.

Den größten Teil des Hintergrundes des Bildes wird von Gemüsegärten, Obstwiesen, Kornfeldern und Viehweiden eingenommen.

In einem kleinen See ist ein Pfahlgott mit großem Penis zu sehen. An dem See steht ein Zentaur und blickt zu Freyr hinüber.

An einem anderen Ort im Hintergrund steht Tyr-Surtur-Beli als Sonnenhirsch, d.h. als Hirsch mit der Sonne in der Mitte seines Geweihs. Neben dem Sonnenhirsch steht die Jenseitsgöttin Freya als Hindin.

Weiterhin könnte auf einem kleinen Hügel ein Penis-förmiger Bildstein oder Runenstein zu sehen sein.

VIII   Zugänge zu Freyr

Der Kontakt mit einer Gottheit beginnt fast immer damit, daß man in irgendeiner Weise auf sie aufmerksam wird und irgendetwas an dieser Gottheit etwas in einem selber berührt.

Der nächste Schritt ist dann in der Regel das Lesen der Überlieferung zu dieser Gottheit (so wie z.B. das Lesen dieses Buches).

Ab da kann die Entwicklung verschieden weitergehen. Vielleicht weiß man nun genug, vielleicht wird man noch neugieriger, oder man bittet einfach die Gottheit, sich in dem eigenen Leben zu zeigen – z.B. indem Freyr einem Wohlstand schenkt.

Bei Freyr könnten auch sexuelle Probleme, Familienaufstellungen, Kundalini-Yoga, Utiseta (Anrufungen von Verstorbenen) oder Schwierigkeiten mit den eigenen Vorfahren einen wichtigen Aspekt des Kontaktes zu Freyr bilden. Auch Tantra-Yoga und die Suche nach der inneren Frau und dem inneren Mann können einen Teil der Begegnung mit Freyr bilden. Und es könnten natürlich auch ganz schlicht der Bauer oder der Gärtner Freyr um gute Ernten bitten.

Die eine „klassische" Methode des Kontaktes zu einer Gottheit ist die Traumreise, bei der man gleichzeitig im Wachzustand und im Traumzustand ist – wie beim Tagtraum oder wie morgens nach dem Aufwachen, wenn man noch 10 Sekunden weiterträumt, obwohl man schon wach ist.

Die zweite „klassische" Methode des Kontaktes zu einer Gottheit ist die Bitte, das Gebet, das sich zu einer Anrufung oder zu einer Invokation, d.h. zu einer Identifikation mit der Gottheit ausweiten kann.

IX Hymnen an Freyr

Die folgenden Verse sind keine überlieferten Texte, sondern Neudichtungen. Sie sind zunächst einmal der Versuch, alles, was über Freyr bekannt ist, „in germanischem Stil" zusammenzufassen. Dadurch kann das Wesen des Freyr etwas greifbarer werden als durch einen reinen Sachtext. Die Strophen über Freyr sind sozusagen ein „lyrisches Bild" des Freyr.

Diese Verse können auch für Meditationen, Anrufungen und Rituale benutzt werden, wofür sie jedoch stets entsprechend den Ansichten und Vorlieben dessen, der sie benutzt, gekürzt, erweitert oder auf eine Weise umgeschrieben werden sollten, die den eigenen Ansichten entspricht, da diese Texte nur dann wirklich wirksam sein können.

Die Vielfalt der poetischen Formen der Germanen macht es möglich, jede Strophe ihrem Inhalt gemäß zu gestalten (siehe „Hattatal" in Band 77).

1. Im Tempel des Freyr

a) Auf dem Weg zu Freyr

Das Laub der Eichen leuchtet rot,
leichter Wind weht erste Blätter fort;
Morgennebel streichen über Moor und Heide,
mein Weg führt mich zu Freyrs Halle.

Das Ernte-Fest des Yngvi ist vorbei,
In Kisten ruht reichlich die Gabe der Sif[1];
Der Hengst des Hohen[2] wiehert auf der Weide,
das Heilige Roß, das niemand reitet.

Der Heilige Hain liegt still und schweigend,
in der Höhe schreit laut Solbiards Adler[3];
Freyrs Stier, der Weiße, frißt auf seiner Weide,
vom fernen Hochland kam er her zu uns.

---

1 Sif = Korngöttin; ihre Gabe = Getreide
2 Hoher = Freyr
3 Solbiart = Tyr; sein Adler = Sein Seelenvogel

Freyr, Höchster der Asgard-Priester,
Freyr, Herr der Midgard-Priester;
Schneefrei bleibt der schöne Hügel des Goden[4]:
er schaute Dich täglich und opferte Dir.

Wir haben Dir geopfert für guten Wind,
für weithin gute Ernten und viel Vieh;
Omen gabst Du uns bei den Opfern:
ohne Dich würden wir den Weg nicht sehen ...

In der Tasche trage ich Freyrs Figur,
den Talisman aus Freyrs Nichte[5]:
mein Begleiter auf Berg und Tal,
mein Beschützer auf Land und See.

Sorgen plagen mich, o sanfter Wane:
selten nur füllt Gold die Eschen-Truhe,
Schmerzen quälen meinen schwachen Leib,
und die Nächte zu zweit sind schon lange her ...

Ich komme zu Dir, o König der Regin[6],
denn Du hast das Wissen, Du kennst die Weisheit,
Du siehst die Wege, Du weißt die Schritte,
die mich wieder zum Glück hinführen werden!

b) Der Tempel des Freyr

Die hohe Halle ragt empor,
hier auf dem Hügel der Häuser
der Sippe des starken Freyr[7] –
schimmernd und glänzend von Gold!

---

4   Gode = Priester
5   Freyrs Nichte = Freyas Tochter Hnoss = Gold
6   Regin = Könige, Götter; Herr der Götter = Freyr
7   Sippe des Freyr = Wanen und Asen; deren Häuser = Götterhallen; deren Hügel = Asgard

Ein Alfheim in Midgard[8] für den Freund der Asen[9],
den Herrn der Alfen, den Gründer von Uppsal,
den Gott der Ernten, den Geber des Wohlstands,
den guten Wanen, der gerne das Gedeihen gibt.

Das Tempel-Tor ist umrankt von goldenen Drachen,
Die Tür ist beschützt von gütigen Disen[10];
Die Seelenweg-Säulen[11] öffnen sich mir,
Die Sippe der Wanen heißt mich willkommen.

Das Feuer flackert zwischen den Säulen,
der Rauch der Flammen zieht zum hohen Dach;
die Wände ragen weit empor zum First,
der Wind singt an den Giebeln für die Asen.

Schilde glänzen, Bilder schimmern:
Skirnir Freyr-Priester bei den Zwergen[12]
und bei Gerdr Gymir-Tochter,
der Göttin der aufgehenden Sonne.

Tücher[13] hängen im Dunkel, reichlich bestickt:
tragen Bilder von König Frodi,
von Freya und Frigg, der magischen Mühle,
die für Freyr Mehl und Salz und Gold und alle Dinge mahlt.

Goldene Gubber[14] zieren die Pfosten:
der große Hirsch, die große Hindin,
der stolze Hengst, der starke Stier,
die Halle der Hohen in Wanaheim.

---

8   Alfheim = Freyrs Halle; Alfheim in Midgard = Freyr-Tempel
9   Freund der Asen = Freyr
10 Disen = Göttinnen
11 Seelenweg-Säulen = Jenseitstor (gleich innerhalb der Tempeltür)
12 Skirnir bei den Zwergen: von ihnen holt er die magische Fessel für Fenrir
13 Tücher = Wandteppiche
14 Goldgubber = mit mythologischen Motiven geprägte dünne Goldbleche, die man als
     Bittgabe an den Tempelwänden anbrachte (wie die Votiv-Kerzen im Christentum)

Auf dem Altar liegt das goldene Horn,
das alte, bilderreiche Metgefäß:
Pferde-Männer[15], der Mächtige der Sonne[16],
das Meer der Ran, die Halle der Hel ...

Ein Pfahlgott aus dem Sümpfen, aus dem Pferdegrab[17],
eine Pfahlfrau aus dem Moor, aus dem Tor zu uns'ren Ahnen:
Dort steht er an der Wand – dunkel, alt und voller Kraft,
das ist Freyrs Leuchten, des Diar Geschenk[18].

Hier singen die Goden Zaubergesänge,
rufen das Gute in unser Dorf;
Hier schwören wir Eide bei dem friedlichen Freyr,
bei dem von allen geliebten Fürsten der Wanen.

c)   Die Statue des Freyr

„Heil Dir, Freyr! Heil Dir, Wanen-Fürst!
Heil Dir, Förderer der Händler und Bauern!
Nun stehe ich vor Dir, vor Deiner Statue,
vor dem geschnitzten Stamm mit Deiner Gestalt.

Dein Zeugungs-Stab[19] ragt steil empor,
Dein Gold-Reif strahlt an Deinem Arm;
Dein Hut ist Dein Band zur Sonne,
Die Sense Dein Versprechen von sprießender Saat.

Dein Lächeln gibt Hoffnung auf ein gutes Leben,
auf lachende Kinder und reiche Ernte,
auf Ähren auf dem Acker, Wild im Wald,
und allenthalben Kälber und Fohlen auf den Weiden.

---

15 Pferde-Mann = Zentaur
16 Mächtiger der Sonne = Tyr
17 Pferdegrab = Sumpf (die geopferten Pferde wurden im Sumpf versenkt)
18 Diar = Tyr-Priester, hier: Freyr; sein Geschenk = Zeugungskraft bei der Wiederzeugung
19 Zeugungs-Stab = Penis

Du sitzt hier vor mir, Skadi-Geliebter[20],
zwei Schlangen[21] steigen neben Dir empor;
das Lebens-Feuer flammt in ihnen auf,
entfacht die Freude im ganzen Leib.

Neben Dir steht Freya, die Erste von Asgards Sippe,
Neben Dir sitzt Skadi, die Beschützerin der Erde
Neben Dir hebt Gerda schützend ihre Hände,
Neben Dir hält die Wanen-Königin das goldene Horn."

d)   Der Sonnen-Eber

„Vor Dir steht der gold'ne Gullinborsti
der große Eber, Heidreks Gabe[22],
seine Borsten leuchten wie heller Brand
bei Nacht im Düsterwald[23].

Vor Dir stampft der starke Slidrugtanni
er stürmt über Land und über Wasser,
er läuft durch die Luft wie der Wind,
ihn ließen die Zwerge[24] aus Feuer entstehen.

Vor Dir geht der Sonar-Galtr[25],
der goldene Eber der Jul-Nacht;
die Hände auf Haupt und Borsten
sprechen wir heilige Eide in hoher Halle.

---

20 Skadi-Geliebter = Freyr
21 Schlange = Kundalini
22 Tyr-Heidrek hat das Jul-Fest begründet bzw. er ist der Gott des Jul-Festes. Seine Gabe ist
     sein riesiger goldener Eber.
23 Düsterwald („Myrkvid") = Jenseitswald, Jenseitsweg, Jenseits
24 Zwerge = Sindri und Brokk
25 Sonar-Galtr = „Zaubergesang-Eber"

Vor Dir ruht der rußige Sährimnir[26],
der riesige Keiler in Asgards Halle[27];
alle speisen von seinem Fleisch –
dann wird er stets aufs Neue geboren.

Vor Dir erhebt sich der Hügelgrab-Eber[28]
hoch auf ihm reitest Du nach Walhall;
Den Riesigen pflegen zwölf Richter[29],
berühmt ist der Goldene bei allem Volk.

Vor Dir ragt hoch der Eber Hildiswini,
das rasche Reittier der Freya;
der Göttin Geliebter, des Helden Helmzier,
Der Graurock der Gefiun, der Rögnir seiner Rotte[30].

Vor Dir zieht den Wagen der Stoßzahn-Wüter,
das Kind der Wanen[31] zieht den Wanen-Fürsten[32];
Er ist Deine Kraft, o Regin der Getreidekammern[33],
Du kommst mit seiner Stärke als Ernte-Geber."

e) Hymne an Freyr

„Sohn des Niörd und Schönheit-Bringer,
Wende jeden Schaden von mir und schütze mich!
Sonnen-Regin, Sanftmütiger Wane,
Mehre Ziegen und Schafe, gib reichliche Schur!

---

26 Sährimnir = „Meeres-Rußiger" = der Eber, von dem sich alle Krieger in Walhall ernähren und der jeden Tag neu entsteht

27 Asgards Halle = Odins Saal Walhall

28 Hügelgrab-Eber = die Toten (im Hügelgrab) wurden mit dem für sie geopferten Eber identifiziert

29 Tyr-Heidrek hat die Pflege seines goldenen Riesen-Ebers seinen zwölf Richtern aufgetragen.

30 Rögnir = König, Gott; Rotte = (Wild-)Schweineherde; König der Wildschweine = Gullinborsti

31 Kind der Wanen = Eber

32 Wanen-Fürst = Freyr

33 Regin = König, Gott; Gott der Getreidekammern = Freyr

Niörds Nachkomme und Nerthus' Sohn,
verschone uns vor Neid und jedem üblen Nidling[34]!
Not-vertreibender König und Nid[35]-zerstörender Diar[36],
halt Nidhögg von uns fern und jede Niedertracht!

Jahreszeiten-Regin und Herr der Jera-Rune[37],
stärke die Stiere im Joch und gib uns eine gute Jagd!
Von jedem Verehrter und von jedem Geliebter,
schütze uns vor den Joten[38], bewahre uns vor Jarnvidur[39]!

Herr in Asgard und Helfer in Midgard,
schütze unseren Hof und lege Speisen auf unseren Herd!
Haus-Beschützer und Herrscher der Götter,
lasse den Hafer gedeihen und den Hasel im Hain!

Ernten-Bringer und Erster der Wanen,
schenke uns das Ende des Hungers und allen Elends!
Ehrbarer Rögnir und Emmer-Beschützer,
schütze unsere Ehre und unsere Kinder und Enkel!

Lust-Bereiter und Liebevoller,
vertreibe das Leid mit mächtigen Liedern!
Labender Wane und Leid-Vertreiber,
mache unser Leben leicht und lichtvoll!

Freiheit-Geber und Freund der Menschen,
gib uns Feuer in der Halle und Freude im Saal!
Friedens-Frodi und Spender der Fülle,
laß den Firn[40] schmelzen und hüte die Flammen im Herd!

---

34 Nidling = Übeltäter, Feind, Mißgünstiger u.ä.
35 Nid = Niederes, Unterwelt, Leid, Unheil, Feindschaft
36 Diar = Tyr-Priester, hier: Freyr
37 Jera = „Jahr"; als Rune: gute Ernte
38 Joten = Riesen
39 Jarnvidur = „Eisenfrau" = Hel
40 Firn = alter, verhärteter Schnee vom Vorjahr

Friedens-Wane und Fruchtbarkeits-Regin[41],
befreie die Flüsse vom Eis und sende den Frühling!
Fiölnirs Vater und Fürst der Wanen,
Gib uns Gaben zum Feste-feiern und gute Vogelflug-Omen!

Allherrscher und Ahnherr des Königs,
gib uns die Ankunft des Baldur[42] und viele Äpfel im Herbst!
Urahn der Schweden und Asen-Geisel[43],
laß unsere Äcker grünen und uns auch im Alter noch kräftig sein!

Weisheits-Geber und Wane der Einsicht,
schenke uns Weizen zur Speise im Winter!
Wohlstands-Bereiter und Erfüller der Wünsche,
gib uns Wärme und Gras auf der Weide!

Richter in Asgard und Reichtum-Geber,
laß den Roggen sprießen und die Rüben wachsen!
Regen-Sender und Ruhm-Spender,
laß die Rinder stark sein und den Rettich kräftig!

Bruder der Freya und Bester der Asen,
Sende uns Früchte vom Berg und Fische aus der Bucht!
Belis Feind und Beschützer der Bauern,
Mehre uns'ren Besitz und gibt uns Behaglichkeit!

Geliebter der Menschen und Gott der Welt,
gibt uns Gerste und viele erfreuende Güter!
Gebieter des Wohlstands und Gründer von Uppsal,
gib uns Gefions Gaben[44] und Gymas[45] Land!

---

41 Regin = König, Gott; Fruchtbarkeits-Gott = Freyr
42 Ankunft des Baldur = seine Wiedergeburt = Frühling
43 Asen-Geisel = Freyr
44 Gefions Gabe = Land (Sie hat die Insel Seeland von Schweden nach Dänemark geholt.)
45 Gyma = eine Erdgöttin

Yngvi-König und Ahn der Ynglinge,
sende uns Yrsas Schatz[46] und schütze uns vor Überfällen!
Yngvi-Freyr und Yggdrasils Nährer,
Gib uns ein Heim auf Ymir[47] und die Gaben der Rune Yr[48]!

Verehrter Wane und Verwandter der Menschen,
lehre uns Vorsicht und Mut und auch Verständnis und Hoffnung!
Verwandler der Not und Vertreiber des Hungers,
lehre uns Vorherschau und Omen und auch Vertrauen und Güte!

Tempel-Herr und Thron-Besitzer,
sende uns Fohlen ins Tal und Freunde vor unsere Tore!
Tatkräftiger Priester und Herr des Totentores,
sende Frieden vor unsere Türe und Freunde zum frohen Tanz!"

f) Gespräch mit Freyr

Freyr:
„Halt ein! Halt ein! Das will ich nicht hören!
Kamst Du hierher, um alte Verse zu sprechen?
Ich höre Deine Zunge, doch wo ist Dein Herz?
So wird der Heilige Hain nicht von Deinem Lied hallen!"

Ich:
„Du sprichst zu mir? Darf ich Dir Fragen stellen?
Ich möchte Dich verstehen, Dich wirklich sehen.
Warum ist Deine Schwester Freya Deine Frau?
Haben die Nornen das so für Dich gefügt?"

---

46 Yrsa = mythische Königin von Schweden, Tochter des Königs Helgi (Tyr); sie gab die
   Schätze des Schwedenkönigs ihrem Sohn Hrolf Kraki
47 Ymir = Urriese, hier: die Erde
48 Yr = „Eibe"; die Gaben der Rune Yr = Lust und Liebe

Freyr:
„Die Sonne wird neu in jedem Jahr,
die Erde grünt neu in jedem Jahr:
Freya gebiert Freyr und sich selber in jedem Jahr –
so sind wir Geschwister in jedem Jahr."

Ich:
„Wer ist Freyr? Wer ist Yngvi?
Wer ist Tyr? Und wer bist Du?
Seid ihr derselbe? Seid ihr alle gleich?
Seid ihr eins? Seid ihr drei Götter?"

Freyr:
„Tyr ist die Sonne, der strahlende Vater des Asen,
Er ist Mannus Tuisto-Sohn – der Erste der Asen.
Sein Sohn ist Yngvi, beide sind derselbe Gott,
Sie fahren in Skidbladnir über die Himmels-See."

Ich:
„Wer bist Du? Und wer ist Odin?
Woher bist Du kommen? Und woher Odin?
Warum bist Du der Götterherr? Und warum Odin auch?
War auch Tyr der Asenkönig? Wie ist das gescheh'n?"

Freyr:
„Die Tage Deines Lebens treffen einst auf Wyrds Worte[49]*:*
Was willst Du bis dann mit Deinen Tagen tun?
Nur wissen, was in alten Tagen war?
Ist das die Weisheit, die Du für Deine Tage wissen willst?"

Ich:
„Nein, Du sprichst wahr – Du bist ja auch ein Wane ...
Kannst Du Lust und Liebe in mein Leben weben?
Kannst Du meine Schritte weiter, leichter machen?
Kannst Du mir Fülle, Licht und Weisheit schenken?"

---

49 Wyrd = die Norne Urd; ihre Worte = die Verkündigung des Todes

Freyr:

„Das sind jetzt Bitten aus dem Hort Deines Herzens –
dort heraus kann jetzt etwas fließen: der Met aus Hrungnirs Horn.
Schweige nun und schaue, was in der staunenden Stille entsteht:
Sprich die Worte, die Dir die Stimme in Dir sendet."

g) Anrufung des Freyr

„Ich blicke nach innen, ich bin ganz bei Dir ...
Du bist Freyas Bruder, Du bist der Beste der Asen;
Ich sehe Dich lächeln, ich höre Dich leise sprechen,
Ich fühle Dich vor mir, ich spüre Dich in mir ...

Du reitest den goldenen Eber, Du reist in dem großen Skidbladnir,
Du bist der Fülle-gebende Wane, Du bist der Gaben-schenkende Regin;
Du bist der von Skirnir Verehrte, Du bist der Vertraute der Priester,
Du bist der Verwandler der Sorgen, Du bist der Vertreiber der Not.

Ich bin der Freund des Freyr, ich sitze auf Hlidskialf und sehe,
Ich bin in der Mitte der beiden Schlangen, ich bin unter der Sonne!
Ich bin das heilende Feuer des Surt, ich bin die Fülle der Felder,
Ich bin der Geliebte der Freya, ich bin Gullinborsti!

Ich bin der erhobene Völsi, ich bin der Hirsch im weiten Wald,
Ich bin der Gehörnte, ich bin das heilige Roß!
Ich bin der Pferde-Mann, ich bin der Gaben-Mächtige,
Ich bin der Mann der Skadi, ich bin Vater des Fiölnir!

Ich lasse die Felder grünen, die Fluren erblühen,
Ich lasse die Fülle fließen, die Pflanzen sprießen,
Ich lasse die Gerste reifen, das Gaben ergreifen,
Ich lasse die Gefion lächeln, die Ahnen lieben!

Ich bin der Wohlstand, der aus den Hallen der Wanen kommt,
Ich bin der Weizen, der auf den Feldern wächst,
Ich bin die sprudelnde, Wasser spendende Quelle,
Ich bin der starke, stämmige Eber!

Ich komme als Gold zu den Menschen in Midgard,
Ich komme als Gerste zu dem Bauern am Berg,
Ich komme als Frischling zu den Hütern der Herde,
Ich komme als Fohlen zu den Männern am Moor!

Ich bringe den Frieden, die Freude!
Ich komme als Freyr zu Freya!
Ich bin die Lust und die Liebe!
Ich bin das leuchtende Leben!"

X Traumreise zu Freyr

„Freyr, ich möchte Dich gerne besser kennenlernen."

...

Ich kann ein Lächeln als Antwort spüren.

„Was soll ich tun, damit ich Dich besser kennenlerne?"

„Komm zu mir."

„Soll ich mich einfach zu Dir wünschen?"

„Ja."

...

„Hm ... ich sehe Dich ... Ich kann nicht klar sehen, ob das nun eine Statue ist aus einem grünlichen Stein oder ob Du das selber bist ... ... Ich kann sehen, daß Du sitzt ... daß Du einen kräftigen Körper hast ... aber eigentlich nicht wie ein Krieger, mehr ... ja ... wie was eigentlich? ... ... Wie jemand, der viel läuft ... oder Fünfkampf macht ... irgendwie friedlich-kräftig ... ja, Du sitzt ... dunkle Haare, ein bißchen lockig ... die Haut ist auch ein bißchen dunkler ... ein bißchen bräunlich ... auf der Brust behaart ... ich kann keine Kleidung sehen ... ja, der große, erigierte Penis ... ...

Ich setze mich vor Freyr hin ...

Ein ganz tiefer Seufzer ...

„Danke, daß Du mich zu Dir eingeladen hast!"

... ...

„Berühre meinen Penis."

„Ehm – habe ich das richtig gehört?"

... ...

„Ja."

„Hm ... ja – also gut."

...

Ich berühre ihn, fasse ihn an, also – umfasse ihn ... fühlt sich warm an ... stark und freundlich ...

Hm – was einem auf diesen Reisen so alles passieren kann!

...

„Ehm ... wieso ... sollte ich das tun???"

...

„Das ist das, was ich im Wesentlichen bin – die Zeugungskraft."

„Ist das auch die Wiederzeugung?"

„Ja. ... Das ist der Ursprung von dem, was ich bin."

...

„Und dann kam die Zeugung der Tiere und Pflanzen dazu?"

...

„Ja."

...

„Schon bei den indogermanischen Hirten?"

„Ja."

„Warst Du da schon eine Gottheit?"

„Nein ... nicht ganz ... ein Bild für eine Qualität ... ein Name für einen Vorgang ... aber ein markantes Bild und ein markanter Name."

...

„Und einfach die Lust an der Sexualität?"

„Die schwingt im Hintergrund mit ... aber die ist nicht das Wesentliche."

...

„Hm ... und die Kundalini? ... Gehört die auch zu Dir?"

Ja."

...

„Diese Gestalten in der Haltung des Vir-Asana auf dem einen Bildstein und auf den Goldhörnern von Gallehus – bist Du das?"

„Nicht speziell ich ... aber ich bin eine feste Assoziation dazu."

...

„Habe ich in meinem Buch Dein Wesen und Deine Geschichte im Wesentlichen richtig beschrieben?"

„Ja ... Was nicht so deutlich hervorkommt, ist meine Stärke."

...

„Was meinst Du mit 'Stärke'?"

„Die Wichtigkeit ... die Wichtigkeit der Zeugungskraft für alles Leben ... und die verkörpere ich ... und Freya verkörpert die Fruchtbarkeit ... die Zeugungskraft und die Fruchtbarkeit ... die zusammen erschaffen das Leben ... "

... ...

„Hm ... stimmt ... das habe ich so in der Form ... (ganz tiefer Seufzer) ... ja ... noch nicht geschrieben ... das war mir ... wenn Du es so sagst, ist es natürlich klar ... natürlich stellst Du das dar ... ja ... aber hab' ich nicht so formuliert ...

... ...

Und das Mannus und Yngvi eine Form des alten und des jungen Tyr sind – habe ich das richtig erkannt?"

...

„Ja, das ist richtig."

„Das heißt, Du bist einfach eine Eigenschaft, die auch Tyr hat?"

„Ja."

...

„Und Tyr ist der ehemalige Sonnengott-Göttervater?"

„Ja, das ist er. ... Und der Sonnen-Aspekt, den er hat – der ist die Verbindung zu mir."

...

„Hm ... ja ... hm ... Ich weiß komischerweise garnicht so genau, welche Fragen ich Dir stellen könnte, um Dein Wesen noch besser zu verstehen."

...

„Schau."

... ...

Ich sehe Sperma aus seinem Penis kommen ... ... und dann sehe ich Freya ... Sie trägt ein Gewand und Schuhe ... sie entkleidet sich ... und setzt sich auf den Schoß des Freyr ... und vereint sich mit ihm ... so wie in der nordindischen Mahamudra-Haltung oder wie in dem tibetischen Yab-Yum ... bei dem der Mann im Lotussitz sitzt oder im halben Lotussitz, die Frau auf seinem Schoß mit ihrem Gesicht zu seinem Gesicht und ihre Beine hinter seinem Rücken verschränkt und die Arme um seinen Hals gelegt ... so sitzen sie da und blicken sich an ...

... ...

Ich merke eine Hitze, die in meinem Sonnengeflecht entsteht ... das ist eine Resonanz zu dem, was in dem Sonnengeflecht von Freyr und Freya geschieht ... die zünden die Kundalini im Sonnengeflecht ... was ja zumindestens in Tibet als Methode weit verbreitet ist ...

... ...

Ich kann die Kundalini als einen Hitzestrahl in Freyr aufsteigen sehen ...

... ...

Ich sehe ihn nun auch in Freya ... er ist etwas weicher, also weniger stark gebündelt, der Hitzestrahl hat einen etwas größeren Durchmesser (ca. 20cm statt ca. 10cm) ... er ist nicht weniger kraftvoll ... aber er fühlt sich etwas anders an ...

... ...

Freyr sagt, ich soll mit meinem Bewußtsein in ihn hineinkommen ... das tue ich ... ... fühlt sich gut an, solch einen starken Körper zu haben ... und in ihm ist auch eine Ruhe und Selbstsicherheit und Selbstverständlichkeit ... auch die Vereinigung mit Freya ist etwas völlig Selbstverständliches ...

... ...

„Das ist das Spiel des Lebens," sagt Freyr.

...

Freya lächelt ... und blickt Freyr an ... und da ich in ihm bin, blickt sie auch mich an ...

...

Ein sehr tiefer Seufzer ...

... ...

Ich will immer wieder Fragen stellen, aber ich spüre dann, daß ich einfach nur da sein soll und spüren soll ...

... ...

Ich muß vor Freude vor mich hin lachen ...

...

Da trägt man in sich ein Bild von sich und von der Frau, die man sucht oder mit der man zusammen ist ... und dahinter steht das eigene innere Männerbild und das eigene innere Frauenbild ... und Freyr und Freya sind das Urbild all dieser inneren Männer- und Frauenbilder ...

... ...

Die beiden sind das Bild für die Tatsache, daß es Mann und Frau gibt ...

... ...

Noch ein tiefer, entspannender Seufzer ...

... ...

Ich muß ganz breit lächeln ...

... ...

Ich kann sehen, daß das Erschaffen von neuem Leben durch die Vereinigung ... und die Freude und die Lust ... an dieser Vereinigung ... daß das beides einfach da ist ... daß einfach das Gute ... daß das Erhalten des Lebens Lust und Freude macht ... da liegt so ein großer Frieden drinnen ... als würde das Leben sich selber ein Geschenk der Lust und Freude machen ... ... ich spüre, wie Freyr lächelt, und ich sehe, wie Freya lächelt ...

... ...

Sie fragen mich: „Willst Du das?"

„Ja!"

... ...

„Es ist ein Tanz ... es ist kein Fels, der irgendwo unveränderlich steht ... es ist ein Tanz voller Wandel und unerwarteter Wendungen ... Willst Du das?"

...

„Ja, ich will!"

... ...

Ich spüre in mir, daß ich noch kein richtiges Bild davon habe, wie ich im ständigen Wandel mir selber treu sein kann – weil meine eigenen Gefühle so beständig sind ... und ich spüre, daß die beiden das wissen ... und daß sie auch wissen, wie das möglich ist ... daß es einen Weg gibt ... ... (ich lache leise) ... Ich kann euch vertrauen ...

...

„Ich vertraue euch."

...

„Das ist schön – dann können wir Dir auch helfen. ... Eine geschlossene Hand

kann keine Gaben empfangen."

...

„Ja ..."

... ...

 Ich habe noch Fragen gehabt ... zu den Nebenchakren, die ich gerade erforsche und zu solchen Dingen ... zur Kundalini, aber ... ich merke, darum geht's hier gerade nicht ... einfach diese Verbundenheit spüren ... diesen Frieden und diese Richtigkeit ... hier als Freyr zu sitzen ... mit Freya vereint ... auf meinem Schoß ... ... ja ... ... dieses Erfülltsein, diese innere Wärme und den Frieden, der da ist ... einfach da sein ... und nichts tun müssen ... ... ein entspannender Seufzer ...

...

„Ihr beiden Lieben!"

...

Sie lächeln als Antwort ...
und ich muß leise vor mich hin lachen ...

 „Kann ich dieses Gefühl, in dem ich jetzt bin, nicht einfach mitnehmen, wenn ich diese Traumreise beende?"
 „Natürlich ... das ist das Geschenk des Lebens ... Du lebst ja nicht nur auf Deiner Traumreise ..."

...

„Dann möchte ich das immer behalten, dieses Gefühl ..."

... ...

 Sie zeigen mir, wie ich das in meinen Körper fließen lasse ... oder wie ich mich davon erfüllen und einhüllen lasse ...

... ...

Der tiefste Seufzer bisher ...
„Danke, ihr beiden! Vielen Dank!"

... ...

Sie lächeln ...

...

 „Dann höre ich jetzt die Traumreise auf, aber bleibe mit euch verbunden und ich bleibe in diesem Gefühl."

...

Ich muß schon wieder leise vor mich hin lachen ... Das fühlt sich gut an!

...

„Danke Freyr! Und danke Freya!"
„Bitte."

...

„Ho!"

XI Freyr heute

Zeugungskraft, Fruchtbarkeit, eine erfüllte Sexualität und das Erwecken der Kundalini und die damit verbundene größere Lebendigkeit und Lebensfreude und Gesundheit und das „ganz man selber werden" und das „ganz sich selber leben" sind zeitlos …

Sie sind heute genauso zentral und wertvoll wie vor 1000 Jahren oder wie in der Steinzeit …

Verzeichnis der Themen

(die Zahl ist die Nummer des Bandes, in dem sich das Thema findet)

313

Goi 34
Gold 55
Goldalter 55
Goldemar 7
golden 46
Goldhelm 66
Goldhörner von
Gallehus 57
Göll 31
Golnir 5
Göndul 31
Gorr 34
Görsemi 29
Götter 36
Götterdämmerung 55
Götterkampf 55
Göttermet 69
Götter-Tiere 44
Gottesurteil 64
Gurgelbiß 55
Grab 49
Grani 6
grau 46
Grendel 5
Grendels Mutter 35
Greppur 34
Grer 32
Grid 28
Grid 35
Grim 5
Grim 39
Grima 35
Grimhild 31
Grimling 5
Grimnir 5
Grim Struppig-Wange 79
Grip 35
Gripir 34
Grissa 35
Groa 28
Grottintanna 35

Grotunagard 52
grün 46
Gryla 35
Gudr 31
Gudrun 31
Gudmund 5
Gullnir 5
Gullveig 29
Guma 35
Gundelrebe 45
Gunn 31
Gunnlöd 28
Gunnthinga 31
Gürtel 60
Gusir 6
Gygr 35
Gylfaginning 77
Gyllir 5
Gyllir 34
Gyma 20
Gymir 5
Haarband 60
Haare 63
Habicht 40
Hafle 34
Hafli 5
Hafthi 39
Hagen 16
Hahn 40
Hala 35
Halfdan 39
Halfdan Brana-
Ziehsohn 79
Halfdan Eisteinson 79
Hamdir 39
Hamingja 50
Hammer 66
Hand 63
Handschuhe 60
Hanf 45
Hannar 32
Hantel-Symbol 55

Har 32
Hära 35
Hardbeen 6
Hardgreip 35
Hardgreipir 34
Hardverkr 34
Harek Eisenkopf 6
Harfe 57
Harz 45
Hase 44
Hasel 45
Hastingi 34
Hati 5
Hati 43
Haudr 20
Haugspori 32
Haym 34
Hecht 44
Hedin 39
Hedin und Högni 79
Hefring 35
Heid 35
Heiddraupnir 5
Heide 49
Heidrek 39
Heidungi 6
Heilige Hochzeit =>
Wiederzeugung 55
Heiliger Hain =
Weltenbaum 52
Heilung 64
Heilziest 45
Heimdall 8
Heimir 39
Heinir 34
Heith 35
Heithdraupnir 5
Hel 26
Helblindi 20
Helgi 39
Helgi Thorisson 79

Hel-Haut 49
Helidi 27
Hellebarde 66
Helreginn 5
Helm 66
Hengikefta 35
Hengiköpt 6
Hengjankapta 35
Hepti 32
Herbst 54
Herbsttagundnacht-
gleiche 54
Herche 20
Herdentiere 42
Herdentierfell 42
Herfjötur 31
Hergrim Halbtroll 5
Hergunnur 35
Heri 32
Herja 31
Herkir 6
Herkja 35
Hermodr 37
Hertha 28
Hervor => Heidrek
Hervor und Heidrek
=> Heidrek
Herz 63
Hexe 58
Hianka 31
Hidde 34
Hild 31
Hildolf 5
Hildolf 20
Himingläva 35
Himmel 52
Himmelsrichtungs-
Mandala 54
Himmelsträger-
Zwerge 32
Hirsch 42
Hjaltrimul 31

Keiler 42
Kenningar 75
Kerbel 45
Kessel 57
Keule 66
Kiebitz 40
Kili 32
Kisi 34
Kiste 57
Kjallandi 6
Kjallandi 35
Klaufi 34
Klee 45
Kleima 35
Knochen 67
Knoten 64
Kobolde 36
Kol der Bucklige 39
Kolfrosta 28
Kolga 35
Kopf 63
Kormoran 40
Korn 45
Körperteile 65
Köttr 34
Kraftgütel => Gürtel
Krähe 40
Kraka 31
Kranich 40
Kräuter 45
Kreppvör 35
Kriegerin 62
Kreuzblume 45
Kreuzkraut 45
Krönung 64
Kröte 44
Kuckuck 40
Kuril 6
Kult 55
Kundalini 64
Kwasir 20
Kyrmir 6

Lachanfall 64
Lachen 55
Lachs 44
Landgeister 36
Lauch 45
Laufey 26
Laurin 7
Laus 40
Leber 63
Leib 63
Leidi 34
Leifi 6
Leifnir 6
Leikn 35
Leimrute 66
Leiter 49
Leirvör 35
Leopard 43
Lerche 40
Lidskialf 20
Liebestrank 70
Liebeszauber 64
Lif 39
Lifthrasir 39
Litr 6
Litr 32
Ljod 29
Ljota 35
Lodin 6
Lodinfingra 35
Lodur 16
Lofar 7
Lofn 29
Lofnheid 35
Logi 34
Loki 16
Loni 32
Lopthoena 28
Lori 35
Loricus 6
Löwe 43
Löwenmäulchen 45

Luchs 43
Lutr 34
Lyngheid 35
Magni 19
Malseron 34
Mana 35
Managarm 43
Mannus 20
Mardalla 27
Marder 43
Margerdr 35
Margerthur 35
Mangold 45
Mantel 67
Mantel der Nanna 67
Marnar 29
Märzviole 45
Maske => Helm
Maus 44
Meer 49
Meer der Zeit 55
Meer-Menschen 36
Mehlbeere 45
Mehltau 45
Meili 9
Meise 40
Menglöd 22
Menja 28
Menschenopfer 64
Messer 66
Midgard 52
Midgardschlange 41
Midi 6
Midjungr 34
Midwitnir 6
Mimir 6
Mist 31
Mistel 45
Mistkäfer 40
Mittelpfeiler =>
Yggdrasil
Mittsommer 54

Miötwitnir 32
Mjoll 34
Modgudr 29
Modgudr 31
Modi 19
Modrädnir 32
Modsognir 7
Mögthrasir 6
Moin 32
Mökkurkjalfi 6
Molda 35
Mona 20
Mond 48
Mondul 32
Moosfrau von
Saalfeld 32
Moosleute von
Arntschgereute 32
Mörn 35
Möwe 40
Mühle 66
Mundilfari 6
Munin 40
Munnharpa 35
Münze 67
Muspel 6
Muspelheim =>
Feuer 52
Myrkrida 35
Myrkvid 49
Nabbi 32
Nacktheit 60
Nadel 55
Nägel 55
Naglfar 49
Nain 32
Nali 32
Namensgebung 64
Nanna 21
Nauma (Hel) 35
Nar 32
Narfi 6

318